KB138764

히튼 리치

모두가 궁금했지만
아무도 묻지 못한
부자를 향한 3개의 질문

히든 리치: 모두가 궁금했지만 아무도 묻지 못한 부자를 향한 3개의 질문

초판 발행 2021년 12월 3일

지은이 고스트라이터 **펴낸이** 이성용 **책임편집** 박의성 **책디자인** 책돼지
펴낸곳 빈티지하우스 **주소** 서울시 마포구 성산로 154 4층 407호(성산동, 충영빌딩)
전화 02-355-2696 **팩스** 02-6442-2696 **이메일** vintagehouse_book@naver.com
등록 제 2017-000161호 (2017년 6월 15일) **ISBN** 979-11-89249-62-5 03320

고스트라이터 지음

히든 리치

모두가 궁금했지만
아무도 묻지 못한
부자를 향한 3개의 질문

빈티지하우스

고스트라이터

꽤 잘나가는 직장인. 처음에는 외국계 기업과 국내 기업의 합작회사에 입사해 만 2년 반 만에 매니저로 진급, 그해 최우수사원상을 수상했다. 수상한 이듬해 바로 국내 굴지의 대기업으로 이직, 그곳에서도 S급 인재와 3년 연속 리더십 최상위 5%의 팀장으로 선정되며 승승장구하고 있다. (이름을 감췄다고 과장하는 것이 아니라 진짜다!)

어렸을 때부터 글 쓰는 솜씨가 남달라서 학교 백일장은 물론이거니와 지역 내 크고 작은 글짓기대회를 휩쓸었다. 그중 가장 전설적인 사례는 초등학교 3학년 시절, 자기가 쓴 동화를 기성 작가의 동화인 척 숨기고 동화구연대회에 출품한 것. 의도치 않게 대상을 수상하는 바람에 대회가 엉망이 되었다. 이것이 고스트라이터로서 첫 작품이 되었다.

그런 글솜씨와 직장에서의 경험을 바탕으로 고스트라이터 업계에 뛰어들어 출마를 앞둔 정치인의 자서전이나 기업공개를 앞둔 CEO의 경영 철학을 밝힌 자잘한 책들부터 시작해서 수십만 권이 넘게 팔린 셀러브리티의 베스트셀러까지 다양한 책을 저자와 함께 공저하거나 대신 집필을 하며 업계 최고의 블루칩이자 해결사로 떠올랐다.

고스트라이터라는 본인의 신분에 걸맞게 철저하게 정체를 감추고 은둔한 채 대필 과정에서 쌓은 수많은 인맥과 습득한 정보를 바탕으로 '어떻게 하면 잘 먹고 잘살 수 있을까'만을 고민하며 살고 있다. 낮에는 일하고 밤에는 글을 쓰며, 매주 토요일 오전에는 서점에서 책을 수십 권씩 사 모으고, 일요일 오후 4시에는 스타벅스 서래마을입구점에서 벤티 사이즈로 커피를 주문한다.

인스타그램 : holy_ghostwriter_class@ (유령작가의 홀리는 글짓기 교실)

Prologue
존재하지 않는 작가의 존재하는 이야기

첫 번째 부자 유형 : 고전형 부자
잘 아끼고, 잘 안 써서 부자가 된 사람들

두 번째 부자 유형 : 전투형 부자
남이 안 하는 위험을 무릅쓰고 부자가 된 사람들

세 번째 부자 유형 : 안정형 부자
하던 것만 열심히 했는데 어느새 부자가 된 사람들

여섯 번째 부자 유형 : 천리안형 부자
남이 못 본 것만 절로 보여 부자가 된 사람들

존재하지 않는 작가의 존재하는 이야기

나는 유령이다

나는 유령작가, 고스트라이터(Ghost writer)다.

뭔가 좀 있어 보일까 싶어 이렇게 얘기하지만, 실제로는 남의 글을 대신 써주는 대필작가다. 가끔은 윤문작가가 되기도 한다. 대필(代筆)은 말 그대로 다른 사람의 이야기를 책이 될 법한 원고의 형태로 대신 써주는 것이고, 윤문(潤文)은 제법 분량이 되는 기본 원고를 받아 책이 될 만한 원고로 다듬어주는 것이다. 윤문작가는 기본 원고의 분량, 다듬어야 할 부분의 많고 적음에 따라 금액이 결정되는데, 나 같은 경우는 업계에서 제법 인정받는 축에 들기에 건당 5백만 원에서 1천만 원 정도를 받았다. 대필작가의 보수는 그야말로 천차만별인데, 적게는 윤문할 때 수준으로 받기도 하지만, 때에 따라서는 생각지도 못한 큰돈을 받기도 한다.

병에 걸려 오늘내일하던 회장님이 돌아가시기 전에 자신의 어록집과 자서전을 꼭 펴내고 싶다고 해서 회사 홍보팀과 대필작가들 10여 명이 붙어 일주일 만에 5백 페이지짜리 책 두 권을 출간해내고 인당 1억 원씩 받았다는 소문을 들은 적이 있는데, 나는 그 정도까지는 받아보지 못했고 2000년대 중반 총선을 앞두고 4선 출마 선언식을 하려던 모 국회의원이 갑자기(공천 경쟁을 하던 경쟁자가 책을 냈다는 소식을 듣고) 자신도 출판기념회를 겸한 출마 선언을 하고 싶다고 고집을 피우는 바람에 급하게 대필을 맡게 되었을 때 제법 목돈을 받았던 기억이 있다.

여의도 63빌딩 국제회의장에서 출마 선언식을 하겠다고 지역 유권자들과 언론사 기자들에게 뿌려놓은 날짜가 있었고, 그로부터 인쇄, 편집 및 디자인, 교정 등에 필요한 날짜를 역으로 계산해보았을 때 내게 주어진 집필 기간은 5일, 정확히는 나흘 하고 반나절 정도였다. 보좌관이라는 사람이 '의원님께서 정리하신 책의 방향과 담았으면 하는 내용'이라며 보내준 자료는 A4 용지로 달랑 두 장이었다. 평상시에는 관심도 없었던 정당에 속한, 이름 정도 겨우 들어봤던 국회의원의 지나온 인생과 정치 역정, 삶의 원칙과 정치 철학, 그리고 그가 '꿈꾸는' 새로운 나라에 대해 108시간 만에 A4 용지 150매 분량의 글들을 만들어내야 했다.

마침 금, 토, 일 3일간의 연휴여서 다니던 회사에 연휴의 앞뒤로 휴가를 내 이틀을 더 붙여 5일의 작업시간을 확보했다. 이후로 방에 틀어박혀 햇반에 소고기볶음 고추장만 넣고 비빈 밥으로 열한 끼인가 열두 끼를 내리 때우며 글을 써내려갔다. 결국, 약속했던 시간보다 반나절을 단축시킨 만 96시간 만에 145매의 원고를 완성할 수 있었고, 이제까지 받았던 대필 대가보다 0단위까지는 아니고 앞자리가 다른 금액을 받았던 기억이 난다.

그렇게 번 돈을 모으기는커녕 흥청망청 쓰기에 바빴다. 쓸 때는 정말로 원 없이 써봤다. 매년 두세 차례씩 유럽 여행을 다녀왔고, 사고 싶은 것이 있으면 반드시 사야 직성이 풀렸다. 언젠가 모 방송인이 맛있는 우동을 먹기 위해 아침에 일본에 갔다가 우동을 먹고 당일 저녁 비행기로 돌아왔다고 해서 이슈가 된 적이 있었는데, 내가 그랬다. 일본에서 열린 좋아하는 스포츠 경기를 보기 위해 낮 비행기를 타고 가서 야간 경기를 보고 다음 날 첫 비행기로 돌아온 일도 있었다. 재정 상태에 빨간 불이 들어와도 '괜찮아, 작업 몇 개 맡아서 얼른 쓰면 또 돈이 들어올 텐데 뭘…'이라며 별생각 없이 돈을 써왔다.

그러나 대필 작업이라는 것이 늘 있는 것도 아니었고, 글 좀 쓴다는 사람들이 늘어나다 보니 경쟁 역시 치열해져 이 분야에도 덤핑이라는 것이 등장하게 되었다. 대학에서 국문학이나 문예창작을 전공한 이들, 방송작가로 활동하다 결혼, 출산 등의 이유로 일을 그만뒀다가 아이들을 어느 정도 키워둔 뒤 소일거리 삼아 다시 키보드 앞에 앉은 이들은 저렴한 비용으로도 대필 작업을 도맡아 가져갔다. (물론, 그런 일들 중 상당수가 '미완성 원고'인 채로 나에게 '윤문 작업' 의뢰로 들어오기도 했다.)

일거리는 줄어들었지만 씀씀이는 전혀 줄어들지가 않았다. 그러다 보니, 직장생활을 하면서 나름 업계에서 이름난 고스트라이터로 십수 년간 활동해왔음에도 불구하고 내 수중에 남아 있는 돈은 거의 바닥이다시피 했다. 아니, 이런저런 이유로 떠안게 된 부채까지 포함하면 오히려 심각한 마이너스 재정 상태였다.

'어쩌다 이렇게 꼬여버린 것일까?'
'어디서부터 구멍이 나기 시작한 것일까?'

세상에서 가장 비싼 노트 스물한 권

그런 생각이 들 무렵 발견한 것이 스물한 권의 노트였다.

가족 식사를 하기 위해 부모님이 계신 본가에 들렀다가 총각 시절 사용하던 방에 꽂혀 있는 노트들을 발견했다. 책이 워낙 많다 보니 사는 집의 서가가 모자라서 몇 달 전에 본가로 옮겨다 놓은 노트였다.

앞서 이야기한 거물 국회의원의 사례는 무척 이례적인 사례이고,

통상 대필 의뢰가 들어올 때 주어지는 작업 기간은 넉넉하기까지는 않지만 합리적인 수준에서 정해진다. 표지에 저자로 표시되는 이가 생각하고 있는 것과 하고 싶은 말을 알아야 하므로 그와의 인터뷰가 기본적으로 여러 차례 진행이 되어야 했다. 국내 굴지의 바이오기업 오너이자 통 큰 투자자로도 명성이 자자했던 H회장의 경우, 대필 작업이 시작된 뒤 거의 1년 동안 툭하면 만나서 밥도 먹고, 술도 먹고, 사우나도 하고 뭐 다 했다. 집에 가서 온 가족들과 이야기를 나누며 식사를 했고, 곳곳에 있는 계열사 집무실에 가서 20대의 어린 비서에서부터 수십 년간 생사고락을 같이해온 나이든 창업 공신까지 만나서 질문을 하고 이야기를 들어줘야 했다.

대필을 해야 할 대상의 주변 인물과도 숱하게 만나야 했다. 가끔은 정작 집필 의뢰인은 바빠서 전화 통화나 할 뿐 10여 년째 한 번도 만나지 못한 업계 지인이나 과거 은사 등을 대필작가인 내가 대신 한 달에 서너 차례씩 만나서 밥을 먹고 이야기를 나눠야 할 때도 있고, 심지어 의뢰인 본인은 껄끄러워서 연락조차 하기 싫은 인물을 굳이 매달리다시피 해서 인터뷰를 따내고 비위를 맞춰가며 이야기를 들어줘야 할 때도 있었다.

그럴 때 노트북을 펼쳐놓고 타이핑을 하기 시작하면 인터뷰 대상 중에는 취조당하는 기분이 든다며 불쾌해하는 이들이 종종 있었다. (특히, 사업체를 경영하거나 혹은 과거 학생운동을 하다 법조계 경험을 했던 이들이 유독 민감해했다. 이해한다.) 때문에, 인터뷰 작업을 할 때면 메모하기 쉬운 두꺼운 노트와 미끄러지듯 쓰여지는 빅볼 볼펜이 필수적이었다. 그렇게 대필을 위한 인터뷰를 하며 작성한 노트가 어느덧 스물한 권이나 남겨진 것이었다. (그나마 중간에 이사를 하며 중요하지 않은 것은 버린다고 버린 것이 이 정도였다.)

제법 거금을 주고 대필작가를 구해서까지 책을 만들어야 하는 인물들은 크게 세 부류로 나뉘어진다. 첫째, 책을 쓸 능력은 안 되지만 자기 이름으로 책 한 권을 간절히 내고 싶은 이들이다. 둘째, 역시 책을 쓸 시간이나 능력은 안 되지만 책이 될 만한 스토리를 갖고 있는 이들이다. 마지막으로 셋째, 마찬가지로 책을 쓸 시간이나 능력은 안 되지만 책이 꼭 필요한 사람이다. 일반적으로 특정 분야에서 일가를 이룬 뒤 삶을 회고하는 차원에서 저렴한 대필작가를 구하는 대부분의 사람들이 첫째 부류에 속하고, 둘째 부류는 유명 연예인, 사건사고의 주인공, 대단한 위인들이 주로 속해 있으며 출판사에서 기획까지 다 마쳐놓고 의뢰를 하는 경우가 많다. 마지막으로 셋째 부류는 출마를 앞둔 정치인, 신사업에 진출하려는 사업가, 이슈의 주인공이 되고 싶은 수많은 이들이 속해 있으며, 대필작가로서 난해한 작업은 대부분 이 부류의 대필 건에서 발생한다.

조금씩 다른 이유에서 대필작가를 구하고, 필요로 하지만, 이들에게는 공통점이 있다. 사회적으로 성공한 인물들이거나, 최소한 경제적으로 어렵지 않은 이들이라는 것이다. 스물한 권의 노트 속에는 그런 그들의 생생한 이야기들이 날것 그대로 담겨 있었다. 때로는 그들의 개인 이미지메이킹 차원에서 책으로 옮겨 적지 못한 이야기도 있었고, 사회적 이슈가 될 수도 있어 축소하거나 각색한 이야기들도 담겨 있었다.

그러나, 무엇보다도 생생하게 담겨 있는 이야기는 그들이 지금의 자리에 올라서기까지, 현재 손에 쥐고 있는 그 막대한 자산을 형성하고 부를 거머쥐기까지 어떤 노력을 기울여왔고 일반인들은 알기 어려운 어떤 스킬들을 발휘해왔는지, 세상을 어떻게 바라보고 어떻게 대해왔는지에 관한 것들이었다. 그중에는 그들의 책에 오롯이 담아 출간 당시 유행어가 되거나 뉴스의 첫머리로 자주 오르내린 것들도 있지만, 대부분의 것들은 책에 담지 못한 경우가 많다. 왜냐하면, '부자', '부유함'에 대한 우리의 인식은 아직까지도 고상함보다는 천박함, 합법보다는 편법, 인간적이기보다는 비인간적, 상식보다는 비상식을 먼저 떠올리기 때문이다. 저자와 출판사들은 그런 이야기들은 가급적 책에서 빼거나 모나지 않게 잘 매만져주기를 바랐다. 그렇게 책에서는 빠진 채 나의 노트 속에만 남은 이야기들을 찬찬히 읽어보았다.

그 안에는 '역시 빼기를 잘했어'라는 생각이 드는 내용들도 있었지만, 상당수는 무릎을 탁! 치게 만들거나, '이 내용을 왜 뺐지?'라는 후회를 밀려오게 만드는 탁월한 내용들이었다. 특히, 나름 열심히 살아왔다고 생각함에도 불구하고 이렇다 할 것을 이루지 못한 채 손에 쥔 것도 하나 없었던 나에게 반드시 필요한 이야기들이 듬뿍 담겨 있었다. 나는 그 내용들을 다시 노트북으로 옮겨 적었다. 그리고 이메일을 보내거나 노트 뒤에 적어놓은 연락처로 오랜만에 다시 전화를 걸어 이야기 속 주인공들을 다시 만났다.

그리고 그들을 다시 만난다면 꼭 묻고 싶었던 질문 세 가지를 던졌다.

첫 번째 질문

당신의 현재 자산은 얼마입니까?

두 번째 질문

처음 시작할 때 수중에 얼마가 있었습니까?

그리고,

—❖❖❖❖❖—

어떻게 자산가가 될 수 있었습니까?

꼭 묻고 싶었다. 꼭 대답을 듣고 싶었다. 그리고 꼭, 기회가 된다면 책으로 남기고 싶었다. 고스트라이터가 아닌 내가 저자인 책을 쓴다면 꼭, 반드시 이 질문에 대한 답을 글로 남기고 싶었다.

의외로 흔쾌히 답들을 구할 수 있었고, 그렇게 모아진 스물다섯 명의 자산가의 대답으로 이 책은 탄생하게 되었다.

이 책의 최종 가격은 당신이 정한다

스물다섯 명의 사람들은 내가 대필을 담당했던 사람들과 그들의 지인들 중 막대한 자산을 형성한 이들이다. 그들 중에는 불과(?) 수십억 원 규모의 자산가도 있지만, 조 단위 규모의 재산을 형성한 자산가도 있다. 거의 무일푼으로 남들이 버린 음식을 몰래 주워 먹으며 맨손으로 부를 일군, 소설의 주인공과도 같은 인물도 있지만, 부유한 부모님 밑에서 태어나 물려받은 재산을 까먹지 않고 잘 불려서 더 큰 부를 만들어낸, 조금은 심심한 인물도 있다.

때문에, 자극적인 제목의 국내 재테크 서적이나 대규모 저자들이 팀을 짜서 작업을 하는 서양의 재테크 베스트셀러에 익숙한 저자들에게는 조금은 생경하게 느껴질 수도 있다. (이 책에는 '아웃라이어'도 등장하지 않고, 특별한 '시크릿'도 없으며, '누가 치즈를 훔쳐 갔는지' 묻지도 않는다.) 또한, 정보통신 기술의 발달로 수십 조의 자산을 보유한 제프 베조스나 일론 머스크의 드라마틱한 일상이 실시간으로 공유되고, 그들이 직접 적은 이야기가 동시에 내 스마트폰으로 트윗이 되는 세상에서 고작 한국에서 좀 산다 하는 이들, 유명한 이들도 아닌 일반적인 자산가의 이야기가 별 대수롭지 않게 느껴지는 이들도 있을 것이다.

그러나, 이 책에서 만나는 이야기에는 그런 것들과 비교할 수 없는 진심과 진실이 담겨 있다. 먹고 먹히는 정글과도 같은 현장에서, (돈으로) 죽고 죽이는 일들이 반복되는 전쟁터와도 같은 일상에서, '살아남기 위해', '더 나은 자리로 올라가기 위해', '더 많은 것들을 손에 넣기 위해' 치열하게 살아왔던 모습들과 그들이 사용했던 다양한 스킬들(과 약간의 반칙들), 그리고 마음속 깊은 곳에 품어왔던 생각들이 그대로 담겨 있다.

책에 등장하기 위해 꾸며지기 전의 모습인, 화장기 없는 맨 얼굴의 자산가들이 등장해, 술자리에서 자세가 흐트러지지는 않을 정도로, 하지만 기분 좋게 마신 뒤, 신이 나서 털어놓는 것 같은 솔직한 이야기로 이 책을 채웠다. 때문에, 나는 감히 이 책의 가치를, 책에 등장하는 스물다섯 명의 자산가들이 보유한 자산의 총합인 2조 5천억 원이라고 말하고 싶다. (아마도 이 글을 쓰고 있는 동안에도 그들의 자산은 계속해서 증가하고 있을 것이고, 이 책의 가치 역시 계속해서 늘어나고 있을 것이다.)

다만, 이 책을 읽는 독자에 따라 이 책은 2조 5천억 원짜리 책이 될 수도, 그 이상 가는 가치를 지닌 책이 될 수도, 혹은 또 하나의 '나무(펄프)에게 미안해해야 하는' 책이 될 수도 있다. 이 책 속에 담긴 이야기들을 남이 잘된 이야기로 치부해버리고 마는 이들에게는 그저 그런 재테크 서적 그 이상도 이하도 아닐 것이다. 그러나 책에 담긴 이들의 솔직한 목소리에 조금만 귀 기울여본다면, 이 책은 이전까지 듣지 못했던 '한국 사회에서 자산의 속성'과 각자의 상황과 처지에 맞춰 그러한 자산을 자신의 것으로 만들 수 있는 '절묘한 요령'과 '실용적인 스킬'이 듬뿍 담긴 책이 되어줄 것이다.

때문에, 이 책의 가치는 독자 여러분이 정한다고 한 것이다.

모쪼록, 다시금 유령이 되어 인터뷰를 하고, 자료 조사를 한 뒤, 글로 엮어낸 이 책이, 책 세상 속에서는 유령이지만 현실 속에서는 매달 생활비를 마련하고, 카드값을 메꾸고, 마트 식품관 마감 세일 시작 시간을 챙겨야 하는 실존 인물인 나, 그리고 나와 비슷한 고민을 하고 살아가는 이 땅의 독자들에게 인생에서 가장 비싼 책으로 남게 되기를 빈다.

　마지막으로, 이제껏 나는 고스트라이터, 유령작가로 살았다. 그리고 당분간, 아니 어쩌면 영원히 유령작가로 살아갈 것이다. 특히, 나를 믿고 글 작업을 맡겨준 이들과 그런 나에게 자신의 인생살이 속 깊은 이야기를 들려준 이들을 위해서라도 나의 신분과 작업한 책의 제목, 내용은 철저하게 비밀로 부친 채 무덤까지 가져갈 것이다. 때문에, 책에 등장하는 인물과 관련된 에피소드 등은 실제 인물과 합의하에 사용하였지만, 일부 내용 또는 이니셜 등은 실제 인물의 정체가 드러나는 것을 막기 위해 전체 맥락과 주제를 훼손하지 않는 범위 내에서 약간의 각색을 하거나 원래의 인물을 추정할 수 없도록 전혀 다른 이니셜로 표기했음을 양해해주었으면 한다.

잘 아끼고,
잘 안 써서
부자가 된 사람들

부자들은 다른 사람들에게 독하다.

그러나, 가난이 우리에게 독한 것에 비하면

그것은 아무것도 아니다.

성북동 C회장

아껴 모은 450원으로
왕국을 이룬 H회장

당신이 가난한 것은
아무것도 하지 않았기 때문이다

회장님의 현재 자산은 얼마입니까?

"그걸 뭘 묻고 그러나. 나는 그냥 살고 있는 집이랑, 세놓은 건물이랑, 나중에 늙어서 애들한테 신세 안 지려고 저금 조금 해놓은 것밖에 없어."

저자 주_____ 서울 서부 지역 일대에서 땅 부자, 채권 부자로 꽤나 유명세를 떨친다고 알려진 H회장은 이 책에 실린 자산가들 중 자신이 보유한 자산 규모에 대해 '가장' 제대로 얘기해주지 않은 인물 중 하나였다. 이미 소유하고 있는 것으로 알려진 건물에 대해서도 "그냥 관리해주고 있는 거다"라며 극구 부인을 한 터라 자산 규모를 확인하느라 꽤나 고생을 했다. 대략 알아낸 것만 쳐도 대지면적만 2백 평이 넘는 역삼동 자택과 서울 시내 곳곳에 세놓은 건물들이 일곱 채로 부동산만 약 1천 8백억 원 정도에, 주식과 채권이 약 2~3백억 원, 예금과 적금이 약 50억 원 정도였다. 그러나 주변 지인들의 의견을 종합해보면 실제 H회장의 자산은 앞서 이야기한 자산의 두 배 혹은 그 이상일 수도 있다.

처음 시작할 때 수중에 얼마가 있었습니까?

"글쎄, 하도 오래돼 놔서. 그게 기억이 나나? 내가 우리 집안 장
손인데, 아버지가 어릴 적에 돌아가셔서 내 앞으로 선산이랑
집안 대대로 부쳐 먹던 땅이랑 그런 것들이 제법 됐지. 근데 그
게 어디 내 재산인가? 손 하나 까딱할 수 없는 남의 재산이지.
실제로 돈을 내 손에 쥐고 내 맘대로 재산을 일구기 시작할 때
내 월급이 10만 3천 원이었어. 쌀 한 가마에 4만 8천 원 하던
시절의 일이야. 그때 여윳돈이 한 80만 원쯤 있어서 그걸로 돈
을 굴리고 모으기 시작한 것이 내 첫 시작이라면 시작이지."

어떻게 자산가가 될 수 있었습니까?

어느 우아한 예술가의 유쾌한 후원회장님

예전에 형사 사건을 주로 수임하는 변호사로 활동 중이던 선배

형님께 물었던 적이 있다. "수임료를 굉장히 많이 주겠다며 사건 의뢰가 들어왔는데, 아무리 봐도 의뢰인이 정말로 나쁜 놈이면 그런 사건은 어떻게 하느냐?"고. 그러자 형님은 지극히 원론적인 이야기로 은근슬쩍 넘어가버렸다. 사건을 맡을 때는 의뢰인이 좋은 사람인지 나쁜 사람인지 미리 판단하지 않고 최대한 사건의 본질에만 집중해서 "그 사건과 사건을 저지른 이가 최대한 법의 보호를 받을 수 있도록 노력한다"라고. 익히 들어왔던 얘기다. 그러더니, 나에게 되물었다. 대필비를 굉장히 많이 주겠다며 대필을 의뢰한 이가 있는데, 아무리 봐도 책으로 쓸 만한 인물이 아니거나, 심지어 몹쓸 짓만 골라서 한 나쁜 인간이면 어떻게 할 거냐는 질문이었다. 역시 노련한 변호사다웠다. 그런데, 이날뿐만이 아니라, 내가 대필 작업을 하는 것을 알고 있는 지인들은 비슷한 질문을 묻고는 한다. 그럴 때면 나 역시 변호사 선배 형처럼 원론적인 답을 하면서 그 상황을 모면하는 수밖에 없다. "최대한 그 사람의 삶 자체, 갖고 있는 이야기 자체에 집중해서 책에 담을 만한 이야기를 뽑아내는 데 집중하려고 합니다"라고.

사실 말은 이렇게 하지만, 가끔씩은 정말로 답이 없는 의뢰가 종종 들어온다. 몇 해 전, 출판사 사장이 자신의 친구 아들 책을 내주기 위해 대필을 의뢰한 건은 정말로 '노답'이었다. 자신의 스펙에 '저자'

라는 타이틀을 한 줄 더 추가하기 위해 아버지 친구 찬스로 책을 쓰겠다고 나선 청년의 삶은 정말로 책에 넣을 만한 내용이 있는지 눈을 씻고 찾아봐도 A4지 반 장 꺼리도 되지 않았다.

반면, 대필을 하며 가장 즐겁고 보람이 있을 때는, 평상시 존경하거나 흠모하던 인물의 이야기를 내 손을 통해 책이 될 만한 원고로 만들어낼 때이거나, '이 사람의 이야기는 꼭 책으로 펴냈으면 좋겠다' 싶은 인물의 이야기가 내 손을 통해 글로 적혀지고 책으로 엮어져서 사람들에게 널리 읽히며 많은 사랑을 받는 것을 볼 때이다. 그런 의미에서 이제까지 해왔던 것 중 가장 즐거웠던 대필 건은 예술인 K선생의 책이었다. 사실 이 건은 대필이 아니라 윤문 작업에 가까웠던 게, 평상시 일기 쓰기와 메모 남기는 것을 즐겨하던 K선생이, 수십 년간 본인이 작성한 글들을 정성 들여 타이핑까지 해서 보내주셨기 때문이다. 하라는 글 작업은 하지 않고 예술계 거장의 삶이 생생하게 담긴 메모를 읽느라 그 재미에 푹 빠졌던 기억이 난다.

그러나, 독자들이 읽을 만한 책으로 만들어내려면 그런 글들만으로는 충분하지 않았다. K선생의 글은 담백하고 품격이 있었지만, 소소한 재미가 없었다. 한 분야에 자신의 모든 것을 걸었던 사람 특유의 '비장함'이 다소 지나치다고나 할까? 위대한 인물의 대단한 삶이라는 점에서는 좋은 글이었지만, 독자들에게 좀 더 친근하게 다가가

서 읽는 맛까지 선사하려면 보다 생동감 있고 재미있는 사례들이 필요했다.

'어떻게 하면 K선생의 삶으로부터 그런 글들을 뽑아낼 수 있을지' 한참을 고민할 때 만난 이가 바로 H회장이었다. 그는 이런저런 사업과 투자 등을 통해 큰 부를 이룬 사람으로 K선생의 부친과는 둘도 없는 사이여서 K선생이 어렸을 때부터 후원회장을 자처하며 지원을 아끼지 않았던 인물이라고 했다. 마침 그가 주중에 주로 머무는 사무실 겸 그 사무실이 입주한(건물이자 그가 소유한) 건물이 우리 집 인근이어서 평일 퇴근 후 그의 사무실에서 인터뷰를 진행하기로 했다.

처음 만나본 H회장은 전형적인 사업가 스타일이었다.

'K선생'이라는 매개체가 있었지만, 어찌 되었든 나와는 초면이었음에도 불구하고 반말과 존댓말을 교묘하고 능숙하게 사용하며 사람을 당겼다가 풀었다가 하는 솜씨가 예사롭지 않았다. 화술 역시 대단했다. K선생의 어린 시절 이야기를 하는 듯하다가 자신이 K선생의 첫 해외 공연 비행기 티켓을 사줬다며 본인의 공치사를 하는 듯했고, 다시 우리나라 공연예술계에 대한 비판으로 이어가다가, "이게 다 K선생 잘되라"고 하는 얘기이고, "우리나라 공연예술계가 아직 희망이 있어서" 하는 얘기라며 이야기를 이끌어가는 폼이 영락없이 능수능란한 사업가였다.

그러나 나 역시 그간 책을 쓰기 위해 수없이 다양한 부류의 사람들을 만나오며 쌓아온 나름의 내공이 있었다. 적절히 맞장구를 쳐주고 때에 따라서는 도발적인 질문을 던지며 H회장과의 대화를 이어나갔다. 덕분에, K선생의 메모를 중심으로 작성했던 기존의 글에서는 찾아볼 수 없었던 재미있는 에피소드들을 듬뿍 뽑아낼 수 있었다. 오랜만에 자신이 좋아하는 분야에 대해 원 없이 이야기를 해서일까? (실제로 H회장은 K선생의 공연을 진심으로 아끼고 좋아하는 듯했다.) 처음 만났을 때의 그 근엄한 표정은 어느새 사라지고 어린아이와 같은 호기심 넘치는 유쾌한 표정으로 바뀐 H회장은 집도 가까운데 저녁이나 함께하자며 예정에 없던 식사 자리에 초대를 했다.

갈비탕집에서의 수업

그날 저녁식사 자리는 음주를 곁들여 자정이 넘어서까지 이어졌다. H회장의 지인들이 여러 명 합석을 했고, 마치 잔칫날처럼 왁자지껄한 자리가 펼쳐졌다. 그날, 그렇게 친분을 쌓게 된 H회장과는 책이 출간된 이후로도 가끔 연락을 주고받거나 1년에 한두 번씩 식사를 같이하는 사이가 되었다. 이 책을 준비하면서도 가장 먼저 연락을 하고 질문을 던진 사람도 H회장이었다. 그만큼 내게는 스스럼이 없는 이였다. 그는 내 질문들에 답을 하는 대신 밥을 사주겠다고 했다. 그의 건물 1층에서 운영 중인 한식당에서 왕갈비탕을 하나씩 앞에 두고 반주로 참이슬 오리지널 각 1병씩을 하며 이야기를 나눴다.

"어떻게 지금과 같은 자산가가 될 수 있었냐고? 허허, 작가님도 그런 거를 물을 때가 다 있네. 내 주변 친구들부터 시작해서, 우리 빌딩 경비 아저씨들이나 어쩌다 만나는 사람, 나한테 장학금을 받는 고향 출신 대학생 녀석들까지 맨날 나만 보면 묻는 건데…"

H회장은 기세 좋게 뼈에 붙은 고기를 뜯으며 말했다.

"그럴 때마다 내가 뭐라 그러는 줄 알아? '한 푼 두 푼 푼돈부터 열심히 모아. 일단 그걸로 시작해'라고 그러지. 그러면 다들 '에이~' 이래. 소문난 부자라길래 뭔가 대단한 비법이라도 들을 줄 알았나 보지. 그런데, 다음에 또다시 만났을 때 내가 물어봐. '지난번 이후에 얼마나 모았냐?'고 그러면 백이면 백 다 '아, 농담하시는 줄 알았어요' 이러는 거야. 푼돈이라도 모은 사람을 본 적이 없어."

그 말과 동시에 H회장은 수저를 내려놓더니 빈 잔에 소주를 따라

반 모금을 마셨다. 그리고는 갑자기 자신이 처음 돈을 모으기 시작했을 무렵의 이야기를 들려주기 시작했다. 편한 식사 자리라 생각해서 필기도구를 들고 오지 못한 것이 안타까웠다. H회장의 이야기를 최대한 머릿속에 그대로 담아가기 위해 온 신경을 집중시켰다.

H회장이 본격적으로 돈을 모아야겠다고 생각한 것은 1980년대 초반 무렵이었다. 집안의 장손이라 챙겨야 할 제사나 각종 경조사도 많았고, 밑으로 줄줄이 있는 동생에 홀어머니까지 모시려면 돈 들어가야 할 곳이 한두 군데가 아니었다. 작심을 한 그는 모질게 돈을 모으기 시작했다. 가장 먼저 한 것은 담배를 끊는 것이었다. 당시 막 출시한 '솔' 담배가 한 갑에 450원이었는데, H회장은 중학생 때 담배를 배워 수십 년째 사흘에 두 갑 꼴로 피우고 있었다. 담배를 끊자 한 달에 9천 원이라는 돈이 수중에 새롭게 생겼다. 아내에게 부탁해 천 조각을 꿰매서 작은 손지갑 하나를 만들어달라고 했다. 동전지갑으로 쓸 요량이었다. 공중전화를 쓰기 위해 백 원짜리를 10원짜리로 바꾸고 전화 한 통 걸고 나면 5~60원이 어디 갔는지 모르게 사라지고는 했는데, 동전지갑이 생긴 뒤로는 차곡차곡 모였다. 그렇게 조금씩 모은 돈이 어느새 80만 원 정도까지 모아졌다.

"그 80만 원이 내 종잣돈이었던 셈인데, 실제 진짜 종잣돈은

1982년 2월 11일, 매일 사던 담배 한 갑을 안 사고 내 동전지갑으로 들어간 450원이었지."

그 돈을 나눠, 40만 원을 어머니 지인이 운영하던 계를 붓고, 20만 원은 은행에 넣어두고, 남은 20만 원을 사채를 놓던 지인에게 맡겼다. 당시 은행권의 상품은 다양하지 못해서 H회장의 성에 차지 않았다. 갖고 있던 돈을 반으로 나눠 절반은 다소 위험성이 있지만 높은 수익을 기대할 수 있는 쪽에, 나머지 절반을 다시 절반으로 나눠 기존 전체 돈의 4분의 1에 해당하는 금액은 수익을 거의 기대할 수 없지만 최대한 안정적인 곳에, 나머지 4분의 1은 없는 돈, 수업료라 치고 안정성 고려 않고 최대한 빨리 수익을 거둘 수 있는 곳에 투자를 한 것이었다. 이 '50대 25대 25'의 원칙은 그때부터 지금까지 이어져내려온 H회장의 투자 원칙이었다.

확실히 곗돈을 부은 것은 은행보다 위험하긴 했지만, 수익을 빨리 거둘 수가 있었다. 초기 순번에 곗돈 받은 것을 다시 쪼개서 여러 개의 계에 부었다. 은행은 이율이 지금보다야 훨씬 나았지만 높은 수익을 기대하기는 어려웠다. 반면, 처음에는 개인적으로 돈을 빌려주는 것으로 시작해서 이후 본격적으로 범위를 넓혀 나간 투자는 수익률은 굉장히 좋았지만 부침이 심했고 위험률도 높았다. 따라서 여러 가지 유혹도 많았지만, H회장은 돈이 모이면 철저하게 50대 25대 25

의 밸런스를 맞춰 자산을 운용했다.

그는 소주잔의 남은 술을 털어 넣더니, 갑자기 비장한 표정을 지어 보이며 목소리를 낮췄다.

"근데, 말이지…"

부자가 되고 싶어요 vs. 부자가 되고 싶지 않아요

무언가 심각한 이야기를 하려는 듯했다. 나는 더 바짝 긴장해서 그의 말에 귀를 기울였다.

"작가님, 이 집 갈비탕 진짜 맛있지 않아요? 내가 갈비탕을 워낙 좋아해서 전국 팔도 갈비탕 잘하는 집은 안 가본 데가 없는데, 이 집만큼 갈비탕 잘하는 집을 못 본 것 같아."

엉뚱하게도 H회장은 갑자기 갈비탕 이야기를 꺼냈다. 그러나 그가 정작 하고 싶었던 이야기는 갈비탕 이야기가 아니었다. 갈비탕 레시피와 관련된 이야기였다. 우리가 식사를 하고 있던 식당은 실제로 갈비탕으로 유명한 식당이었다. 미식가로 알려진 전직 대통령의 부인이 각종 모임을 할 때 애용했던 식당으로, 유력 정치인들 사이에서도 갈비탕 맛있기로 유명한 집이라고 했다. 그런데 재미있는 것은 이 식당은 내부 곳곳에 자신들이 갈비탕을 만드는 방법을 적어 붙여놓았다는 것이다. 그냥 대충 적어놓은 것이 아니라 상세하게도 알려주고 있었다. 고기는 어느 지역에서 사 와서 어떻게 손질해 몇 시간 동안 끓여서 만드는지를 사진까지 곁들여 소상히 적어두었다. (실제로 집에 와서 그대로 만들어 먹어보기도 했다.)

"저렇게 친절하고 자세하게 레시피를 적어놓았는데도 불구하고 똑같은, 아니 비슷하게라도 맛을 내는 식당이 드물어요. 자기 실력이 있어서 그런 거면 모르겠는데, 제대로 맛도 못 내면서… 몇몇 식당은 내가 그 건물주랑 친분이 있어서 장사 잘되라고 이 집 레시피를 사진으로 찍어다가, 주방장 설명까지 덧붙여서 전달해줬는데도 불구하고 따라 하지도 못하더라고. 이런저런 핑계나 대면서…"

그런데, 자신에게 '부자가 되는 방법'을 물어본 이들 역시 마찬가지라고. 일단, 기본 위주로 지켜야 할 것, 바꿔야 할 것들을 알려주면, 그런 것 말고 뭔가 대단한 비법이 있지 않냐며 그 비법을 알려달라고 조른다는 것이었다. 그는 자신의 이야기를 하면서 〈골목식당〉이라는 프로그램에 등장하는 백종원 대표의 사례도 언급했다.

"백종원이라는 사람이 주는 메시지는 명확해. 돈 내고 사 먹을 만한 음식을 만들어서, 제값 받고 팔라는 거지. 맞는 말이야. 근데, 그 방송에서 실패한 집들은 공통점이 있어. 하나같이 '뭔가 대단한 레시피를 달라'고 보채기만 하잖아. 다 알려준 기본적인 것부터 실천할 생각을 하지 않고…"

H회장이 제시한 부자가 되는 방법은 의외로 간단했다. 그리고 마치 식당 벽에 써 붙여진 갈비탕 레시피처럼 아주 오래전부터 누구나에게 공개가 되었던 방법이다. 그러나 H회장은 알고 지내는 사람 중 자신이 얘기한 것들을 '단 하나라도', '꾸준하게', '제대로 지킨' 이들은 채 3%도 안 된다고 했다. 왜 가르쳐주는 대로, 시키는 대로 하지 않았냐고 물어보면 그 이유는 제각각이었다.

"〈골목식당〉인가 거기 나온 사람들마다 그냥 안 하겠다고 하는 사람은 없어. 이유는 다 있지. 이래서 안 되고, 저래서 못 하고, 그것도 해봤고, 이것도 해봤고…"

H회장이 자신에게 '부자가 되는 방법'을 물어오는 사람들에게 일단 한 푼이라도 아끼라고 말하는 것은 실제로 푼돈을 아껴서 부자가 되라고 말하는 건 아니라 했다. 부자가 되려면, 자산가가 되려면 어

제까지 부에 대해 생각해왔던 것, 오늘까지 자산을 위해 해왔던 것과 다르게 생각하고 다르게 행동해야 함을 말하고 싶었고, 그 가장 대표적인 것이 쉽게 생각해왔던 '푼돈'에 대한 생각과 태도를 달리하는 것이었다.

H회장의 이야기에 따르면 부자가 못 되는 사람에게는 여러 가지 문제가 있다고 한다. 부자가 되지 못하도록 방해하는 여러 가지 장애물들도 많다고 한다. 그러나 그런 것들 중에서 가장 큰 문제, 가장 큰 장애물은 본인이 부자가 될 거라 믿지 못하고, 작고 사소한 것이지만 과거 그리고 현재의 가난하거나 최소한 부유하지 못했던 시절에 해왔던 습관들을 '차마' 버리지 못하는 모습들이라고 한다.

"10억, 1백억, 1천억이 있어야 부자라고 생각하는 사람이 많아요. 근데, 그건 부자가 된 결과로 그런 돈이 내 수중에 들어온 거지요. 진짜로 부자가 되기 시작하는 순간은, 가난하던 시절에 하던 것을 단 하나라도 하지 않기로 한 순간, 혹은 이제까지 하지 않던 일을 하기로 한 그 순간이에요.

부자가 되기 위해서는 무언가 하나라도 제대로 시작하는 힘이 필요해. 작은 시작을 하지 못하는 사람은 큰 시작을 하지도 못한다니까? 나도 몇십억, 몇백억짜리 건물을 살지 말지 고민할 때보다 담배를 끊을지 말지를 결정할 때가 더 힘들었다고."

그는 열변을 토하고는 잠시 방치해두었던 갈비탕 국물을 두어 숟갈 떠먹기 시작했다. "이 집 갈비탕이 대단한 게, 식어도 쇠기름이 거의 뜨지 않는다"면서 몇 번이고 극찬을 거듭했다. 집에 있는 부인에게 가져다줄 거라며 주인에게 2인분만 포장해달라고 했다. 식사를 마치고 나오면서 보니 갈비탕이 포장된 쇼핑백이 두 개였다. 언제 더 주문을 했는지, 내게도 집에 가져가서 가족과 함께 먹으라며 2인분 포장한 것을 건네주었다. 그리고는 내가 잊었을까 봐 다시 한 번 강조했다.

"참, 아까 나더러, 어떻게 자산가가 될 수 있었냐고 물었지? 450원짜리 솔 담배를 끊었지요. 거기서부터 시작이 된 겁니다."

"자산가가 될 수 있었던 남다른 비결을 딱 한 마디로 요약해주신다면…"

"부자가 되고 싶다면, 가난한 시절의 버릇 하나만 무조건 버려보세요. 아무 버릇이나. 심지어, 그것이 좋은 버릇이건 나쁜 버릇이건 상관없어요. 부자의 삶으로 가는 그 첫 시작은 가난한 시절과의 인연 하나를 끊는 것부터 시작됩니다."

돈에 대한 집중력을 잃지 않고 잘 틀어막아
부자가 된 O부사장

일단 잠가라!
다른 것은 그 이후에 고민하자

부사장님의 현재 자산은 얼마입니까?

"말 안 해요. 얘기해봤자 나만 손해지. 그냥 먹고살 정도 벌었고, 나중에 먹고살 만큼 모아놨어요. 그러면 뭐하나, 사업하는 사람은 '아차' 하는 순간이면 몽땅 날려 먹을 수도 있는데…"

저자 주 _____ 인천 남동공단에서 플라스틱을 사출해 각종 용기의 뚜껑이나 덮개 등을 생산하는 업체를 운영 중인 O부사장은 매사에 조심스러움과 신중함을 넘어 경계하는 기색이 역력했다. 보유하고 있는 자산이나 실제 능력 등이 알려져봐야 자신에게 도움이 될 게 없다는 생각이 가득한 듯했다. 부사장이라는 직함 역시 그의 명함에만 적힌 '조심스러운' 직함이었다. 회사 내에 '회장'이나 '사장' 등 부사장보다 높은 직급의 사람들이 없고, 회사의 지분 역시 그가 거의 80% 가까이 보유하고 있으므로 최고경영자이자 실질적인 오너였지만, 그는 한사코 자신을 부사장이라고 부르라 했고, 사내 집무실 현판과 자리에 놓인 명패에도 부사장이라고 적혀 있었다.

그런 그의 성향과 성격을 반영하듯 O부사장은 세칭 '안전자산'이라는 것들 위주로 포트폴리오를 구축하고 있었는데, 송도 국제도시에 있는 199㎡(60평)의 아파트에 거주하며, 인천 연수구에 상업용 건물 한 동을 보유하고 있고, 남동구에 상가주택 두 채와 일반 주택 한 채를 소유하고 있다. 인천 주안과 서울의 성수동, 가산동의 주요 공단 내에 여러 채의 아파트형 공장을 분양받아 매달 임대료 수입이 있다고 했는데, 꽤나 여러 채를 소유한 것이 분명한데 끝끝내 보유 규모는 밝히지 않았다. 이외에도 제3공장 신축을 위한 부지와 채권과 예금을 포함해 총 자산 규모는 1천 3백 억에서 1천 5백 억 사이인 것으로 추정된다.

두 번째 질문

처음 시작할 때 수중에 얼마가 있었습니까?

"여기 공단에 있는 공장 사장님들, 회장님들 대부분은 기술자 출신인데, 나는 기술자 출신이 아니에요. 나는 화장품회사 영업직이었어요. 지금이야 사람들이 백화점이나 브랜드 전문 매장에서 주로 화장품을 구매하지만, 예전만 하더라도 화장품 판매는 방판(방문판매)이 좌우했거든. 그 방판 사원들을 어떻게 잘 관리하느냐에 따라서 회사 순위가 뒤바뀔 정도였어요. 그래서 화장품회사마다 방판 사원들을 잘 관리할 수 있는 유능한 대리점장들을 확보하기 위해 난리였지.

그런 시기에 제가 H화장품 창립 이래 최연소로 방판 대리점 점장이 된 사람이에요. 만 스물여섯 살에 영등포, 관악, 구로를 담당하는 서부지점장이 됐으니, 빠르긴 빨랐지. 한창때는 관리하던 방판 여사님들만 80명이 넘을 정도였어요. 누가 그러더라고 '본부장급 점장'이라고. 근데, 그렇게 한창 잘나갈 때, 수금 문제로 사고가 터져서 누군가 책임을 져야 할 일이 생겼죠. 누구한테 책임을 미루나, 점장이 책임을 져야지. 아침에 출근해서 아무렇지 않은 듯 일 다 보고, 저녁 6시 반에 마감 종례까지 다 마치고 사표 쓰고 짐 정리해서 그날로 그만뒀지.

그때, 집이 전세였는데, 보증금이 3천 5백이었나? 아무튼 부모님 댁으로 합치면서 그 돈 빼내고 동료 선후배들이 총대 매고 나가줘서 고맙다고 모아준 위로금이랑, 그동안 판매증진 수당, 1등 지점 수당, 최우수점장상 상금 등 각종 포상금, 수당 꽁쳐둔 거를 모아보니까 대략 6천만 원 정도 되더라고. 거기에 내 영혼뿐만이 아니라, 조상님들 혼령까지 다 끌어모아서 융자를 받아 사들인 게 저기 저 앞에 있는 1공장이었어요. 그게 내 시작할 때 수중에 있던 돈이라면 돈이지."

어떻게 자산가가 될 수 있었습니까?

꿩 대신 닭이 아닌 봉황

대필 작업을 하다 보면 둘 중 한 경우를 맞닥뜨리고는 한다. 첫 번째는 인터뷰와 자료 조사를 진행하고 글을 쓰면 쓸수록 대필을 의뢰한 원저자의 매력에 빠져들어서 '내가 저자인지, 저자가 나인지' 알 수 없는 호접지몽(胡蝶之夢), 무아의 경지(無我之境)에 이르는 경우이다. 다행히도 작업을 했던 대부분이 이런 경우였다. 비록 자신의 생각과 살아온 이야기들을 글로 풀어내는 능력이 다소 부족해서 나 같은 전문 작가에게 글을 맡겼지만, 나머지 삶의 업적과 살아가는 자세가 남다른 분들로부터 많은 것들을 배우고 깨우치는 즐거움에 시간 가는 줄 모르고 작업을 했던 기억이 난다.

반면, 글을 쓰면 쓸수록 회의감이 들면서 '어서 빨리 마무리가 되었으면…' 하는 생각이 가득한 채로 작업을 진행하는 경우이다. 극히 일부분이기는 하지만, 인터뷰를 위해 만나면 만날수록 사람의 밑천이 드러나서 '어떻게 이런 사람이 이런 부를(혹은 성공을) 거뒀지?' 하는 의문만 남게 되는 작업이다. 수많은 대필 작업을 진행하면서 딱 세 차례 그런 경우가 있었는데, 불행하게도 O부사장을 알게 된 계기가 된 것이 바로 그 세 번 중 한 번이었다.

　몇 해 전, 중견 화장품회사 오너 경영자였던 모 회장님의 자서전 격인 에세이 겸 리더십 서적 겸 경영철학서 겸 처세서 겸 자기계발서 겸… 공상과학소설을 쓰게 되었다. 이외에도 이 책은 장르가 무척이나 다양했는데, 인터뷰가 진행되고 원고 집필이 진행되면 될수록 원저자인 회장님의 이런저런 요구사항이 더해져서 작업은 산으로 힘차게 기어올라가고 있었다. 결국, 출판사와 협의를 거쳐 원저자와의 추가적인 인터뷰 대신 그 주변 인물들을 인터뷰해서 책의 나머지 부분을 마무리하기로 하고, 그에 대해 솔직하(면서도 지나치게 나쁜 이야기만 하지는 않)게 말해줄 이들을 찾았다. 그때 만나게 된 것이 O부사장이었다.

　O부사장은 대필을 의뢰한 화장품회사 회장님의 직장 후배이면서 그의 회사에 화장품 용기를 납품하는 기업의 경영자였다. 회장님의 인간적인(꼭 좋은 의미만을 뜻하는 것은 아니다) 면모와 사업적인 능력에 대해 어느 누구보다 많은 이야기들을 들을 수 있을 거라는 생각에, 평일 야간에 차를 몰고 1시간 반을 달려가 그와 인터뷰를 진행했다. 공장 2층 제일 구석에 있는 부사장실 옆 회의실에서 만난 그의 첫인상은 평범했다. 양복 바지를 입고, 위로는 바지와 전혀 안

어울리는 색상의 작업복 상의를 걸친 모습은, 지극히 평범한 플라스틱 공장의 50대 중역 그 이상도 이하도 아니었다. 오히려 소매 부분의 단추가 하나씩 떨어진, 그리고 남은 단추들도 실밥이 늘어져서 언제 떨어져 나간다 해도 이상하지 않을 만큼 너덜거리던 작업복 상의는 안쓰러워 보일 정도였다. 그러나 전화로 요청한 시간보다 정확히 두 배의 시간인 180분간 진행된 그와의 인터뷰를 마칠 무렵, 나는 완전히 그의 팬이 되어버리고 말았다. '부사장'이라고 부르던 호칭은 어느새 '형님'으로 변해 있었고, 대필을 위한 인터뷰 때문이 아니라 내가 한 수 배우고 싶어서, 인간적으로 함께하고 싶어서 꼭 다시 만나고 싶었다.

시간이 너무 늦어 다음을 기약하며 헤어질 무렵에는,

"형님, 다음에는 꼭 형님 책의 의뢰인과 집필 작가로 다시 만납시다."

라는 인사를 나눌 정도였다. 결국, 우여곡절 끝에 화장품회사 회장님의 책은 출간이 되었지만 이후 어떻게 되었는지 별로 기억나지 않고, 대신 나는 O부사장이라는 보배를 얻게 되었다.

알고 지내보니 O부사장은 사업 수완으로나 재테크 실력으로나 대단한 사람이었다. 대필 작업을 하고 있던 화장품회사 회장과 비교해보아도 전혀 꿀리지 않는, 아니 오히려 어떤 면에서는 능가하는 부분이 훨씬 더 많았던 인물이었다. 상업고등학교를 졸업하고 직장생활을 잠시 하다가 군대를 다녀온 뒤 만 스물네 살에 한 화장품회사에 입사해서 1년 8개월 만에 가장 큰 지점의 지점장을 맡게 된 입지전적인 인물이었다. 지점장으로서 적게는 대여섯 살에서 많게는 서른 살 가까이 많은 방문판매 사원들을 이끌고 서울 서부 지역을 맡아 1등 지점상을 여러 차례 수상하는 등 최고의 성과를 만들어냈다. 몇 년 내에 서울/경기 지역을 담당하는 수도권본부장 자리도 따놓은 당상이라는 소리를 듣고 있었다.

그러나, 지점 직원 몇 명이 수금 관련한 사고를 내고 말았다. 신용카드 등이 일반화되지 않았던 당시에는 물건을 사면 현금 아니면 외상 구매였는데, 외상으로 물건이 나가는 시점과 실제 돈이 들어오는 시점상의 차이를 이용해 장난질을 치는 직원들이 일부 있었다. 장부가 요즘처럼 전산으로 관리가 되지 않다 보니 외상으로 나간 물건과 실제 수금액 사이의 차이는 부지불식간에 점점 커져갔고, 결국 문제가 외부로 드러나게 되었을 때는 상당한 액수로 커져버린 뒤였다.

물론, 억울한 부분이 없었던 것은 아니다. O부사장의 지점 직원들만 그랬던 것이 아니고, 오히려 다른 지점 직원들이 더 적극적으로 비위를 저질렀고 그 액수도 컸지만, '최초'인 것이 중요했다. 다른 지점의 선배 지점장들은 O부사장이 총대를 매고 알아서 희생양이 되어주기를 은연중에 강요했다.

(이제는 다 잊고 살아가려고 가급적이면 생각하려 하지도, 입에 올리려 하지도 않는다고는 했지만, O부사장 지점에 사고가 터졌을 때 가장 적극적으로 총대를 매고 나가라고 떠밀었던 이가 내가 대필을 하고 있던 화장품회사 회장님이 된 선배였다고…)

배운 게 화장품 방판 영업관리뿐이니, 난데없이 서른 살에 실직자가 된 그가 갈 만한 곳은 경쟁 화장품회사밖에 없었다. 그러나 그 무렵만 하더라도 의리, 인간 된 도리, 그런 것들을 따질 때라서 섣불리 경쟁사로 이직할 수도 없었다. 그렇게 며칠을 퇴직 인사도 할 겸, 일자리도 알아볼 겸 과거 인연이 있었던 분들을 일일이 찾아뵙고 있었는데, 어느 날 들른 곳에서 뜻하지 않은 정보를 듣게 되었다. 이전 직장에 화장품 용기를 납품하는 회사에 들렀을 때였다. O부사장이 신입사원 때 생산관리부서에 잠시 파견을 나갔던 적이 있었는데, 그때 인연을 맺은 뒤 형 동생하는 사이가 된 그 회사 전무님께 인사를 드리기 위해서였다.

그런데 그 전무님이 은밀한 제안 하나를 했다. 자신들의 하청회사 중 한 곳의 사장님이 연로하셔서 공장을 접으려 한다는데 O부사장이 인수해보면 어떻겠냐는 것이었다. 워낙 영세한 업체라서 땅값 정도만 받고 기계는 기존 융자를 떠안는 식으로 공장을 넘기려 하는데, 조건이 너무나 좋다고 했다. 한걸음에 달려가서 보니 정말로 작고 낡은 공장이긴 했지만, 공장 입지도 좋고 주요한 기계는 구입한 지 얼마 되지 않아 상태가 정말 깨끗했다. 일하고 있는 직원들도 죄다 베테랑에 성실해 보였다. 직장생활 내내 영업관리직으로만 있었는데 공장 운영을 잘 할 수 있을지 걱정이 되기도 했지만, 다시 생각해보면 어차피 다 사람이 하는 일인데 뭐가 크게 다르겠나 싶어 전세 보증금과 위로금, 조금 모아두었던 현금 등을 합쳐서 덜컥 공장을 인수해버리고 말았다.

"공장 인수한 날을 내가 잊지 못해. 내 생일이었거든, 2월 28
일. 그날 인천에 눈이 펑펑 왔지."

O부사장은 눈 내리던 그날, 계약서에 도장을 찍은 직후부터 직원들에게 기계 돌리는 것부터 하나하나 배우고, 경리 직원을 옆에 앉혀놓고 장부 내용을 글자 한 자, 숫자 하나까지 꼼꼼하게 살펴보느라 사무실에 야전침대 하나 갖다 놓고 숙식을 사무실에서 하기 시작

했다고 한다. 직원들이 퇴근하고 나면 기계를 하나씩 분해했다가 다시 조립해보며 구조를 익혔고, 원료 물질을 온도를 달리해가며 녹이고 성분 배합 비율을 달리해가며 섞어서 최적의 조합을 찾아내느라 밤을 새우는 날도 많았다고 한다. 결국, 나중에 야전침대를 철거하고 다시 집에 들어가는 날, 그해 첫눈이 내렸다고 한다. 11월 17일로 기억한다고.

"그해 마지막 눈 내리는 날 집에서 나와서, 첫눈 내리는 날 집에 들어간 셈이지. 그렇게 열 달 만에 공장에 대해 마스터하고 나니, 나중에는 기계가 어디 이상하면 직원들이 수리기사 대신 나를 찾을 정도가 되었지. 사실, 내가 우리 공장에서 제일 어리기도 했고."

절로 존경스럽다는 말이 나오지 않을 수가 없었다. 그런 나를 보며 O부사장은 농담 한마디를 툭 던졌다.

"그러게, 내 책을 쓴다고 하지 그랬어. 허허."

내가 불쑥 연락해서 세 가지 질문을 던졌을 때에도, O부사장은 늘 그랬듯 진지하면서도 통찰력 있는 이야기를 들려주었다. 우리 둘은 주말 낮에 공장이 아닌 그의 집 근처 송도 센트럴파크를 걸으며 이야기를 나눴다. 그는 늘 그렇듯 무작정 이래라저래라 하거나 근엄하게 훈계하는 것이 아닌 본인의 생생한 경험을 곁들이면서도 유쾌하고 유머러스하게 이야기를 이끌어갔다.

"어떻게 자산가가 되었냐고? 그야, 세계 최고 수준의 플라스틱 사출 기술을 바탕으로 좋은 품질의 케이스를 경쟁사보다 저렴하게 납품했기 때문이지. 하하."

그는 호수 주변으로 뻗은 공원길을 걸으며 몇 번이고 본인이 "운이 좋았다"고 강조했다. 인생의 변화가 필요한 시기에 '운이 좋아서' 좋은 공장을 싼값에 인수할 수 있었고, 그 공장에서 훌륭한 직원들을 만날 수 있었으며, 한창 관련 업종이 성장을 하면서 매년 공장 시설 규모를 늘리거나 2공장, 3공장 등으로 확장해나갈 수 있었으며, 그 가운데 이런저런 투자도 성공해 큰 자산을 보유할 수 있게 되었다고 말했다. 그러나, 굳이 운 이외에 큰 규모의 부를 얻게 된 비결을 하나 더 이야기하자면, 필요할 때마다 적절히 잘 '잠그는' 기술이 있었기에 그런 모든 것이 가능했다고 했다. 이런저런 이야기를 하며 산책로를 걷던 그는 갑자기 호숫가로 내려가 어딘가를 손으로 가리켰다. 손끝이 가리키는 곳에는 거대한 수문이 있었다.

"이렇게 큰 호수나 저수지를 만들고 물을 채우려면 뭘 제일 먼저 해야 하는 줄 알아? 수문을 잠그는 거야. 수문이 열려 있으면 백날 천날 물을 갖다 부어도 다 새어나가버릴 것 아닌가? 근데, 사람들은 자꾸 물을 더 빨리 많이 갖다 붓는 것에만 신경 쓰지 수문을 제대로 꽉 잠그는 것에는 신경을 덜 쓰는 것 같아."

즉, 돈이 언제, 어디로, 얼마큼 나가는지를 파악해서 꼭 필요한 것을 제외한 나머지는 새어나가지 않도록 꽉 틀어막지 않으면 아무리 열심히 돈을 벌어와도 헛일이 되고 만다는 것이었다. O부사장이 처음 공장을 인수할 때, 밤을 새우며 회사 장부를 뒤져보고 알아챈 것이 하나 있었다. 공장을 소개해준 사람은 기존 공장 주인이 연로해서 공장을 넘기려 한다고 이야기했지만, 그게 공장을 팔고자 하는 이유의 전부는 아니었다는 점이다. 공장은 분명 탄탄한 기술력 덕분에 수익을 내고 있었지만, 그 수익이 축적되거나 재투자가 되지 않고 엉뚱한 곳으로 줄줄 새어나가고 있었다. 시설 투자를 이유로 크게 교체가 급하거나 활용도가 높은 기계가 아님에도 일괄적으로 새 기계로 교체하면서 융자금에 대한 이자로 엄청난 금액이 매달 빠져나가고 있었다. 재고관리와 수율관리가 제대로 되지 않다 보니 원료 반입 시기와 제품의 출하 시기가 들쑥날쑥했고, 대금 지급일과 수금일이 또 제각각이라 보유 현금의 관리 및 이자 비용 계산에도 혼선이 있었다.

O부사장은 전 직장에서 그와 유사한 문제 때문에 된통 당한 적이 있는지라 유독 그런 부분에 대해서는 민감했고, 그간의 훈련으로 관리할 수 있는 역량도 보유하고 있었다. 그의 말처럼 '수문 잠그기'부터 시작했다.

"개인 자산에 있어서도 마찬가지야. 많은 사람들이 자산가가 되고자 하면 뭔가 거창한 곳에, 대단한 규모의 돈을 투자해서, 커다란 수익을 거두는 것만 먼저 생각하는데, 그건 커다란 저수지나 호수를 만들어놓고, 물꼬를 돌리고, 수로를 이어서 어떻게든 빨리, 많은 물을 갖다 대겠다는 것과 다를 바가 없어. 그래봐야 수문으로 다 빠져나가고, 자칫 하다가는 수문 주위의 제방이 터져버리고 말 거야."

한참 동안 그의 얘기를 듣다 보니 문득 궁금한 것이 생각났다. 그렇게 중요한 '수문 잠그기'인데, 사람들은 왜 그걸 잘 못하는 것일까? 무슨 이유라도 있는 것일까?

내 질문에, O부사장은 대답 대신 역으로 질문 하나를 던졌다. "백화점, 강원랜드, 그리고 신용카드의 공통점이 무엇인 줄 아냐"는 물음이었다. 대답을 들으려 던진 질문은 아닌 듯했다. 내가 답을 고민하기도 전에 먼저 자신의 이야기를 이어갔다.

"예전에 보면, 공단 내 공장 사장님들이 모여서 고스톱을 칠 때가 있어. 근데 이 양반들이 워낙 알뜰하게 살아온 사람들이라서 그런지 점당 백 원짜리 심심풀이로 치는 건데도 함부로 베팅을 못 해요. 근데, 예외일 때가 있어…"

잔돈이 부족해서 지폐를 묻어두고 성냥개비를 칩 삼아 고스톱을 칠 때였다고 한다. 그럴 때면 사람들이 갑자기 통이 커져서 툭하면 "못 먹어도 고!"를 외치고, 판돈을 키우자는 이야기까지 스스럼없이 한다고 했다. 성냥개비가 돈의 실질적인 가치에 대한 집중력을 흩트려놓아버린 것이다. 실제 돈을 걸고 고스톱을 쳤다면, 혹은 (그럴리야 없겠지만) 성냥개비가 아닌 금붙이나 보석을 칩 삼아 고스톱을 쳤다면 그런 일이 없었을 것이다.

O부사장은 호수의 잠겨진 수문 주변을 살피며 힘주어 말했다.

"돈이 우리 수중에서 빠져나가는 것은 저수지에 물을 가둬둬야 하는 우리 입장에서는 수문이 열려버린 것이지만, 우리의 돈만 바라보고 살아가는 이들의 입장에서는 저수지 물꼬가 터지고 원했던 물이 콸콸 쏟아지는 일이야. 그들은 어떻게 해서든 저수지 주인이 별 문제의식 없이 수문을 열어놓거나 최소한 잠그려는 의식을 하지 못하게 만드는 것이 지상 목표일수밖에 없지."

창문이란 창문은 모두 닫아놓고, 시계 하나 걸어놓지 않아서 한 번 들어가면 바깥세상이 어떻게 돌아가고 있는지 알기 어렵게 만들어놓은 백화점이나, 안에 들어가면 현금이 아니라 오로지 플라스틱 칩으로 모든 게임에 참여하고 계산을 하도록 해놓아서 아무리 고액을 베팅할 때도 '나는 지금 돈이 아니라 플라스틱 몇 개를 걸었을 뿐이야'라는 생각을 하도록 만드는 카지노, 그리고 실제 물건을 살 때 플라스틱 카드를 내고 사인 한 번만 하도록 하고, 한 달 뒤에 그 돈을 계좌에서 빼내감으로 인해 '지불행위'에 대한 우리의 인식을 희석시키는 신용카드. 이들 모두 방법은 조금씩 다르지만 돈에 대한 우리의 집중력을 흩트려놓기 위해 만들어낸 방법이라는 것이 O부사장의 이야기였다.

"단순히, 모든 거래를 외상 없이 현금으로, 시장 같은 열린 공간에서, 실시간으로만 하라는 얘기는 아니야. 이제 세상이 복잡해져서 그렇게 할 수는 없지. 다만, 돈에 대한 집중력을 최대한 잃지 말아야 한다는 얘기야. 집중력을 발휘해서 수문을 잠가 두고 필요할 때만 열어야 저수지에, 호수에 물을 가둘 수 있는 거야."

O부사장은 그러면서 몇 번이고 장부의 중요성을 강조했다. 과거에는 일일이 수기로 작성하고 전표나 영수증을 갖다 붙이고 해야 했지만, 기업의 경우 ERP(Enterprise resource planning)라 하여 전사적 자원관리 소프트웨어를 사용하고 있는 경우가 많고, 개인의 경우에도 계좌 정보 및 기타 금융 관련 정보를 한눈에 보고 정리할 수 있는 모바일 프로그램이나 서비스 앱이 잘 되어 있으니, 그걸 것들을 활용해서 나의, 우리 가정의, 속한 회사나 기관의 수문이 어디에 있으며 그것이 잠겨 있는지 열려 있는지를 반드시 챙겨봐야 하고, 그것으로부터 저수지가 채워지는(부자가 되는) 길이 시작된다고 몇 번이나 강조했다.

호숫가를 돌며 이야기를 마치고 근처에서 저녁식사까지 한 뒤 O부사장과 헤어짐의 인사를 나눴다. 차에 앉아 시동을 거는 나를 물끄러미 바라보던 그가 갑자기 차창을 똑똑 두드렸다. 창문을 내리니 그가 조수석에 반쯤 열린 차창을 가리키며 말했다.

"난방을 할 때도 마찬가지야, 환기가 됐으면 얼른 찬바람이 들어오는 창문을 꼭 닫아야지. 명심해, 모을 때는 문이란 문은 제대로 닫아야 한다는 걸."

"자산가가 될 수 있었던 남다른 비결을 딱 한 마디로 요약해주신다면…"

"저수지에 물을 채우기 전 반드시 먼저 해야 하는 일은 수문을 닫는 것입니다. 그렇지 않으면 물을 채우면 채울수록 더 큰 압력에 수문으로 더 많은 물이, 더 빠르고 거세게 빠져나갈 것이기 때문입니다. 재산 역시 그러합니다. 아니 더 합니다. 쓰기 전에 모으고, 모으기 전에 잠가야 합니다."

종이로 만든 통장을 고집한
S회장

그래도 여전히
복리는 마법을 부린다

회장님의 현재 자산은 얼마입니까?

"글쎄, 살고 있는 집에… 근데, 그게 요즘 얼마나 하는지를 잘
몰라서. 예금, 적금이랑 채권이 좀 되고. 세 받아먹는 건물 두
채에 잡다한 것까지 하면, 얼마나 되려나?"

저자 주_____ 건축자재 유통업을 하다가 사업은 자식들에게 물려주고 지
금은 거의 은퇴 단계로 소일거리 삼아 일주일에 이틀만 출근을 하는 S회장은
거주하는 204㎡(62평) 아파트, 성수동과 자양동의 상가 건물 두 채 등 부동
산이 약 185억 원 상당에, 20억 원이 조금 넘는 규모의 채권을 보유하고 있었
고, 예금과 적금으로 채권과 비슷한 규모인 20억 원 정도를 보유하고 있었다.
이 정도 규모의 자산가치고는 놀랍게도 주식은 한 주도 보유하고 있지 않았
으며, 이전에도 사본 적이 없었다고 한다. 이후로도 주식에는 단 한 푼도 투자
할 생각이 없다고 했다.

처음 시작할 때 수중에 얼마가 있었습니까?

"내가 평생 일기를 썼거든, 그래서 정확히 기억해. 고향이 전라
북도 부안군 줄포라는 바닷가 촌동네거든? 거기서 1975년 1월
18일날 상경할 때, 내 주머니에 1천 원 지폐 열 장에 5백 원 지
폐 두 장 들어 있었어. 서울 오려고 죽어라 모은 돈이 6천 원에
큰 매형이 뭐라도 사 먹으라고 보태준 돈이 5천 원. 더해서 딱
1만 1천 원 있었지."

어떻게 자산가가 될 수 있었습니까?

참 무례한 맹신도

"어디, 당신 계좌 좀 봅시다."

"현재 자산이 얼마입니까?", "처음 수중에 얼마가 있으셨습니까?",

"어떻게 자산가가 될 수 있었습니까?"라는 세 개의 질문이 끝나기가 무섭게 S회장은 내게 계좌 내역을 보여달라고 말했다. 나와 동성동본에 다소 먼 촌수이기는 해도 아저씨와 조카뻘이 되는 촌수임을 확인하고 친하게 지내오긴 했지만, 아무리 그래도 계좌를 보여달라니… 당황스러웠다. 다소 무례하다는 생각이 들었다.

마지못해 스마트폰 앱을 작동시켜 보유 계좌를 확인시켜주었다. 뭐 들여다볼 것도 없었다. 급여 계좌는 아내가 관리하니, 내 앞으로 된 유일한 계좌는 가끔 원고료가 입금되기도 하고, 아내 몰래 쓰고 있는 카드 대금이 빠져나가기도 하는 '입출금이 자유로운 일반 계좌' 달랑 하나였다. 잔액은 (다행히 며칠 전 모 기업체의 사보 원고료가 입금되어) 80 몇만 원 정도가 들어 있었다.

S회장은 유심히 보더니, 역시 제멋대로 앱을 중지시키고 테이블 위로 폰을 휙 집어던지더니 품 안에서 무언가를 주섬주섬 꺼냈다. 액정이 깨졌을까 봐 스마트폰을 이리저리 살피는 내 시선은 아랑곳하지 않고 그는 품에서 꺼낸 걸 내 앞에 펼쳐 보였다.

통장이었다.

내게 펼쳐 보여준 면의 마지막 잔고란에는 8천 8백하고도 몇십 몇만 몇천 원이 기록되어 있었다. 내 통장 잔고보다 정확히 0이 두 개 더 붙어 있었다. 그리고는 다른 통장도 하나 더 보여주었다. 그런데, 그 통장은 바로 앞서 보여준 통장과 같은 은행, 같은 상품으로 발급된 통장이기는 한데 모양이 조금 독특했다. 네 권의 통장의 앞뒤 커버를 접착제로 붙여 마치 한 권의 책처럼 만든 모양이었다.

알고 보니, 모두가 같은 계좌번호의 통장이었고, 한데 붙은 세 권의 통장은 이전에 쓰던 것, 9천만 원 가까이 들어 있던 통장이 현재 쓰고 있는 통장이었다. 그에게는 이런 식의 '다 쓴 통장 묶음'과 '현재 쓰고 있는 통장'의 조합이 수십 개가 더 있다고 했다. 놀라운 것은 다 쓴 통장들이었다. 펼쳐 보인 통장에는 잡다한 메모가 빼곡하게 적혀 있었다. 입금 내역 옆에는 주로 '돈의 출처가 될 만한 사람의 이름이나 용건'들이 적혀 있었지만, 때로는 돈에 관련된 격언이나 자기 자신에게 다짐하는 말 같은 것들이 적혀 있었다.

초등학생 시절 방학 때 쓰는 일기장이 떠올려져서 나도 모르게 피식 웃고 말았다. 이번엔 나의 명백한 결례였다. 낭패였다.

"웃기지요? 유치해 보일 거요."

그러나 그는 통장에 적힌 것들을 설명하기에 바빠서, 내 무례한 웃음 정도는 아랑곳하지 않았다.

그가 이야기하고자 하는 것은 단 한 가지였다. 그것은 바로 '돈은 역사'라는 것이었다.

"내가 서울에 처음 올라와서 한 일이 청계천 공구상가 시다[1] 일이요. 그때 내가 은인을 만났지."

그가 말한 '은인'은 그를 고용한 공구점 사장이었다. 사장은 급여를 현금으로 주는 대신 '통장'이라는 것을 만들어서 거기에 넣어주겠다고 했다. 기존 직원들에게 매달 현금으로 급여를 주니 하루 이틀만에 술값으로 탕진해버리는 것을 하도 많이 봐와서 그를 막기 위해서라고 했다. S회장으로서는 태어나서 처음으로 만들어보는 은행 통장이었다. 당시의 통장은 지금처럼 전산으로 기장되고, 자동으로 입출금 처리가 가능한 것이 아니었다. 입출금 액수와 잔액을 일일이 은행원이 수기로 작성하고, 손님과 금액이 맞는지 확인하고 숫자 옆에 확인 도장까지 찍어야 하는 번거로운 방식이었다. 그러나, 그런 번거로움이 S회장의 취향에 딱 맞았다고 한다. 그는 돈 모으는 재미 반, 다달이 상장을 받는 것처럼 행원으로부터 도장을 받는 재미 반으로 은행을 드나들었다.

"내, 그때 통장을 보며 배웠소. 돈은 곧 역사라서, 흐름이 있고, 그 흐름을 기록하고 유지하는 사람만이 부자가 될 수 있다는 걸…"

....
1 옛 일본 공방 등에서 숙식을 제공받고 허드렛일을 돕던 견습공을 뜻하는 일본어 단어 시타바리(下張り)에서 유래된 속어

월급날이 되면 사장은 경리 여직원을 시켜 통장에 월급을 입금시
킨 뒤, 직원들을 모아놓고 입금된 내역을 확인시켜주고서는 통장을
그대로 금고에 넣어버렸다. 통장이 금고에서 나오는 것은 다음 달 월
급날이었다. 지금 같으면 고용주의 갑질이라고 경찰과 기자가 오가
고 SNS를 통해 일파만파 퍼져나갈 법한 일이었지만, 당시 정서로는
가능한 일이었다.

S회장은 다른 동료와 달리 술, 담배를 하지 않았다. 별다른 취미
도 없었다. 동료들은 수중에 돈이 들어오면 사장 몰래 술판을 벌이기
도 하고, 쉬는 시간이면 삼삼오오 모여 담배를 입에 물었지만, 그는
그럴 때마다 고집스레 스스로 '왕따'가 되는 길을 택했다. 공구를 사
러 오는 손님들은 자신들의 고장 난 헌 공구를 가져와서 고쳐달라고
하는 경우도 있었다. 고쳐줘봐야 푼돈밖에 받을 수 없기에 다른 직원
들은 바쁘다며 거절하는 일이 다반사였는데, 그는 그런 수리 의뢰를
받아뒀다가 일과가 끝난 저녁 시간이나 일요일 딱 하루 쉬는 날 가
게에 나와 틈틈이 해결해주고는 했다.

그렇게 생긴 수입은 고스란히 그의 몫이었다. 그를 모아 월급날
은행에 가는 경리 직원에게 부탁해 통장에 입금시키곤 했다. 그 모습
을 보고 사장이 믿음이 생겼는지 입사한 지 1년이 지나자 스스로 관
리하라며 몰래 금고에서 통장을 꺼내 S회장의 손에 쥐여주었다. 그

뒤로는 앞서 이야기한 것처럼 통장에 입금하고 도장 찍는 재미로 살았다.

그가 태어나서 처음 은행 통장을 손에 쥐었을 무렵은 정기예금 금리가 무려 15~18%를 오가던 시대였다. 물론, 물가상승률 역시 매년 두 자릿수를 기록하고 있었기에 실질(적으로 체감하는) 금리는 그보다 훨씬 낮았지만, 어찌 됐든 엄청난 금리인 것만은 틀림이 없었다. 그리고 그 금리는 그냥 쌓이는 것이 아니라 복리(複利)로 쌓여갔다. 그는 그때 복리의 매력에 푹 빠져버렸다고 한다.

흔히 복리의 마법에 대해 찬사를 아끼지 않는 이들이 예로 드는 것이 '72의 법칙'이다. '72의 법칙'이란 어떠한 돈을 금융기관에 넣어 놨을 때 그 돈이 두 배로 불어나기까지 걸리는 시간을 구하는 공식이다. 그를 증명하기 위해서는 여러 가지 복잡한 수식이 필요하지만, 간단하게 설명하자면 '1백만 원을 복리 이자로 은행에 넣어놨을 때, (72÷n)%의 연간 이자율을 유지하면 n년 만에 그 돈은 2백만 원이 된다'는 것이 핵심이다. 즉, S회장이 처음 은행 계좌를 만들었을 무렵의 금리가 최대 18(72÷4=18)%였으니, 불과 4년 만에 그의 월급은 두 배로 불어난 것이다. 가히 마법이라 하지 않을 수 없다.

물론, 이해하기 쉽게 극단적인 예로 든 것이지, 여러 가지 변수가 있었고, 실제로는 그보다 훨씬 많은 시간이 걸렸다. 또한 10% 이상의 높은 금리가 지속된 기간은 길지 않았고, 그 외의 기간 동안에는 한 자릿수 금리가 계속 이어져왔다. 그럼에도 불구하고, 그는 '복리가 마법'임은 분명하다고 했다. 그냥 원금에 이자가 붙는 것도 상당한데, 복리가 더 강력한 것은 원금에 이자가 붙고, 그다음에는 원금에 이자가 붙은 금액이 원금이 되어 그를 기준으로 이자가 붙는다는 점이다. 매번 원금의 기준점이 달라지니, 다달이 붙는 이자의 액수는 처음에 비해 일정 기간이 지나고 나면 무섭게 늘어나게 된다.

"뭐, 복리 이자 좋은 거야 다들 아시겠지만, 그럼에도 불구하고 너무나도 쉽게 잊어버리는 것 같아. 하긴 '테슬라 주식으로 얼마를 벌었다', '비트코인으로 얼마를 먹었다' 하는 얘기들로 가득한 세상에, 은행 이율은 나날이 줄어들어만 가니… 요즘 복리 이자 얘기하고 은행 적금통장 얘기하면 다들 고리타분하다 하겠지. 그래도 여전히 은행 예금, 복리 이자만큼 돈 모으는 데 유용한 것이 또 없어."

한 번 돈 모으는 재미가 붙기 시작하자, 돈을 쓰는 재미는 갖다 댈 것이 아니었다. (사실, 그 무렵에는 돈을 써본 적이 없어서 재미라고 할 만한 것을 느껴본 적도 없었다.) 아무튼, 그렇게 열심히 모은 돈을 처음으로 헐었던 때가 고향에서 선을 본 여성과 결혼을 할 때, 그리고 몇 년 뒤 아버지 성함의 앞 글자와 어머니 성함의 뒤 글자를 따서 지은 간판을 내걸고 생애 처음 자신만의 가게를 열었을 때였다. 그렇게 자그마한 공구상의 문을 연 S회장은 이후 건축자재 유통업으로 사업 영역을 넓히게 되었다. 꼼꼼한 일 처리와 철저한 고객관리로 건자재 업계에서도 꼽히는 큰손으로 급부상하게 되었고, 그렇게 번 돈의 상당액을 자신의 고향인 전북 지역 내 학교와 불우 이웃들을 위해 기부하면서 한때 유명세를 떨치기도 했다.

나와는 S회장의 자녀들이 '고희를 맞은 아버지의 일대기를 담은 자서전을 출간하고 싶다'고 출판사에 의뢰해와서 만나게 되었다. 앞서 작업을 하던 이가 S회장과 트러블이 생기면서 중도 하차한 것을 내가 이어받아 몇 차례 추가 인터뷰와 손질 작업을 맡아서 하기로 했다. 나중의 얘기지만, 이날 처음 만난 자리에서 서로 통장을 까고는(?) 부쩍 친해져서 그랬는지는 모르겠지만 이후 작업은 단 한 차례의 트러블 없이 순조롭게 물 흐르듯 진행되었다. 더군다나 나온 책이 마음에 들었는지 출간된 이후로도 S회장은 가끔 퇴근 무렵 전화를 해와 저녁식사를 함께하자고 했다. 덕분에 그와는 수십 년의 나이 차가 무색하게 편하게 이런저런 이야기를 나누는 사이가 되었다.

그런데 이날, S회장이 진짜로 하고 싶은 이야기는 '복리의 마법' 만이 아니었다. 물론, 그 자신의 부를 형성할 수 있었던 초기 자금 형성에는 1970년대 본격적인 산업화 시기에 엄청나게 높은 이율의 이자가 복리로 지급되었던 것이 큰 역할을 했지만, 그보다 그가 남다른 부자가 되는 데 큰 영향을 미친 것은 '통장' 그 자체였다.

"부자가 되고 싶다고? 자산가가 되고 싶다고? 그렇다면 먼저 돈이 눈에 보여야 해. 내 수중에 얼마가 있는지, 나가야 할 돈이 얼마나 되는지, 얼마나 빨리 불고 얼마나 빨리 줄어드는지, 주로 어디서 왔다가 어디로 흘러나가는지, 그 모든 돈의 흐름이 훤하게 내 눈에 보여야 하지."

자신의 자산(돈)이 얼마나 되며, 그것의 이동(어디로 흘러가는지)과 생명력(늘어나는지 줄어드는지) 등을 한눈에 살펴보는 것이 중요한데, S회장은 그를 살펴볼 수 있는 방법으로 통장을 택한 것이었다. 물론, S회장은 60대 후반의 나이로, 지금의 눈으로 보면 그의 생각이 조금은 올드해 보이고, 자산을 일구고 관리하는 방법이 일면 비효율적으로 보이기도 한다. 그러나, 그의 말과 행동에 담긴 속뜻만큼은 지금의 우리에게 충분히 의미가 있었다.

"내 주변에 제일 많았던 사람들이 누구인지 알아? '주식으로 떼부자가 된 사람들'이었어. 그럼, 그만큼 많았던 사람들이 누구인지 알아? '주식 하다 쫄딱 망한 사람들'이었어. 근데, 망한 사람들은 하나같이 공통점이 있었지. 자기 재산이 얼마인지 제대로 몰랐다는 거야."

S회장의 이야기는 '실제로 자기 재산이 얼마인지 몰랐다'는 얘기가 아니었다. 주식이 얼마나 오르고, 수익이 얼마나 났는지는 분명하게 알고 있었지만, 그를 제대로 인식하고 '진짜 내 손에 쥔' 이익이 얼마이고, 수익이 나기는 했지만 아직까지 실제로는 이익이 아닌 것은 또 얼마나 되는지를 제대로 구분해서 파악하지를 못했다는 이야기였다. 주식이 오르면 그 오른 가치를 기준으로 자신이 부자가 되었다는 생각에 불필요한 소비나 세심하지 못한 투자 결정을 내리게 되는 경우가 많았고, 실제 완전한 이익으로 내 수중에 꽂힌 돈이 아니었음에도 불구하고 그를 자기 돈으로 알고 행동한 이들이 수두룩했다. 그 모든 것이 젊은 시절부터 자신의 소득과 소비, 투자와 저축 구조에 대해 한눈에 볼 수 있게 정리해서 목시적으로 관리하는 버릇이 들지 않았기 때문에 발생하는 일이라 했다.

S회장은 사회 초년병 시절부터 종이 통장을 사용하면서 돈을 눈

으로 직접 확인하고 운용하고 관리하는 버릇이 몸에 완전히 배였다고 했다. 바로 그것이 '마법 같은 복리 이자'보다도 더 중요한 것이라고… 이후로도 S회장은 나를 만날 때마다,

"돈은 하늘에서 뚝 떨어지는 것이 아니야. 돈이 벌리고 축적되기까지는 일정 시간이 필요하고, 그 시간 동안에 사연이 만들어지고 흐름이 형성되는데, 그것들이 한데 엮어져서 각각의 돈마다 스토리를 만들어내지. 그 스토리를 한눈에 꿰뚫어 보고 있어야 비로소 그 돈의 주인이 되고, 그를 활용해 자기만의 자산을 만들어갈 수 있는 거야."

고 했다. 그를 위해 반드시 필요한 것이 자신의 돈, 자산을 한눈에 볼 수 있는 도구이고, 그는 개인적으로는 종이 통장이 될 수도, 가정이나 기업에서는 가계부나 복식부기 장부가 될 수도, 더 큰 기업에서는 자산관리 어플리케이션이나 전사적 자원관리 프로그램이 될 수도 있는데, 어찌 됐든 한눈에 볼 수 있고, 그들을 하나의 흐름으로 꿰고 있어야 한다고 늘 강조했다.

S회장은 나와 처음 만난 날부터 이 책을 쓰기 위해 만났던 얼마 전까지 만날 때마다 늘 품 안에 종이 통장을 지니고 있었다. 매번 발행한 은행과 통장의 종류가 달랐던 것으로 봐서 딱히 나를 만난 날

그 통장을 발행한 은행에 가서 볼일을 보기 위해 지니고 나온 것은 아닌 듯했다. 사실, 그 정도 되는 자산가라면 그런 방식으로 자산을 관리할 수도 없다. 아마도, 그 통장은 그가 자신의 존재를 인식하는 일종의 신분증 혹은 필요할 때마다 자신의 인생 여정을 되돌아보기 위해 사용하던 증표가 아니었을까? 전라도 바닷가 마을에서 단돈 1만 1천 원을 들고 상경했을 때부터 지금의 거부로 성장해올 때까지 자신을 잊지 않고 지탱해주었던….

"자산가가 될 수 있었던 남다른 비결을 딱 한 마디로 요약해주신다면…"

"돈이란 내 눈, 내 손, 내 머릿속에 있을 때에만 내 돈입니다. 그 셋 중 한 곳에서라도 떠나보내는 순간 그 돈은 남의 돈이 됩니다. 늘, 보이고, 만져지고, 그려지도록 관리해야 합니다. 보이는 곳에 두고(혹은 기록하고), 직접 관리하고, 계산해야 합니다. 남에게 맡기는 순간 그걸로 끝입니다."

마이크로 세이빙 기법으로
부를 이룬 C회장

쓸 때는 소심하게,
모을 때는 세심하게

회장님의 현재 자산은 얼마입니까?

"글쎄요, 전에도 한번 이야기했지만, 워낙 잘게 분산되어 있고, 각각이 서로 다른 속도로 계속 회전하고 있어서… 정확한 자산이 얼마라고는 얘기하기가 쉽지 않네요. 그나마 덩치가 좀 있는 부동산으로만 치면 천이삼백 억 정도 될까 싶은데… 그 정도는 안 되려나?"

저자 주   부동산 임대업을 주된 업종으로 하고 있는 기업의 오너이자 클래식 애호가인 C회장은 현금 자산을 대부분 다양한 상품에 투자해놓았기에 본인의 자산이 얼마인지 모른다며 거듭 손사래를 쳤다. 그의 말대로 잘 움직이지 않는 자산만 따지면 거주하고 있는 성북동 자택이 약 75억 원, 강남과 강북에 두 동씩 보유한 건물을 합치면 대략 2천억 원 정도이고, 그의 지인이자 내게 대필을 맡긴 K회장의 말을 빌리면 여기저기 투자한 돈이 3백억에서 5백억, 혹은 그 이상이 될 거라고 했다.

처음 시작할 때 수중에 얼마가 있었습니까?

"무슨 자수성가했다는 사람들 보면 '땡전 한 푼 없이 무일푼으로 시작했다'라거나, '단돈 백 달러 손에 쥐고 미국으로 이민을 갔다'라고들 하는데, 나는 그렇게 극적으로 가난하거나 빈손은 아니었어요. 아버지가 은행원 생활을 오래 하셨거든. 무난히 지점장으로 정년퇴임하시고. 워낙 꼼꼼하셨던 양반이라 노후 준비도 잘 해두셨지요. 그 영향을 받아서인지 학교 마치고 돈을 벌기 시작할 때부터 월급이 들어오면 일단 무조건 80% 이상 저축을 하고 그다음에 남는 돈으로 한 달을 살았지. 그래서, '재산을 본격적으로 불려봐야겠다'라고 마음을 먹었을 때 이미 예금이 7~8천만 원 정도는 있었던 것 같아요. 짜장면 한 그릇에 1천 3백 원 할 때니까 꽤 큰 돈이었지요."

어떻게 자산가가 될 수 있었습니까?

　대필이라는 작업을 하다 보면 참으로 다양한 부류의 사람들을 만나게 되는데, 특히 국문과나 문예창작과 출신의 전업 대필, 윤문작가가 아닌 나처럼 근본도 없고, 잡식성인 대필작가들은 만나게 되는 이들의 스펙트럼이 상상할 수도 없이 폭넓은 편이다.

　정규학력은 국민학교(초등학교) 졸업인데, '최고경영자과정' 수료증은 대한민국 거의 모든 명문대별로 다 가지고 있는 사람을 만날 때도 있고, 초등학교부터 대학원을 마칠 때까지 모든 교육과정별로 수석 입학, 최우등 졸업을 단 한 번도 놓치지 않은 이를 만나게 될 때도 있다. 나보다 어린 나이에 이미 세상이 부러워할 엄청난 부를 이룬 청년 갑부를 만나게 될 때도, 나와 비슷한 연배인데도 불구하고 1940~50년대 태어난 이들처럼 어려서부터 하루 세끼 밥 먹는 일을 걱정하며 전기가 끊겨 촛불을 켜놓고 살았다는 이들을 만날 때도 있다.

　이 정도는 그래도 약과인 편이다.

　2000년대 중반, 자수성가한 모 사업가의 자서전을 대필할 때였다. 그의 창업 초기 시절에 대해 가장 잘 안다는(청년 시절 그와 동고동락하며 함께 사업을 일군) 창업 동료와 인터뷰를 하고 싶었다. 집필을 의뢰한 사업가와도 연락을 거의 하지 않고 산 지 20년이 넘은 사람이었다. 천신만고 끝에 겨우 연락처를 구해 수소문을 해보니 엉뚱하게도 교도소에 있었다. 사실인지 둘러대는 건지는 모르겠지만 그의 가족들 얘기로는 한창 사업을 잘 경영하다가 동업자와 틀어지며 일이 잘못 꼬여서 억울한 옥살이를 하고 있다고 했다.

몇 차례 일정을 조율해 어렵사리 그와 인터뷰를 추진했다. 강원도 영월에 있는 교정시설의 접견실에서였다. 사실, 일반인들은 경찰서에만 가도 지은 죄가 없음에도 불구하고 왠지 위축이 되고, 눈치를 보게 마련이다. 교도소는 더했다. 사전에 그의 변호사와 조율을 한 상태에서 진행한 접견이었음에도 불구하고 내부로 들어서는 순간 나는 알 수 없는 죄책감에 사로잡혀 마치 갓 입소한 죄수마냥 잔뜩 쫄아 있었다. 그런 내 모습을 보며 처음 만난 사이임에도 파안대소하는 모습이 C회장의 첫인상이었다.

출소일이 얼마 남지 않았던 터라 C회장은 여유가 있었다. 내가 묻는 말에도 친절하게 답해주었고, '남의 책을 써주는 일'에도 큰 호기심이 있는 듯 여러 가지를 물어왔다. 출소를 앞둔 터라 가족에게도 "번거롭게 면회 올 필요 없다고 해놓고 나니 참 오랜만에 만나는 민간인이라 반갑다"며 이런저런 외부 소식을 내게 물었다. 그런데, 한 가지 특이한 점이 있었다. 대화 중 우연히 음악에 대한 이야기를 나누게 되었는데, 당시에는 생존해 있던 파바로티(Luciano Pavarotti)의

췌장암 병세가 어떻게 되는지를 내게 물은 것이었다. 교도관이 허락하는 국내 TV와 제한적으로 주요 일간지밖에 못 보다 보니 그의 근황이 궁금하다며 내게 물어온 것이다. 그때까지 나는 파바로티가 췌장암에 걸린 줄조차 모르고 있었다. 이후 그가 클래식 공연 소식과 주요 연주자의 내한공연 계획 등에 대해 내게 물었지만, 열 개 남짓한 질문 중 절반도 답해주지 못했다. 나름 또래 중에서는 꽤 오래된 클래식 애호가라고 자부하던 나의 자존심이 무너지는 순간이었다.

강원도 산골짜기에 자리 잡은 교도소에서 난생처음 보는 죄수와 나누는 대화치고는 무척이나 색다른 경험이었다. 알고 보니 그는 교도소에 오기 전 한국 메세나[2] 협의회 활동도 열심히 했던 나름 유명한 문화예술 애호가였다. 교도소 내에서도 뽕짝과 댄스음악을 듣는 동료 죄수들에게 유명 클래식 곡과 작곡가에 얽힌 이야기들을 들려주며 클래식 듣는 재미와 취미로서 클래식 음악감상의 유익함에 대해 시간이 날 때마다 전파를 하다 보니 어느새 '영월 금난새'라는 별명이 붙었다고 했다. 취미가 비슷하다 보니, 나와 C회장은 교도관이 면회 시간이 끝났음을 여러 차례 알려줄 때까지 유쾌한 대화를 주고받았다.

....

2 Mecenat. 기업 또는 기업인(경영자)들이 사회 공헌을 위해 문화예술(인)에 대해 금전을 포함한 각종 지원을 제공하는 활동.

마리스 얀손스가 시켜준 소개팅

마리스 얀손스가 시켜준 소개팅

얼마 뒤, C회장이 형기를 마치고 출소했다는 소식을 듣게 되었다.

모범적으로 형기를 모두 마쳤고, 판결에 억울한 부분이 많았던 '단순 경제사범'이라고도 했지만, 그럼에도 불구하고 C회장과 연락을 주고받거나 인연을 계속 이어가기는 다소 어려움이 있었다. '처음에 교도소에서 만난 사이'라는 것도 묘하게 부담으로 작용했다. 그사이에 원고 집필과 출판 작업도 일사천리로 이뤄졌고, 애당초 사회생활을 하면서도 겹칠 부분이 없었던 사이라서 두 번 다시 만날 일은 없을 듯했다.

그런데, 뜻밖의 장소에서 운명처럼 그와 다시 만나게 되었다. 물론, '운명처럼'이라고는 하지만, 그 전조현상은 있었다. 면회 당시 클래식 음악과 관련한 대화 도중 우리는 음악적 취향이 상당히 비슷하다는 것을 느꼈는데, 가장 대표적인 것이 '좋아하는 지휘자'였다. 내가 개인적으로 다니엘 바렌보임(Daniel Barenboim)과 함께 당대 최고의 지휘자로 꼽히던 마리스 얀손스(Mariss Jansons)를 좋아한다고 이야기하자 그가 반갑게 손을 맞잡으며 자신도 얀손스의 팬이라며 신기해한 것이다. 물론, 얀손스가 우리나라에 워낙 팬이 많은 인물이라서 신기할 것까지는 없었지만, 수감생활 동안 말이 통할 만한 클래식 애호가를 꽤 오래 만나지 못했던 터라 유독 더 반가워했던 것 같았다.

080 • 잘 아끼고, 잘 안 써서 부자가 된 사람들

그 마리스 얀손스가 2010년 네덜란드 로열 콘세르트허바우 오케스트라를 이끌고 예술의 전당에서 내한공연을 했다. 바로 그 공연장 로비에서 C회장을 만나게 된 것이다. 너무 반가워하며 내 이름을 크게 부르고 격하게 포옹까지 퍼붓는 통에 부끄러워 몸 둘 바를 모를 지경이었다. 근황을 물으니 출소를 한 뒤 금방 재기를 한 듯했다. 그의 말대로 "원래부터 잘못한 게 아무것도 없는데 억울하게 산 옥살이"라서 그런지는 모르겠으나, 내가 보아온 경제사범 중 재기 속도로만 치면 거의 역대급이었다. 그는 순식간에 수감되기 전의 자산을 회복한 것은 물론, 오히려 전보다 훨씬 더 탄탄하고 큰 부를 쌓을 수 있었다.

아무튼 그렇게 다시 인연을 이어가게 되었다.

C회장은 교도소에서 면회 중 몇 차례나 이야기했던 대로, 경기도 소도시에 있는 자신의 건물 맨 위층에 개인 사무실을 겸한 음악감상실을 꾸며놓고 있었다. 시가 2억 원을 호가하는 수제 스피커와 앰프, 3천여 장이 넘는 LP 음반을 갖춘 제대로 된 청음 시설이었다. 지금이야 아이폰에 헤드폰(에어팟 맥스)을 연결하여 듣는 정도로 만족하고 살지만, 한때는 오디오 기기와 전문 잡지에 돈 꽤나 쏟아부었던 어설픈 아마추어 음악감상가였던지라 C회장의 개인 감상실은 그야말로 나에게는 천국이자 이상향이었다. 시간이 될 때마다 그곳을 드

나들며 음악을 얻어 듣고, 위스키를 마시며 이야기를 나누고는 했다.

그는 내게 이런저런 세상 돌아가는 이야기를 물었고, 나는 그에게 어떻게 하면 부자가 될 수 있는지 물었다. 그럴 때면 그는 내게 '마이크로 세이빙'이라는 개념을 이야기했지만, 그때는 어렴풋하게 이해했을 뿐, 그게 무슨 의미이고 어떠한 가치가 있는지를 확실하게는 알수 없었다. 이 책을 준비하며 C회장이 떠올랐고, 그의 '마이크로 세이빙'에 대해 제대로 알고 싶다는 생각이 들었다. 약속을 정하고, 주말 시간을 이용해 여전히 잘 운영되고 있는 그의 개인 음악감상실을 방문했다. 그사이에 앰프와 스피커가 한 단계 더 업그레이드되어 있었다. 과거 사용하지 않는 큼지막한 책상이 있던 자리에는 그랜드피아노와 보면대, 단상 등을 놓아 작은 음악회를 할 수 있도록 꾸며놓았는데, 마침 방문했을 때 그는 그 단상에 비스듬히 걸터앉아 있었다. 덕분에 나는 그 앞에 놓인 의자에 앉아 청중처럼 그를 바라보고, 그는 공연자의 위치에서 자신의 음악, 아니 이야기를 내게 들려주는 것과 같은 모습이 연출되었다.

모아서 나눌 생각보다 나눠서 모을 생각

나는 단도직입적으로 그에게 늘 내게 이야기하곤 했던 '마이크로 세이빙'의 핵심이 무엇이며, 어떠한 가치가 있는지, 그를 어떻게 하면 제대로 할 수 있는지 등에 대해 질문을 쏟아부었다. 그러자 그는 '의미를 알 수 없는 웃음'을 띤 얼굴로 천천히 설명을 이어나갔다.

"나는 은행원이었던 아버지에게 어려서부터 혹독하게 가정교육을 받은 덕분에 아끼고 모으는 데에는 이골이 난 사람이었어요. 학창 시절에는 용돈을, 사회생활을 하면서는 월급을 80% 이상을 모으고 나머지 푼돈만을 쓰는 게 몸에 밴 습관이었죠."

C회장으로부터 여러 차례 들은 이야기였다. 그러나, 그에 따르면 그토록 철저하게 아끼고 모으는 데도 어느 정도 저축이 늘어나기만 할 뿐 도무지 큰돈이 되지는 않았다고 한다. 모은 돈에 이자가 붙어 제법 목돈이 되었지만, 그럴 때면 반드시 돈 들어갈 일이 생겼고, 그렇게 써버리고 나면 다시 처음으로 돌아가서 돈을 모아야 했다. 젊은 나이에 동기들에 비해서는 통장에 제법 잔고가 있었지만, C회장은 직성이 풀리지 않았다. 뭔가 다른 모멘텀이 필요했다.

그때 만난 것이 (C회장 아버지 표현에 따르자면) '법 안 어기고, 남의 눈에 피눈물 안 흘리게 하고 갑부가 된 거의 유일한 사람'이라는 J회장이었다. C회장 아버지와는 은행 차장과 고객으로 만나 수십 년간 친분을 쌓아왔고, C회장 아버지가 지점장을 마치고 은퇴한 이후로는 직원과 고객을 넘어 친구 사이로 지내고 있는 인물이었다.

C회장은 그런 J회장에게 자신의 고민을 이야기했고, J회장으로부터 배운 것이 바로 '마이크로 세이빙'이라고 했다. (물론, J회장은 자신이 가르쳐준 것을 '마이크로 세이빙'이라고 부르지는 않았다. 이 이름은 C회장이 붙인 이름이다.)

"방금 전, 작가 선생이 내게 '마이크로 세이빙'에 대해 물어봤을 때 내가 왜 절로 웃음이 나왔냐 하면 나도 아버지 친구인 J회장님한테 '돈 모으는 법'을 물었을 때 딱 그 표정이었거든."

'딱 나와 같은 표정'으로 어떻게 하면 부자가 될 수 있는지를 물어보는 청년 시절의 C회장에게 J회장은 중요한 이야기라도 하듯 귓속말로 이렇게 이야기했다고 한다.

"돈이라는 놈은 생물이야. 한데 모아놓으면 옴짝달싹 못하고 가만히 있지만, 들판에 풀어놓으면 펄떡펄떡 살아 날뛰거든. 돈은 그렇게 펄떡거리게 해줘야 해. 그래야 돈을 버는 거야."

일반적인 사람들은 '돈을 모아야겠다'고 생각하는 순간, 어떻게 하면 아끼고, 안 써서, 있는 돈 없는 돈을 한 덩어리로 만들까만을 고민한다고. 그러나 부자들, 자산가들, 돈을 벌 줄 알고, 모을 줄 알고, 쓸 줄도 아는, C회장 표현대로 '돈 좀 보는 사람들'은 절대로 일정 규모 이상으로 돈을 한데 모아놓지 않는다고 했다. 단순히 '계란은 한 바구니에 담지 마라'는 자산관리 격언을 지킨다거나 분산 투자에 철저한 수준이 아니라, 돈을 모으는 단계에서부터 철저하게 계획을 세워 어느 정도 규모로 돈을 만들어서 어떤 상품에 투자해 어느 목표 수준까지 수익을 낼 것인지 머릿속에 그려서 돈을 모은다는 것이었다.

> "많은 사람들이 돈을 모을 때는 일단 되는 대로 많이 모아서, 투자를 할 때서야 비로소 분산 투자니 레버리지니 갭투자니 오만가지 방법을 궁리해서 세분화해서 전략을 짜고, 세심하게 접근을 하는 경향이 있어요. 근데, 부자들은 돈을 모으는 단계에서부터 '이걸 어떻게 굴릴지 염두에 두고 전략을 짠다' 이 말이요."

말은 그럴듯한데, 쉽게 잘 와닿지가 않았다. 물론, 내가 일반인(혹은 재테크 측면만 보아서는 일반인에 비해서도 한참 모자라는 사람)이기에 그런 건지 모르겠지만….

그런 내 표정을 읽었는지, C회장은 보다 자세하게 설명을 이어나
갔다.

그의 이야기에 따르면, 일반인과 달리 부자들은 돈을 모으는 순간
부터 그 돈을 어느 용도에 얼마큼 (그리고 가장 중요한) 언제까지 쓸
것인지 계획을 세우고 모으기 시작한다는 것이었다. 이른바,

"시시지지(時時地地)!"

즉, '때와 장소를 가리는' 세심한 돈 모으기였다. 예를 들어, 소액
이고, 그 수입이 들어오는 시기가 들쭉날쭉하다고 한다면 그 돈은 적
은 돈으로, 원하는 시기에, 마음대로 투자할 수 있는 상품에 투자할
생각으로 자산화하는 것이다. 이러한 예는 직장인들이 각종 수당을
수시 입금이 가능한 적금 상품에 불입하는 것이 대표적이다. 반대로
급여 등과 같이 일정한 금액이 특정한 시기에 지속적인 수입으로 들
어온다면 그는 입출금이 자유롭지 않으나 더 큰 이자 수익을 기대할
수 있는 정기예적금으로 일단 축적시킨 뒤, 그를 레버리지 삼아 대출
이나 공동 투자 등을 통해 더 크고 묵직한 자산으로 전환시키는 방
식이다.

수입의 최초 성격에 따라 저축이나 투자의 방식이 한 번 정해졌

다고 해서 그것이 끝까지 가는 것은 아니었다. 때와 장소, 용처와 목적에 따라 쪼갰다 붙였다를 자유자재로 하는 것이 C회장이 주장하는 마이크로 세이빙의 핵심이었다.

"그런데, 많은 부자들이 이렇게 하는 데에는 더 큰 이유가 있어요. 어찌 보면 그것이 핵심이지요."

C회장이 말하는 '더 큰 이유'는 바로 '흐름'에 대한 이야기였다. 돈을 덩어리로 관리하면 본인의 수입이 주로 '언제 어디에서 흘러들어와서', '언제 어디로 흘러나가', '얼마큼의 부가 수익'을 '얼마나 빠르게' 만들어내는지를 쉽게 알 수가 없다고 했다. 그런데, 진정한 부자들은 바로 그 흐름을 세심하게 간파하고 세밀하게 잘 관리한 사람들이라고. 마이크로 세이빙(Micro Saving)을 해야 마이크로 매니징(Micro Managing)이 되고, 마이크로 매니징이 되어야 비로소 매크로(Macro)한 자산(Asset) 축적이 된다는 것이 그의 지론이었다.

물론, 매월 직장에서 수령하는 월급이 수입의 거의 대부분을 차지하는 평범한 직장인의 경우, 때와 장소에 맞춰 세심하게 나눠서 모으려 해도 따로 모을 만한 것이 없는 경우가 일반적이다. 그러나 잘 살펴보면 분명히 마이크로 세이빙을 할 만한 것들이 생기기 마련이다.

간혹 주어지는 인센티브나 출장을 비롯한 다양한 회사 활동을 이유로 지급받게 되는 각종 수당, 하다못해 몇 년 전부터 대유행을 하고 있는 개인간 온라인 중고 거래 사이트를 통해 물품을 판 대금 등, 찾아보면 마이크로 세이빙을 할 만한 무수한 많은 사례들을 발견할 수 있다.

우리가 할 일은 그를 세심하게 살피고 관리해 흐름을 만들어내고, 그를 잘 잡아 부자가 되는 것이다. 마지막 만남을 마치고 헤어지며 그는 또다시 덧붙였다. 마치 꼭 잊지 말아야 할 주문을 주인공에게 몰래 알려주는 영화 속 마법사와도 같은 목소리로….

"돈이 살아서 뛰게 만들어야 해요. 그래야 그 돈들이 또 다른 돈들을 물고 오니까. 뭉쳐만 놓으면 돈은 절대로 움직이지 않아요. 퍼져 있으려는 경향이 있거든…"

"자산가가 될 수 있었던 남다른 비결을 딱 한 마디로 요약해주신다면…"

"돈을 묻어둘 생각만 하면 돈은 얌전히 머물러 있습니다.

때와 장소에 맞춰 따로 모으고, 모인 돈들이 서로 엉키지 않

게 질서를 잡고, 그를 때와 장소에 맞춰 흩뿌려두고 맘껏 활

개치고 다니도록 해야 비로소 큰돈으로 돌아옵니다."

남이 안 하는
위험을 무릅쓰고
부자가 된 사람들

돈은 땅에 떨어진 것을 줍는 것이 아니라,

남의 손에 있는 것을 빼앗는 것이다

누가 그냥 줄 것 같은가?

어쩌겠는가, 싸워서 빼앗아야지.

서대문 J대표

죽기로 맘먹고 달려들어
살길을 찾은 S팀장

죽자 사자 하지만,
정작 죽고 싶은 사람은 없다

:❀❀❀:

팀장님의 현재 자산은 얼마입니까?

"자산이면 어느 정도 기간 동안 유지가 되어야 할 텐데, 저 같은 경우에는 조금 모을 만하면 꼭 목돈 들어갈 데가 생겨서… 자산이라고 하기가 좀 그렇네요. 그냥 모았다 썼다를 반복하는 거라고 하는 게 차라리 맞을 수도…. 여쭤보셨으니까, 답을 해드려야 하죠? 부동산은 지금 가족이랑 사는 반포 집이랑 강북에 정동 이화여고 인근에 빌라 한 채가 다인데, 지금 초등학교 6학년인 딸아이가 그 집 근처의 예중에 진학을 하면 지금 집을 팔고 거기로 갈 거기 때문에, 임시로 두 채인 셈이에요. 일반 주식은 적성에 잘 맞지 않고, 시황 들여다보고 연구할 만한 시간도 없어서 거의 하지 않고, 주로 좋은 분들 소개를 받아서 비상장 주식이나 장외시장에 투자를 하고 있어요. 용케 좋은 기업들을 만나서 은행에 넣어놓는 것보다는 조금 나은 수익을 거두고 있지요."

저자 주_____ 대기업 인사부서의 팀장을 맡고 있는 S팀장은 불과 몇 년 전까지만 하더라도 대출 이자와 카드값에 허덕이며 달마다 구멍이 난 돈들을 돌려막느라 전전긍긍하던 사람이었다. 그런 그가 변신을 한 계기는 외동딸과 친구들이 주고받은 카카오톡 메신저를 우연히 보게 되면서부터였다. 당시 반포에서 가장 잘나가는 아파트 단지이던 래미안 퍼스티지에 사는(평상시는 곧잘 함께 어울리던) 딸의 친구들이 같은 반포 지역이지만 오래되고 낡은 소규모 단지 아파트에 살던 딸을 따돌리고 자기들끼리 생일 파티를 열었다는 사실을 알게 되면서부터였다. (자칭 '퍼스티지 팸'이라나?) 더 서글펐던 것은 초등학교 4학년밖에 되지 않은 딸이 그를 내색조차 하지 않았다는 점이다. 슬퍼해봐야 해결할 방법도 없고, 괜히 엄마 아빠끼리 싸우기만 할 것 같고, 특히 티를 내면 친구들이 더 우습게 알 것 같아서라나?

그날 이후로 S팀장은 돌변했다. 그리고 그 결과가 불과 4년 2개월 만에 그가 축적한 그의 자산이다. 현재 그는 전세로 살던 반포의 아파트를 매입해 살고 있고, 정동에 있는 고급 빌라 한 채를 추가로 소유하고 있다. 그의 자산 대부분을 차지하고 있고 그가 단기간에 급격하게 재산을 불릴 수 있었던 방법이기도 한 장외 주식과 비상장 주식은, 일반적인 우량주처럼 장기간 보유하고 있을 수가 없기에 시기에 따라 보유하고 있는 물량이 크게 차이가 나지만, 대략 60억 원에서 1백 억 원 선을 왔다 갔다 한다. 일정 수준 이상 차익이 발생하면 매각해서 다른 곳에 투자를 하며 일부를 일반 예적금에 넣어놓는데, 그 금액이 대략 3억 원 선이다.

두 번째 질문

❀❀❀❀

처음 시작할 때 수중에 얼마가 있었습니까?

"제가 결혼하기 몇 해 전에 어머니가 쓰러지셨어요. 심근경색이셨죠. 아버지가 빨리 발견하셨고 후속 조치도 빨라서 다행히 목숨을 구할 수 있었지만, 이후로는 매해 1년의 절반 이상은 병원 신세를 져야 하는 처지가 되어버리셨어요. 저랑 비슷한 경험을 한 사람들은 수긍을 할 텐데, 집집마다 조금씩 다르겠지만, 대체적으로 집에 아버지가 병석에 누우셨을 때보다 어머니가 아프실 때 훨씬 타격이 커요. 집안 망가지는 게 한 해 한 해 눈에 보일 정도였죠. 사실, 저희 아버지는 '사람 좋다'는 소리나 듣고 다니시지 영 실속이 없는 어른이었거든요. 부자는 아니지만 그래도 제법 괜찮은 집이었는데, 어머니 쓰러지신 뒤 몇 년 뒤에 결혼을 하려고 하니 집에 돈이 하나도 없는 거였어요. 아버지가 재산관리를 맡으며 어머니 병수발이다 뭐다 남의 손에 집안 살림과 재산을 다 맡겨서, 야금야금 날려 먹은 거였어요. 결혼할 때 전셋집 얻느라고 은행에서 대출을 받은 게 줄어들기는커녕 조금씩 몸집을 불리더니, 딸아이가 초등학교 고학년이 될 무렵에는 2억 4천만 원까지 불어나 있었어요. 다른 자산은 거의 없는 상태였죠. 그 상태에서 용케 회사에서 능력을 인정받아 스팟성(일회성) 인센티브를 받게 됐는데, 지금도 잊지 않아요. 세금 포함해 이것저것 뗄 것 다 떼고 890만 원이었죠. 그걸 갖고 시작한 게 지금까지 오게 되었네요."

세 번째 질문

〈❊✕❊✕❊〉

어떻게 자산가가 될 수 있었습니까?

막차를 탄 주인공

1997년 IMF 외환위기 사태 후 직장인들은 더 이상 몸담고 있는 회사가, 아니 심지어 국가마저도 자신을 평생 보호해주지 못한다는 것을 깨닫게 되었다. (혹은 진작부터 알고는 있었지만 민감하게 생각하지 않고 있다가 갑작스레 뼈저리게 느끼게 되었을 수도….) 그로부터 촉발된 것이 자기개발 열풍이었다. 과거에는 괜찮은 대학만 입학하면 공부는 끝난 거라(또는 공부를 하지 않아도 꽤 나쁘지 않은 삶을 살 수 있다고) 생각해도 큰 무리가 없었지만, 이후로는 괜찮은 직장을 갖기 위해 대학 시절에도 열심히 공부를 해야 하는 시대가 되었다. 그러나 그런 시절도 잠시, IMF 사태 이후로는 직장에 들어가서도 끊임없이 학습을 해야만 겨우 생존할 수 있는 시대가 되어 버렸다.

　서울 종로3가와 강남역 인근, 부산 서면 또는 광주 동부경찰서 일대에 몰려 있던 외국어 학원마다 와이셔츠에 넥타이를 맨, 또는 블라우스 차림의 남녀 회사원들이 새벽 6시가 되기 전부터 북적였다. 주말이면 자격증을 준비하는 학원들마다 북새통을 이뤘고, 미국 대학원으로의 유학을 대비한 토플, GMAT 학원과 이민에 필요한 각종 준비를 도와주는 이민, 유학원 역시 문전성시를 이루고 있었다. 가히, 그 무렵은 자기개발 열풍의 시기였다.

　나 역시 그 무렵 미국 경영대학원으로의 유학을 준비 중이었다. 주중에는 새벽에 토플 종합반을 수강했고, 주말이면 하루 종일 GMAT 시험대비반 수업을 들었다. 그때 친해진 것이 L원장이었다. 그는 수강생들 사이에 미녀 탤런트 L양의 친오빠로도 유명했는데, 빼어난 강의 스킬과 최신 출제 경향과 기출문제에 대한 놀라운 정보력으로 명성이 자자했다. 뿐만 아니라, 늘 수강생들의 처지를 이해하고 맞춤형 공부법을 제안해줘서 'OOO사단'이라고 할 정도로 충성도 높은 수강생 그룹을 거느리고 있었다. 나 역시 그 사단의 일원이었다. 토요일이면 오전 10시부터 L원장의 강의를 듣고 자습을 좀 하다가 그가 마지막 강의를 마치는 8시쯤에 다시 만나서 음주를 겸한 저녁식사를 하는 것이 그 당시의 큰 낙이었다. L원장이 나보다 6~7년 정도 연상이었고, 나머지 멤버들은 내 나이와 비슷한 또래의 수강생들이었는데, 대부분이 바쁜 직장생활 속에서 평일 저녁과 주말을 모두 반납하다시피 하며 공부를 하고 있었기에 다른 친구들과는 시간을 맞추기가 힘들었고, 만나도 딱히 이야기할 만한 공감대 형성도 힘들었기에 그 무렵에는 자연스럽게 매주 토요일 저녁 L원장 수강생들끼리의 모임이 거의 유일한 유흥이자 사적 모임이 되었다. 그때 그 GMAT 준비생 모임에서 친해졌던 것이 S팀장이었다. 집도 같은 반포라서 더더욱 친하게 지내게 되었다.

이후, 그가 먼저 학원을 그만두고 나 역시 얼마 뒤 유학을 포기하게 되면서 자연스럽게 만남이 뜸해지게 되었는데, 그래도 1~2년에 한 번 정도는 만나서 소주잔을 기울이고는 했었다. 나는 사회생활을 하면 할수록 MBA 진학에 대한 필요성을 못 느끼게 되었을 뿐만 아니라 여러 활동으로 시간적인 여유도 없어져서 유학을 포기했는데, 그는 조금 다른 이유에서였다. 그는 유학을 포기하는 대신 무섭도록 맹렬하게 재테크에 나서 단기간에 엄청난 부를 축적한 상태였다.

이 책을 쓸 무렵에도 그와는 가끔 만나고 있었다.

당연히 자산가라서가 아니라, 과거 유학 준비생 시절의 동기로서.

그런데, 내가 '자산가들이 들려주는 자산 축적과 부자가 된 비결'에 대한 원고를 준비 중이라는 소식을 누구에게서 들었는지, 내게 원고가 완성되면 좀 보여줄 수 있냐고 묻는 것이었다. 마침 함께 만난 날 내가 들고 간 가방에는 교정을 보기 위해 출력한 이 책 초기 원고 뭉치가 들어 있었다. 어차피 최종 교정을 보기 전에 가까운 지인들에게 보여주고 평을 들을 참이었기에, S팀장에게 흔쾌히 건네주었다.

그리고 한 5분이나 됐을까 속독하듯 원고 출력물을 훌훌 넘겨보던 S팀장이 잠시 생각에 잠기는 듯하더니 빙그레 웃는 것이었다. 그렇게 S팀장은 이 책의 가장 마지막 주인공이 되었다.

넌 돈 버는 게 재미없니?

나중에 알게 된 사실이었지만, S팀장이 이 책의 초고를 보고 웃은 이유는, 등장하는 인물들의 이야기 하나하나가 평상시 자신의 생각과 너무나도 똑같아서였다고 한다.

MBA 진학을 준비하다가 불가피한 가정사로 인해 포기하게 된 S팀장은 한동안은 목적의식을 잃고 되는대로 흥청망청 살았다고 한다. 사원 초년병 시절부터 유학을 가겠다고 퇴근 이후에는 독서실에서, 휴일에는 학원에서 온통 시간을 보냈던지라 그에 대한 보상심리가 작동했던 것 같다고 했다. 그러다 몇 년 뒤 결혼을 하게 되었고, 별다른 준비 없이 치르게 된 혼례 덕분에 결혼생활의 시작점부터 꽤 큰 빚을 떠안게 되었다.

흔히 '돈이 돈을 부른다'라고 하는데, 이는 자산에만 국한된 말은 아니다. 당연한 얘기지만 빚도 빚을 부른다. S팀장의 빚은 삽시간에 불어나버렸다. 회사에서는 나름 인정받아 시기에 맞춰 진급도 딱딱 하고, 각종 포상이다 인센티브다 추가적인 목돈이 생길 때도 제법 자주 있었지만, 그렇게 돈이 들어올 무렵이면 반드시 나가야 할 일이 생겼다. 전세 보증금을 올려주어야 했고, 딸아이를 낳았고, 가족이 늘었으니 차도 좀 더 크고 안전한 것으로 바꿔야 했다. 그럼에도 S팀장은 별다른 생각이 없었다. 대기업이라는 크고 단단한 울타리 안에서 살아가는 사람들의 특권이자 치명적인 약점인 '허구의 든든함', 즉 회사가 곧 나이고, 회사의 힘이 곧 나의 힘이고, 회사의 레벨이 곧 나의 레벨이라는 헛된 믿음 때문이었다.

"그런 생각은 다 쌍팔년도 사람들(예전 선배들) 생각이지, 요즘 누가 그런 생각을 하냐고 이야기들 할 거예요. 근데, 안 그래도 요즘 젊은 사람들 회사에 대한 주인의식도 없고 소속감도 없다고 하지만, 그와 별개로 '허구의 든든함'에 대한 믿음은 변함이 없어요. 그게 자기를 갉아먹는 줄도 모르고…"

S팀장 역시 '대기업 인사부서의 촉망받는 인재'라는 든든한 명함

을 갑옷 삼아 '무난한 직장생활'을 계속 이어나갔다고 한다. '역사적인 그날'이 되기 전까지….

초등학교 4학년인 딸아이가 사는 아파트로 친구에게 차별받고 상처를 받았다는 사실을 알게 된 날, S팀장은 밤새 한숨도 못 잤다고 한다. 물론, 재산과 사는 곳으로 서로를 차별하는 문화가 잘못되었고, 본질적인 문제 해결은 그런 잘못된 문화를 바꿔나가는 것임을 S팀장 역시 모르는 것은 아니었다. 그러나 그보다는 부모로서 딸아이가 받은 상처가 더 걱정되었고, 그를 어떻게 하면 빠르게 치유시키고, 다시는 그런 상처를 받지 않게 할 것인가가 더 시급하게 해결해야 할 문제였다. 그간 든든한 울타리 안에서 매달 월급 받고, 은행 이자와 카드 사용 금액을 납부하고 남은 돈으로 아둥바둥 살면서 다음 월급날을 기다려왔던 자신의 삶이 있는 그대로 보여지고 느껴지기 시작했다. 미래가 없는 삶을 얼마나 당연한 듯이 받아들이고 살아왔는지, 한심하게 느껴졌다.

그리고 그날 이후로 본격적으로 부를 쟁취하기 위한 전투를 벌이기 시작했다.

이기고자 하는 의욕은 넘쳤지만, 전투의 시작은 처절했다.

마침, S팀장의 수중에는 연말 포상금으로 받게 된 1천만 원이 있었다. 세금 떼고, 밀린 공과금 내니 정확히 890만 원이었다. 일단 아는 게 없으니 남들 다 한다는 주식투자에 나섰다. '우량주식', '가치투자', '계란은 나눠 담아라', '숲(업황)을 먼저 보고 나무(기업 실적)를 나중에 봐라' 등 그간 들었던 온갖 투자 격언에 따라 주식을 열심히 사고팔았다. 결과는…

한 달 만에 그의 수중에는 정확히 88만 원이 쥐여 있었다. 모 유머 사이트에서 '주식으로 1억 모으는 방법은 2억을 투자하는 것'이라는 우스갯소리를 본 적이 있는데, S팀장이 실제로 그랬다.

결국, 그는 집안에서 주식 고수이자 자산가로 통하는 큰 외삼촌을 찾아가서 상의를 했다. 한참을 아무 말 없이 S팀장으로부터 자초지종을 듣던 외삼촌이 갑자기 물었다.

"애야, 너는 돈을 버는 게 재미없니?"

투자할 때는 이순신이 되지 말라

S팀장은 아무런 대답을 할 수 없었다. 질문이 너무 갑작스러워서이기도 하지만, 외삼촌이 던진 질문의 의도를 파악하기는커녕 감도 잡을 수가 없었기 때문이다. 외삼촌은 멍하니 답을 못 하고 있는 S팀장을 보더니 파안대소를 하며 말했다.

"내가 이래서 돈 버는 게 재미있다니까, 국민학교(초등학교) 밖에 안 나온 내가 고대를 나온 사람(S팀장을 지칭하는 듯)한테 한 수 가르쳐줄 수 있고, 서울대 박사를 이겨먹을 수도 있고. 이게 얼마나 재미있는 일이야."

한참을 혼자 재미있어하던 외삼촌은 조카인 S팀장에게 진지하게 조언을 해주기 시작했다.

투자라는 것은, 자산 축적이라는 것은 죽을 각오를 하고 임하는 싸움이 아니고, 죽을지 말지를 걸고 하는 내기가 아님에도 불구하고, 많은 사람들이 지나치게 진지하게 혹은 처절하게 그에 임하고는 한다. 그러다 보니 삶의 균형이 깨지고, 심리적 안정감이 무너지면서 평상시의 자신이었다면 하지 않았을 실수를 한다거나 그릇된 판단을 하는 경우가 비일비재하다고.

때문에 외삼촌 자신은 투자할 때 무조건 첫 번째 기준으로 삼는 것이 '재미'라고 했다. '재미있는 사업 분야'에 '흥미로운 사업을 추진하거나 경영'하는 '유쾌한, 매력적인 경영자'가 있는 기업이 무조건 투자 1순위라고 했다. 그 얘기까지 듣자 외삼촌의 갑작스러운 질문 공격에 멍해 있던 S팀장은 정신이 번쩍 들면서 반격의 건수들이 생각나기 시작했다.

"(외)삼촌 말씀이 옳기는 한데요. 그건 삼촌처럼 가진 게 많고 부족함이 없으신 분들이나 하실 수 있는 말씀이고, 저 같은 사람들은 절박해요. 어떻게 재미만으로 판단하고, 즐겁게 투자할 수 있겠습니까? 잃으면 그걸로 끝인데…"

외삼촌은 굳이 반박하거나 잘못된 생각이라고 말씀하지 않았다. 대신 돌연 스포츠 경기 이야기를 꺼내셨다. 야구나 골프 선수에게서 흔하게 발생하는 '입스(yips)'라고 하는 증후군 이야기였다. 입스는 알 수 없는 이유로(또한 어떠한 질병도 걸리지 않았음에도) 투수가 스트라이크 존에 공을 던질 수 없게 되거나, 골퍼가 제대로 된 스윙을 할 수 없게 되는 현상이다.

원인은 알 수 없지만, 대체적으로 경기에 대한 중압감이나 승리에 대한 지나친 열망, 주위의 과한 기대 등으로 인해 발생한다고 알려져 있다. 그런데 외삼촌은 이러한 입스 현상이 가장 빈번하게, 또 과하게 일어나는 것이 투자와 자산 축적 활동의 현장이라고 했다. 계획대로 안 되는 것이 재테크임에도 불구하고 실수에 대한 염려가 크다 보니 마치 명량대첩에 나서는 이순신 장군처럼 '살려고 하면 죽을 것이요, 죽으려고 하면 살 것'이라는 '사즉생 생즉사(死卽生 生卽死)'의 각오로 나서게 되고, 그런 중압감이 '스트라이크를 못 넣는(올바른 의사결정을 가로막는)' 투자의 입스를 만들어낸다는 것이었다.

"승부를 겨뤄서 이긴다는 일, 그를 통해 무언가를 쟁취한다는 것. 얼마나 멋진 일이냐? 누군들 전쟁에서 패하거나, 승부에서 지거나, 투자에서 돈을 잃고 싶은 이들이 있겠냐. 다만 그에 얽매여서 전전긍긍하느라 제대로 된 승부를 겨뤄보지도 못하고 끝나거나, 이기고도 이긴 줄도 모르거나 해서는 안 된다는 얘기야. 어차피 겨뤄야 할 승부라면 멋지게 겨뤄봐야지."

외삼촌의 조언을 들은 이후로…

물론, 극적인 변화는 없었다. 수익률의 등락에 따라 하루의 기분이 오르락내리락했고, 조금이라도 수익이 빠지면 조급증이 돋아서 어쩔 줄 몰라 한 것은 여전했다. 그러나 투자를 바라보는 태도와 마음가짐이 조금은 바뀌기 시작했다. 과거 '모 아니면 도'라는 심정으로 이길 수 있는, 대박을 낼 수 있는 투자처를 찾기 위해 안달하던 모습에서 재미있고 흥미를 느낄 수 있는 것들 위주로 찾아보고, 그중에서 가장 관심이 가는 것들 위주로 학습을 하기 시작했다. 그렇게 발굴한 투자처가 반도체 후공정 검사장비업체와 IT 관련 ETF(상장지수펀드), 그리고 장외시장에서 거래되는 후순위 채권 일부였다.

세 가지 모두 개인적인 이유로 투자 이전에 흥미가 있던 분야였다. 반도체 검사장비의 경우 공대를 졸업한 큰형님이 관련 회사에 몸담고 있어 일찌감치 업계와 관련된 이야기를 들어왔었고, IT 관련 ETF의 경우 친한 친구가 몇 차례나 '앞으로 크게 대박 날 것'이라며 같이 투자하자고 권했기에 익숙한 터였다. 후순위 채권의 경우, 앞선 둘과는 좀 다른 경우이기는 한데, 처음 투자에 나설 때 가까운 지인이 권해줘서 소액으로 투자에 동참했다가 원금을 홀랑 날려 먹는 실패를 겪었던 투자처였다. 그랬기에 알 수 없는 승부욕이 솟구쳐서 '꼭 한 번쯤은 다시 들어가서 대박까지는 아니더라도 승부를 겨뤄보고 싶다'는 생각을 해왔던 터였다.

아무튼 그렇게 다시금 흥미를 갖고(물론, 돈을 벌고 싶다는 1차적인 목표는 늘 잊지 않은 채) 다시 한 번 뛰어들었다. 흥미가 있는 영역의 일들이었기에 시간만 나면 관련 자료들을 뒤적였고, 사람들을 만날 때마다 관련된 이야기들을 묻거나 자문을 구했다. 역시, 그냥 하는 놈이 열심히 하는 놈을 못 이기고, 열심히 하는 놈이 즐기는 놈을 못 이긴다는 옛말이 틀린 것이 아니었다.

이후, 몇 차례 성공과 실패를 거듭하며 돈을 모아 현금 1억을 만들었다. 되짚어보면 1억을 만들 때까지가 시간도 가장 오래 걸리고, 고생도 가장 많이 했던 것 같았다. 자산 1억 고지를 앞두고 몇 번이고 손실을 보거나 우발적으로 발생한 목돈 지출이 있었다. 그러나, 일단 1억이 만들어지고 그를 목적에 맞게 투자를 하거나 발생한 수익을 토대로 대출 등을 받아 다른 영역에서도 자산을 구축하고 투자 활동을 이어나가면서 자산은 급속히 늘어가기 시작했다.

그중에서도 가장 쏠쏠했던 것은 장외 거래와 비상장 주식 거래였다. '돈을 벌어야겠다'는 목표에만 사로잡혀서 주식시장을 헤맬 때는 보이지 않았던 종목들이 해당 산업 자체에 대해 재미와 애정을 갖고 들여다보니 보이기 시작했다. 그에게 엄청난 대박을 가져다주었던 합성첨가제 생산업체인 T사와 첨단장비용 고품질 케이블 생산업체인 C사 같은 경우 주식시장만 바라다봤으면 절대로 보이지 않았을 업체였다.

S팀장은 이때의 경험을 이야기하며 개인투자자들이나 자산가를 꿈꾸는 개인들이 빠져들기 가장 쉬운 함정으로 '지나친 전투 몰입'을 들었다. 평상시와 다르게 전투적으로 투자와 자산 축적에 뛰어들다 보면 '죽자 살자' 매달려야만 한다는 중압감에 '돈 버는 재미'를 전혀 느끼지 못하고 고통을 감내하는 모습을 보이고는 하는데, 그래서는 제대로 된 정보 수집과 판단이 어렵다고 말했다.

전투를 하지 말자는 이야기가 아니었다. 투자를 하고 자산을 축적하는 과정은 분명 총알과 대포만 없는 전쟁터와 똑같다. 다만, 죽자 사자 덤비는 이보다는 상황을 제대로 즐기는 사람이 훨씬 유리한 전쟁터라는 것이다. S팀장은 끝으로 한 가지 이야기를 덧붙였다.

"수의학을 전공한 제 친구가 해준 얘기인데요, 그 무섭던 호랑이도 먹이가 앞에 오면 표정이 그렇게 즐거워 보일 수가 없고, 2~3백 킬로그램이 넘는 육중한 몸을 지탱하던 발걸음도 그렇게 가벼워 보일 수가 없다고 합니다. 돈을 벌 때도 마찬가지가 아닐까요?"

"자산가가 될 수 있었던 남다른 비결을 딱 한 마디로 요약해주신다면…"

"돈을 싫어하는 사람은 없다고 하지만, 돈을 버는 행위는 싫어하는 사람들이 참 많습니다. 돈도 돈을 버는 게 재밌고, 즐겁고, 좋아해야 잘 벌립니다. 개같이 벌어 정승같이 쓰는 것이 미덕이던 시대는 지났습니다. 정승같이 쓰기 위해 정승답게 버는 것이 미덕입니다. 큰돈을 번다는 것은 작은 돈을 가진 다수의 돈을 뺏기 위해 벌이는 전투입니다. 그 전투에서 승리하기 위해서는 자신이 가장 좋아하고, 늘 할 수 있는 자신만의 싸움의 방식을 빨리 찾아야 합니다."

하고 싶은 것, 하기로 한 것은
반드시 해내 자산을 이룬 J대표

모질게 하니 모이고,
독하게 하니 벌리더라

대표님의 현재 자산은 얼마입니까?

"가족이랑 살고 있는 집이랑, 별장까지는 아니고 가끔 짬이 나면 머리 식히러 가려고 부모님 고향에 지어놓은 집이랑 하면 한 4~50억 될랑가? 회사 주식이랑, 개인적으로 투자한 주식이랑 조금 있고, 해외 주식은 사놓고 신경을 안 써서… 펀드랑 금 투자한 거 합치면 그게 한 5~60억쯤 될려나?"

저자 주_____ 정치인 선거 캠페인과 지자체장들이 주관하는 관공서 홍보 행사 등을 주로 맡아서 진행하는 홍보대행사를 운영하고 있는 J대표는 가족과 거주하는 264㎡(80평)의 빌라 한 채와 부모님 고향에 지어놓은 별장 한 동, 상가주택 여러 채, 경기도 양주에 지어놓은 창고 두 동 등을 포함해 부동산이 약 250억 원, 주식과 채권은 경영하고 있는 회사의 주식 51%와 상장, 비상장사 주식 약 30억 원어치, 그리고 국내외 채권 등을 포함하면 총 340억 원 정도를 보유하고 있었다. 본인은 사업을 하느라 예적금은 거의 없다고 했으나, 적어도 수시 입출금 할 수 있는 현금이 5~10억 원 정도는 있는 것으로 보인다.

:〔:❂:❒:❂:〕:

처음 시작할 때 수중에 얼마가 있었습니까?

"다니던 회사에서 조금 안 좋은 일로 그만두고 나오면서 퇴직금 중에 일부를 그 일 해결하는 데 써버렸제. 그래도 한 3천만 원 정도 있었나? 와이프랑 애들이랑 살던 24평 아파트 한 채에. 근데 그게 내 집이었나? 대출이 반이 넘었는디…"

:〔:❂:❒:❂:〕:

어떻게 자산가가 될 수 있었습니까?

약속은 내가 정한다, 룰도 내가 정한다

"어디요, 내가 갈까요? 일로(이리로) 오시겠소?"

전화를 받자마자 다짜고짜 묻는 물음에 뭔가에 홀린 듯 "제가 그리로 가겠습니다"라고 답하고 끊고 보니, 그 시간에는 다른 약속이 지하철 열다섯 정거장 거리에 잡혀 있었다. 갑작스럽게 잡힌 약속 장소에 가기 위해 2주 전에 잡았던 선약을 취소하는, 평상시 같았으면 절대로 하지 않을 짓을 하고 만 것이다.

그러나, 그런 일은 총선에 도전하려던 모 거물급 광역단체장의 자서전(을 빙자한 출마 선언서) 집필 작업을 위해 그와 대학 시절 하숙집 같은 방 룸메이트였다는 J대표와 인터뷰를 한 뒤부터는 내게 빈번하게 일어나고 있었다.

점심식사를 같이하며 인터뷰를 하자고 했다가 만나기로 한 시간이 거의 다 되어서 '저녁식사를 하며 인터뷰합시다'라는 문자 메시지 한 통으로 약속을 변경한 것은 애교였다. 단둘이 진행하는 인터뷰인 줄로만 알고 갔는데, 자신의 지인들 10여 명이 함께하는 자리로 부른 것이어서 당황했던 적도 있었다.

가장 압권은 친구인 광역단체장과 대학 시절 한양대 앞에서 벌어진 시위에 나갔다가 체포돼 동부경찰서(현, 광진경찰서) 유치장에 함께 수감되었던 추억에 대해 자세히 듣기 위해 만나기로 한 날이었다. 약속한 호텔 1층 라운지에서 2시간이 넘도록 기다렸지만 끝내 나타나지 않았고, 전화기도 꺼져 있었다. 그리고 약속시간으로부터 4시간이 지난 뒤에 한다는 말이 "급한 일정이 생겨 상하이에 와 있다"는 것이었다. 비행기 안이라 전화기를 꺼놔서 통화가 안 된 모양이라며 자신이 사흘 뒤에 귀국하면 그때 보자고 했다. 약속을 어긴 것에 대한 사과나 (비행기를 타고 있어서라고는 했지만) 통화조차 되지 않아서 2시간이나 멍하니 호텔 로비에 앉아 있어야 했던 것에 대한 사과는 끝내 하지 않았다.

이제껏 보아왔던 사람 중에 꼽힐 정도로 무례하고 제멋대로인 사람이었다. 60대 초반이라고는 믿기지 않을 정도로 세련된 패션 감각에 호쾌한 성격, 유머러스한 화술이 사람을 혹하게 만드는 스타일이었지만, 이 정도로 제멋대로인 사람이라면 곤란했다. 이미 계약금을 받고 시작한 작업이다 보니 '완성된 원고만 납품하면 이 지긋지긋한 인간은 절대 안 봐야지!'라고 굳은 다짐을 하며 어렵사리 인터뷰를 진행하고 취재 노트에 글자를 채워넣어갔다.

이날 역시 '아니나 다를까' 내게 선약이 있는지 없는지 묻지도 않고 '네가 올래, 내가 갈까'만을 물었고, 결국 나는 선약을 취소하면서까지 J대표를 만나기 위해 그가 불러준 주소로 찾아갔다. 그곳에서 몇 시간째 끝도 없는 인터뷰를 진행하게 되었는데, 인터뷰가 끝나고 나서는 그의 지인, 가족들과 어울려 또다시 끝을 모르는 술자리를 갖게 되었다. 그 술자리는 다음 날 동이 터올 무렵이 되어서야 마무리가 되었다.

이 모든 것이 전혀 계획에 없이 그의 전화 한 통으로 벌어진 일이었다.

그러나, 알고 지내면 지낼수록 J대표는 (여전히 독특하면서도) 알수 없는 매력이 넘치는 인물이었다. 어느 날은 집에서 한참 재미있게 넷플릭스로 영화를 보고 있는데, 전화벨이 울렸다. J대표였다. 우리 집 앞에 있는 호텔 라운지에 와 있는데, 잠깐 나올 수 있냐고 물었다. 물론 시작은 내 의향을 묻는 물음이었지만, 끊기 전 마지막 멘트는 "얼른 나오세요"였다.

나가보니 "와이프에게 갖다 드리세요"라면서 큼지막한 비닐 백하나를 내게 쥐여주는 것이었다. 안에 든 것은 상당히 고가의 명품수입 의류였다. 관세청에서는 일정 기간마다 세관에서 압수한 물품을 공매를 통해 처분하는데, 대부분이 고가의 해외 명품이나 보석류등이라고 한다. J대표가 언젠가 자신은 그런 공매를 통해 명품들을반값에 사 입는다고 자랑을 하기에 예의상 가볍게 관심을 보였던 적이 있는데, 그걸 잊지 않고 자신의 옷을 구매하면서 함께 구입한 듯했다. 이외에도 그의 세심함은 타의 추종을 불허했다. 식당에서는 아무리 어린 종업원에게도 하대를 하지 않았고, 무언가 서빙이 되면 꼭"감사합니다", "잘 먹을게요"라고 인사를 했다. 직원들에게도 마찬가지라고. 자신은 사업을 시작한 이후로 동업자 격인 고향 후배 한명만 제외하고 아무리 어린 신입 직원이라도 단 한 번도 반말로 이래라저래라 한 적이 없다고 했다. 즉, 그에 대해 알게 될수록 제멋대로인 것 같은 그의 행동이 상대의 인격을 무시해서 그러는 것이 아니라 다른 이유가 있어서 그러는 것이 아닐까 하는 생각이 들게 되었다.

이 책을 쓰면서 내용 속에 등장하는 인물들을 다시금 한 번씩 만나게 되었는데, J대표 역시 마찬가지였다. 단, 만나게 된 경위가 조금은 색달랐는데, 다른 이들은 과거의 기억이 가물거리거나 메모해놓은 내용의 진위가 헷갈려서 또는 과거 만났던 이후에 자산 증식 현황 등이 궁금해서 내가 먼저 연락해 만나게 되었으나, J대표만큼은 달랐다. 내가 이 책을 쓴다는 이야기를 누구로부터 전해 들었는지 내게 먼저 연락해와서는,

"아니, 우리 사이에 이럴 수 있소? 부자를 조사(취재)한다고 하면 가장 먼저 나를 허야제(해야지). 작가님 아는 사람 중에 부자가 그리 많으요(많아요)?"

라며 투정 아닌 투정을 부린 것이었다. 결국, (원래 인터뷰 리스트에 있기도 했지만) 이번 역시 다른 선약을 조정하면서까지 그가 만나자고 한 날짜에 보자고 한 장소에서 인터뷰를 진행해야 했다. 만나자마자 숨을 돌리기가 무섭게 그는 내게 질문부터 던졌다.

"작가님, 성인군자가 되고 자프면(싶으면) 으짜면(어떻게 하면) 되는 줄 알아요?"

J대표는 늘 그렇듯 뜬금없이 물었다. 그런 J대표의 기를 눌러놓기 위해 대학 시절 전공을 살려 최적의 답을 찾는 사이, 그는 조금도 기다려 주지 않고 툭! 자신이 생각하는 답을 던졌다. 그리고 또 연이어 물었다.

"물 흐르듯, 순리대로 살면 됩니다. 안 되는 일 억지로 하지 말고, 싫다는 놈한테 구태여 시키지도 말고. 세월 가는 대로, 흘러 가는 대로 살면 되지라(되지요). 그러면, 작가님이 궁금해허는(하는) 부자가 되고 자프면 으짜면 되게요?"

역시, 내 대답을 듣기 위해 던진 질문은 아닌 듯했다. 기다릴 틈도 없이 J대표는 자신이 물었던 질문에 대한 답을 술술 늘어놓았다. 그리고 그 '자문자답(自問自答)'에 J대표가 나를 만나서 해주고 싶었던 이야기들이 담겨 있었다.

"그 반대로 혀야 되지라."

어거지를 부려라, 어거지를 부려야 내 것이 된다

J대표는 자신이 대학을 졸업하고 국내 굴지의 재벌그룹 계열사인 모 광고회사에 입사했을 때의 이야기부터 꺼냈다. 당시 그는 전형적인 '예스맨'으로 살았다고 한다. 선배가 부탁해도 "예", 발주처에서 터무니없는 요청을 해와도 "예", 심지어 하청업체 디자이너에게도 "예", 입사일은 같지만 나이는 어렸던 동기에게도 무조건 "예"였다. 갓 입사한 신입사원이기도 했지만, 어려서부터 몸에 밴 습관 때문이기도 했다.

J대표의 부친은 평생토록 변변한 직업 한 번 가진 적 없었지만, 늘 만나는 사람에게 베풀고, 배곯은 소리를 하면 지갑을 털어서라도 도와줘야 직성이 풀리는 성격이었다. 남에게 아쉬운 소리는 제대로 할 줄 모르면서 남들의 부탁은 마다하는 법이 없었다. 때문에 집안은 나날이 기울어가는 게 보였지만, J대표의 고향 영암에서 그의 부친을 칭송하는 소리는 끊이지 않았다.

"딱, 그뿐이었지라. 뭐가 없었어, 뭣도 없었다고. 그냥 맹탕이었제, 맹탕."

J대표는 마치 며칠 전 있었던 일을 회상하듯 감정에 복받쳐 고개를 절레절레 흔들었다.

그도 그럴 것이 J대표는 중학교 3학년 이후로 단 한 푼도 집에서 지원을 받지 못한 채 혼자의 힘으로 학비와 생활비를 마련해가며 공부를 해야 했다. 수백억대 자산가가 된 지금까지도 남아 있는 비누의 한쪽 면이 무를까 봐 쿠킹호일을 붙여가며 쓰는 습관이나, 직원들 이용하라고 사무실에 2천만 원대 써모플랜 커피머신을 구비해놓고 있으면서도 식당이나 병원 대기실에 공짜로 제공하는 커피 믹스가 보이면 꼭 하나씩 집어오는 습관, 다 쓰지도 못할 숫자의 몽당연필을 버리지 않고 책상 서랍 속에 빼곡히 모아놓는 습관 등은 모두 그간의 삶에서 몸에 밴 것이었다.

　사람만 좋고 실속 없는 아버지가 진절머리 나도록 싫었지만, 성인이 된 J대표 역시 어느새 아버지와 비슷한 성격의 어른이 되어 있었다. 젊은 날의 J대표는 남에게 싫은 소리 못 하고, 얻어먹기보다는 베풀어야 하고, 부탁은 일단 들어줘야 직성이 풀리는 사람이었다. 그러다 결국 다니던 회사에서 과장을 달았을 무렵 사건이 터지고 말았다.

　"가까운 친척이 하는 인쇄업체가 있는데, 광고물 인쇄 물량 몇 번만 그쪽 업체에 할당해달라"며 아쉬운 소리를 하는 동기의 부탁을 들어준다고 한 일이 그만, 그룹 정도경영부서에 걸리고 말았다. 아무리 선의로, 아무 대가도 받지 않고 한 일이라고 주장해도 통하지 않았다. 결국 두 달여간 집중적인 감사를 받고 권고사직 형태로 회사를 그만둬야 했다. 설상가상으로 퇴직하는 와중에 몇 가지 사건이 더 벌어지면서 그를 해결하기 위해 퇴직금의 절반 이상을 써야만 했다. 몇 번이나 안 좋은 마음을 먹고 영암 고향 마을의 뒷산을 오를 정도로 힘겨운 시간이었다.

"나가 가만 살펴봉께(보니까), 돈에는 일종의 그 뭐냐 '엔트로피 법칙' 같은 게 있습디다. 즉, 돈은 저절로 모아지지 않고, 모아놓으면 어떻게 해서든 흘러나가게 되어 있다는 것이지라."

J대표의 이야기에 따르면, 돈은 흩어져 있는 상태가 자연적이고 어딘가에, 혹은 누군가에 모여 있는 상태는 자연 상태에 반하는 인위적이고 부자연스러운 상태라고 했다. 때문에, 조금만 모아둬도 금방 흩어지거나 나눠지려는 특성이 있다고. 조금만 목돈을 모았다 하면 어느새 '꼭 써야 할 일'이 생기거나 '반드시 사고 싶은 물건'이 어디선가 튀어나오는데, 그런 것들이 다 그 사람이 문제가 있어서라거나 사치와 허영심이 가득해서 발생한 문제가 아니라, 지극히 자연스러운 현상이라는 것이었다. 때문에 돈을 모으고 불리려면 자연에 역행하는, 순리에 반하는 방식을 택할 수밖에 없고, 그렇기에 다소 저항감이 들고 때로는 힘겹더라도 그 순간을 극복해내야만 비로소 '조금 티가 나는 수준으로' 돈을 모을 수 있다는 것이 J대표의 주장이었다.

J대표는 실제로 돈을 벌고, 모아야겠다고 마음먹은 뒤로 그간 자신이 해왔던 생각과 행동을 거의 전부 다라고 할 정도로 전폭적으로 뒤집어엎었었다. 평상시 '좋은 게 좋은 거다'라고 생각해서 흘려넘겨왔던 것들, 남들 보는 눈을 의식해 너그럽고 여유 있게 행해왔던 것들, 보는 눈이 있어서, 체면상 챙겨왔던 것들을 싸그리 다 없애고 줄이거나, 뒤집어엎고, 심지어 반대로 행하기까지 했다. 각종 친목 모임 참가와 경조사 챙기는 것을 최소한으로 줄였다. '인맥을 넓히고 관리해야 한다'는 이유로 살뜰하게 챙기고 참석해왔던 모임에 일체 발을 끊었다. 경조사와 관련해서는 이왕 받은 것은 어쩔 수 없었지만, 그렇지 않은 것들은 '안 주고 안 받는다'를 모토로 삼았다.

불과 몇 달이 지나지 않아 "사람 그렇게 안봤는데…", "인간이 변했다"라는 말들이 귀에 들려왔지만, J대표는 개의치 않았다. 초반에는 잠깐 흔들렸지만 마음을 굳게 먹고 생각한 대로 밀고 나갔다. 그 또한 자연의 섭리, 돈의 엔트로피를 역행하면서 필연적으로 새어나올 수밖에 없는 파열음으로 여기기 시작하니 오히려 그런 소리가 더 크게, 자주 들릴수록 본인의 계획대로 잘 굴러가고 있다는 생각에 묘한 쾌감을 느낄 정도가 되었다.

그런 생활이 어느 정도 몸과 마음에 익숙해지기 시작하자 J대표는 본격적으로 '돈에 어거지를 부리기 시작'했다.

세 가지 어거지

첫 번째 어거지는 홀로 시작한 창업이었다. 퇴직하고 나오니 여기 저기서 오라는 곳도 있었고, 같이 동업을 하자는 제의도 많았다. 아직 경험이 부족하고 인맥이 좁으니 우선 선배들과 동업을 하는 것이 좋겠다는 것이 대다수 지인들의 충고였지만, 그는 과감히 홀로 1인 기업체로 시작하는 길을 택했다. 고정비를 최소한으로 줄이고, 동업에 따른 위험 부담을 줄이기 위함이었다. 자산 축적과 연관이 적기에 이 책에는 쓰지 않겠지만 그의 이 같은 첫 번째 어거지는 이후에 그에게 큰 행운을 가져다주었다.

두 번째 어거지는 '동육 부동사'의 원칙을 철저하게 지킨 것이었다. 그는 여윳돈이 생기면 주식, 채권, 달러 투자 등 금융투자 및 자산화에 6할을, 부동산 구입에 4할을 할애했다. 어떠한 상황이 발생해도 원칙에는 변함이 없었다. 부동산시장이 들끓을 때나 주가가 하늘 높은 줄 모르고 치솟을 때나, 그의 '어거지'는 흔들림이 없었다.

그가 처음으로 구입한 땅은 아버지와 자신의 고향 전남 영암의 상가주택이었다. 이 역시 주위의 반대가 극심했다. 창업 초기라서 자금 한 푼이 아쉬울 때였는데, 돈을 땅에, 그것도 수도권도 아닌 전라도 시골 땅에 돈을 묻어두겠다니 당연히 반대가 심할 수밖에 없었다. 그러나 그는 다 생각이 있었다. 금융투자라는 하나의 날개로만 날아서는 안정과 높은 수익이라는 두 마리 토끼를 따라잡기 어렵다고 생각했다. 제대로 날아오르기 위해서는 동산과 부동산을 적절히 배분한 자신만의 원칙을 수립하고 그를 고집스럽게 밀고 나가야겠다는 생각을 했다. 그에게는 수십 년간 고향 땅을 오가며 영암이 지세나 접근성 등에 비해 심각할 정도로 저평가된 지역이고, 충분히 발전할 가능성이 있다는 확신이 있었다. 또한, 평생을 남의 집 땅만 부치며 고생하신 아버지께 땅을 사드리고 싶었는데, 기왕이면 아버지 고향 인근의 땅을 사드리면 좋겠다고 생각했고, 수도권에 땅을 사기에는 돈이 터무니없이 모자랐기에 내린 결정이었다. 땅이라 하지만 진짜로 농지나 임야를 산 것은 아니고, 영암 중심가에서 조금 떨어져나온 곳에 있는 상점과 살림집이 딸린 구옥을 한 채 매입했다. 이 집은 약간의 개축 공사를 거쳐 세를 주었고, 이후로도 돈이 생길 때마다 인근의 토지와 건축물들을 구입했다.

마지막으로 세 번째 어거지는 '한 번 들어간 돈은 빼지 않는 것'이었다. 말이 쉽지, 자산을 모으던 초기에는 여차하면 목돈을 빼서 써야 할 때가 많았다. 집 중도금을 내야 할 때도 있었고, 중계수수료를 보내거나 세금을 납부해야 할 때도 있었다. 그러나 그는 투자를 해야겠다고 생각하거나 일정 금액만큼 돈을 모아야겠다고 생각했을 때 혹은 심지어 누군가에게 투자 목적으로 돈을 빌려줬을 때, 절대로 목표로 한 수익만큼 달성하지 못하면 돈을 **빼**지 않았다. 이는 그냥 맹목적으로 한 번 돈을 넣어놓고 방치하는 것과는 달랐다. 판단 착오로 인해 잘못된 상품에 투자하거나 제도나 정책의 변화로 계획의 수정이 필요한 경우에 J대표는 오히려 다른 사람보다도 훨씬 더 과감하게 되돌아 나오는 데 능했다. 그가 어거지를 부리며 들어간 돈을 **빼**지 않는 경우는 단기간의 숫자나 소소한 이익과 손실이 유혹하는 순간이나 다른 이들이 귀가 솔깃한 감언이설을 하는 경우, 또는 여론, 시황 등의 타이틀을 걸고 대세몰이를 할 때였다. 그는 절대로 흔들리지 않았다. 상황에 따라 급전이 필요한 경우에는 오히려 대출 등을 통해 자금을 마련하여 해결할지언정 한 번 들어간 돈에는 함부로 손을 대지 않았다. 때로는 기존에 넣어둔 돈으로 기대되는 수익보다 새롭게 대출한 돈으로 인한 대출 이자가 더 큰, 일반인의 눈에는 손해로 보일 때도 있었지만, 그는 흔들림이 없었다.

J대표는 인터뷰를 마치며 지갑에서 포스트잇 한 장을 꺼내서 내게 주었다. 미리 메모해서 온 듯했다. 노란색 포스트잇에는 프랑스 작가 폴 부르제[3]가 했다고 전해지는 문장이 적혀 있었다.

---

3   프랑스의 작가이자 비평가였던 폴 부르제(Paul Charles Joseph Bourget)와 그의 소설 《정오의 악마》에 나온 '생각하는 대로 살아야 한다, 그렇지 않으면 결국 살아온 대로 생각하게 될 것이다(Il faut vivre comme on pense, sinon, tôt ou tard, on finit par penser comme on a vécu)'라는 격언을 차용한 것으로 보인다.

"그 뭐냐, 불란서 작가가 그런 말을 했다고 그럽디다. '생각하는 대로 살지 않으면 사는 대로 생각하게 된다'라고. 내 생각도 딱 그렇지라. 살던 대로 살아서는 돈 모으기 쉽지 않으요. 때로는 어거지도 부리고, 또 때로는 땡깡도 부릴 줄 알아야 허투루 안 새나가고 돈이 모아지는 것이지라."

그 포스트잇은 지금도 당시 인터뷰 때 가져갔던 내 노트의 맨 뒷 페이지에 붙여져 있다.

그 페이지는 내가 취미 활동이나 기호 등을 충족시키기 위해 꼭 사고 싶은 물건들의 리스트를 적어놓은 페이지였다. 메모지가 부적 역할을 해서인지는 모르겠지만, J대표가 준 포스트잇을 붙인 이후 그 리스트에서 지워진 품목은 아직까지는 없다.

"자산가가 될 수 있었던 남다른 비결을 딱 한 마디로 요약해주신다면…"

"때로는 한 번씩 어거지를 부리세요. '남'이 하자는 대로 다 하다 보면 나중에는 내가 할 수 있는 것들이 하나도 없어집니다. 근데, 나를 멋대로 조종하려는 그 '남' 중에서도 가장 악질적인 '남'은 바로 '돈'입니다."

때로는 한시 쓰는 선비로,
때로는 독한 부자로 살아온 B대표

돈을 앞에 두고
머뭇거리지 말라

:❋❖❋:

대표님의 현재 자산은 얼마입니까?

"일본 작가 무라카미 하루키의 유명한 소설 《노르웨이의 숲》을 보면 나오코라는 여자가 나와요. 그 친구가 기가 막힌 이야기를 하는데, 뭐라 하는 줄 알아요? 참내, 진짜 그 대사만 보면 무라카미 하루키는 정말 천재라니까. 나오코가 이래요. '부자와 가난한 사람의 차이가 뭔 줄 알아?', '부자는 자기가 돈이 없을 때, 돈이 없다고 당당하게 말할 수 있는 사람이야'라고. 캬아! 난 여태까지도 나오코의 그 말만큼 부자와 가난한 사람의 차이를 정확하게 짚은 글이나 이야기를 만나본 적이 없어요. 그런 점에서 보면 나는 부자가 맞아요. 저는 정말로 돈이 없거든요. 하하하.

나야 투자를 업으로 하는 사람이니까, 남들이 보면 뭔가 거액을 투자한 큰손처럼 보이고 돈도 많아 보이지만, 속 빈 강정이에요. 남들 좋은 일만 시키지 실제로 보면 그냥 월급쟁이에요, 월급쟁이."

저자 주_____ 투자자문사를 운용하는 B대표는 일반인의 눈으로 보면 신기하기 이를 데 없는 인물이다. 일단 평생 자기 앞으로 된 집이 없었다. 현재 살고 있는 182㎡(55평) 규모의 집도 회사 명의로 장기 렌트한 게스트하우스를 필요할 때마다 빌려서 거주하고 있다. 물론, 날마다 거주할 곳이 필요하고, 대표가 살고 있는 게스트하우스를 빌려달라고 요구하는 씩씩한 직원도 찾아보기 힘들기에, 상시 거주하는 데는 아무런 불편함이 없다고 한다. 회사 사옥 역시 수년간 계약을 갱신하며 임대해서 사용하고 있다. 계약 갱신을 할 때마다 건물주가 "헐값에 넘길 테니 제발 좀 사가라"며 매입을 권유하지만, 꿋꿋하게 버티며 임차인 신분을 고수하고 있다.

자산의 대부분은 회사 지분과 본인이 직간접적으로 투자한 주식과 펀드들이다. 예금과 적금도 일부 보유하고 있으나, 본인의 말처럼 단기간 '생활비로 쓸 정도'의 수준이지 크게 많은 금액은 아니다. 아직 현역에 있다 보니 자신의 회사 고객들에게 불필요한 피해가 가지 않을까 염려하는 기색이 역력해 끝내 정확한 자산을 파악하지는 못했으나, 그간 본인의 입으로 해온 얘기와 함께 일하는 직원들의 증언을 종합해봤을 때 대략 8백억 원에서 1천억 원대 정도의 자산을 보유 또는 운용하고 있는 것으로 보인다.

두 번째 질문

처음 시작할 때 수중에 얼마가 있었습니까?

"저야 운이 좋아서, 직장생활을 하면서 제법 많은 급여를 받았어요. 성과급도 꽤 받았고. 근데, 또 그만큼 돈 나갈 때가 많아서, 일반인들이 생각하는 것만큼 그렇게 거액을 손에 쥐고 시작한 것은 아니에요. 근데, 단순 비교를 할 수가 없는 게, 나는 15년 넘게 직장생활을 종합운용사에서 했잖아요. 그러다가 지금의 회사를 설립한 거고. 대학교 신입생 때 이후로 단 한 번도 지금 이 업계를 떠난 적이 없어요. 그러다 보니 전문 투자자들도 많이 알고, 기관들도 여럿 친했고… 조금만 노력하면 내가 움직일 판을 키울 수가 있었지. 그래도 초창기에는 대표(B대표 자신)는 믿을 만한데 업력이 너무 짧아서 신뢰가 안 간다며 투자자들이 모이지를 않아서 크게 고생을 했었죠."

세 번째 질문

[❈❈❈❈❈]

어떻게 자산가가 될 수 있었습니까?

한시 쓰는 갑부

잘은 모르지만, 잡지나 유튜브 영상 등을 통해 유명한 갑부나 재벌들의 일상을 보면 우리와 같은 일반인들의 시각에서는 '도대체 왜

저런 취미를 갖고 있지?' 하는 생각이 들 정도로 특이하거나 평상시의 모습과 전혀 연관성이 없는 취미를 갖고 있는 경우가 있다. 운석이나 화석을 수집한다거나, 특정 동물의 생태와 관련해 대학교수 수준 이상의 지식을 보유하고 있다거나, 요트 운전에서 시작해서 전문가 뺨치는 선박 조종 기술을 익혔다거나 하는 등 우리로서는 종잡을 수 없는 엉뚱한 취미를, 취미 수준이 아닌 전문가 수준으로 보유한 이들이 제법 된다. B대표 역시 마찬가지였다. 그 또래의 일반인들은 크게 관심이 없을 만한 영역에 단단히 빠져 있었는데, 그 취미 활동 덕분에 나와도 인연이 이어지게 되었다.

그가 푹 빠진 취미는 바로 '한시(漢詩) 짓기'였다.

50대 초반의 아저씨가 그냥 한글로 시를 짓겠다고 해도 고개가 갸웃거려질 텐데, 그는 그 시를 한자로 짓겠다고 나선 것이었다. 그렇다고 전공이 국문학이나 한문학도 아니었다. 그 자신의 표현대로 '뼛속까지 공대생 체질'이었다. 다만, 집안의 장손으로, 중학생 때까지 할아버지와 방을 함께 쓰며 어깨 너머로 한문을 배우기는 했었다. 그 무렵 사서삼경(四書三經)을 뗐고, 고등학교 시절에는 할아버지와 방은 따로 썼지만, 주말마다 《춘추좌씨전(春秋左氏傳)》이나 《고문진보(古文眞寶)》 같은 책들을 함께 읽으며 계속 한문 고전들을 가까이 해왔다. 그러나 한시만큼은 달랐다. 대학을 졸업하고 직장생활을 한

참 할 때까지도 한시를 짓기는커녕 제대로 음미할 줄도 몰랐다. 그랬던 그가 한시의 매력에 푹 빠지게 된 것은 2006년 CNN을 통해 뉴스 속보(Breaking News) 하나를 접하게 되면서부터였다.

당시, 중국의 최고지도자 후진타오(胡錦濤)가 미국을 방문했는데, 미국 대통령이었던 조지 부시와 백악관은 노골적으로 그를 무시하며 여러 차례 외교적으로 문제가 될 만한 상황을 연출했다. 후 주석을 대만 총통이라 소개하지를 않나, 공식 행사장에서는 잠시 동안이지만 대만 국가가 연주되었고, 경비를 느슨하게 해 시위대가 행사장에 들어와 후 주석을 직접적으로 비난하는 구호를 외치도록 방치했고, 자리를 잘못 잡은 후 주석의 소매 끝을 조지 부시 대통령이 거칠게 잡아끄는 등 온갖 종류의 결례란 결례는 다 범했다. '엄청난 속도로 성장해 미국을 위협하는 자리에까지 올랐지만, 중국 너희는 아직 우리한테 안 돼'라는 메시지를 주려는 것이 분명하게 느껴졌다. 격분한 중국 측 수행원들 사이에서는 이후 모든 일정을 취소하고 돌아가자는 주장이 흘러나왔고, 미국과의 행사 일정 및 조건 등을 조율한 외교관들이 줄줄이 문책을 당했다는 이야기가 흘러나왔다.

그러나, 후진타오는 일정을 그대로 진행하도록 했다. 얼굴에는 당황스러움과 분노가 그대로 남아 있었지만, 그는 태연하게 계획된 일정을 소화했다. 그리고는 부시 대통령이 마련한 만찬장에서 일상적인 감사 연설 대신 뜻밖에도 시 한 수를 읊었다. 당나라 대의 위대한 시인 두보(杜甫)가 지은 '망악(望岳)'이라는 시였다. 시 내용 자체는 얼핏 들으면, 높은 산에 올라가면 보여지는 풍광을 모티브로 자연의 위대함을 찬미한 시처럼 느껴진다. 그러나, 실제로 시구(詩句) 하나하나에 담긴 속뜻과 두보라는 시인의 삶에 대해 잘 알고 있는 이들이라면, 이 시가 그리 간단한 시가 아니라는 것과 후 주석이 어떤 의도에서 이 시를 부시 대통령과 미국 정치인들의 면전에서 읊었는지를 잘 알고 있었다.

'반드시 정상에 올라 뭇 산들의 작은 모습을 보리라(會當凌絶頂
一覽衆山小).'

그가 이 구절을 읊을 때, 방미 기간 내내 불만이 쌓여 있던 중국 측 수행원들은 환호를 질렀고, 중국에 대한 이해가 깊었던 각국의 외교관들은 '드디어 중국이 숨겨뒀던 칼을 꺼내어 미국에 직접 겨누기 시작하겠다는 거로구나!'라는 생각에 전율을 느낄 정도였다고 한다.

이때의 뉴스와 그에 얽힌 뒷이야기들을 접하며 B대표는 한시가 지닌 묘미와 중국인들이 한시를 활용해 생각을 주고받고 커뮤니케이션하는 방식에 매료되고 말았다. 그러다 그는 지어진 한시를 읊고 감상하는 데서 그치지 않고 자신이 직접 지어보고 싶다는 데까지 생각이 미쳤다. 그 뒤로 중국이나 일본 출장을 다녀올 때마다 한시 짓기와 관련된 책을 사 모으고, 직접 국내 대학 교수님들을 찾아가 한시 개인 수업을 청하기도 했다. 그런 그에게 한시를 가르쳐준 스승 중 한 사람이 나와 가장 친한 대학 선배님(사실, 대학 시절에는 가장 무섭고 엄한 조교님)이셔서 몇 차례 모임도 같이하고, 공자의 고향이라 알려진 중국 산둥성 취푸(曲阜)로 답사 여행도 함께 다녀오면서 B대표와는 친분을 쌓게 되었다.

전투는 말보다 글, 글보다 발로 이길 수 있다

창업을 하기 전, B대표는 국내 굴지의 종합운용사에서 잔뼈가 굵은 펀드매니저였다. 15년 넘게 리서치와 주식운용 분야에서 경력을 쌓았으며, 입사한 지 10년째에 본인의 이름을 걸고 운용하는 첫 펀드 상품을 출시했는데, 이 상품이 동일 유형 수익률 평균을 10% 이상 상회하는 놀라운 성과를 기록하며 그야말로 공전의 히트를 쳐버렸다. 삽시간에 그의 이름은 업계 최고의 스타 펀드매니저 리스트에 오르내리게 되었다.

B대표는 대학교에서는 재료금속공학을 전공했지만, 이미 그 시절부터 전공 공부보다는 같은 과 석·박사 형들과 함께 투자 동아리 활동을 하며 직접 투자에 나섰던 (당시로서는) '조기교육파' 투자자

였다. 물론, 당시에는 수익률이 그다지 좋지 못했다. (그래봐야 손해를 본 금액은 350만 원 정도가 전부였다. 그것도 전액 투자 손실로 날린 것도 아니었고, 주식이 조금 오르면 찔끔 찾아다가 선배들과 술값으로 써버린 돈이 상당한 액수였다.)

"그때는 생각이 너무 많았어. 나 혼자 성인군자였던 거지."

그는 대학 시절의 참담한 투자 실패의 이유를 본인이 성인군자였던 것에서 찾았다.

자산을 모으고 투자를 결정할 때마다 '내가 지금 여기에 신경 쓸 때가 아닌데⋯', '다른 형들은 연구실에서 열심히 연구 중인데 나만 이러고 있네', '고작 이 푼돈 벌자고 학생이⋯' 등 온갖 잡념이 그를 괴롭혔다. '학생의 본분'이라는 본인 스스로도 확실하게 이해하지 못하고 있는 개념도 그의 발목을 잡았다. 당연히 투자에 필요한 정보를 수집하는 것에 소극적이 될 수밖에 없었고, 실제 투자 활동 역시 위축될 수밖에 없었다. 필요할 때 과감해지지 못했고, 적절한 타이밍이었음에도 머뭇거리다 놓쳐버리는 일이 부지기수였다.

그랬던 그가 달라진 것은 대학원에 진학하면서부터였다. 딱히 공부를 더 하고 싶어서는 아니었지만, 몇 가지 개인 사정에 의해 석사

과정을 밟게 되었다. 그러나 집에서의 지원이 전혀 없는 상태에서 대학원 생활은 연구비가 지급되기는 했지만 학비와 생활비를 충당하기에는 턱없이 부족했고, 그렇다고 공대 대학원생이 아르바이트를 하는 것도 무리였다. 결국, 투자를 통해 발생한 수익이 그나마 가장 기댈 구석이었다. 그렇게 생각하면서부터 그의 '전투력'이 몰라보게 달라지기 시작했다.

일단, 말보다 글, 글보다 발을 믿었다. 그간 그의 투자 방식은 투자 동아리 선배들이나 증권사에 취직한 선배들과의 대화를 통해 얻은 정보에 따라 투자를 결정하는 것이었다. 그러나, 마음을 다잡고 그간 자신의 주변에서 '믿을 만한 투자 전문가' 역할을 하던 이들을 떨궈냈다. 대신 그 자리를 제대로 된 자료로 채웠다. 그 무렵 그는 실험실에 있을 때와 도서관에서 전공 공부를 할 때를 제외한 거의 대부분의 시간을 투자를 고려하는 기업과 관련한 자료, 산업 동향과 시황 분석 자료 등을 읽는 데 쏟아부었다. 그에 더해, 적극적으로 발품을 팔았다. 일과 중 지도 교수님의 심부름을 다녀올 때나 실험이나 수업이 없는 날, 휴일 등이면 관심 있는 기업을 찾아가 탐방을 요청했다. 열에 여덟 번은 퇴짜를 맞았지만, '명문대 투자 동아리 회장(사실, 이 무렵에는 현직은 아니었고 전직 회장이었지만…)'이라는 말에 기업 관계자들이 너그럽게 탐방을 허락하는 경우도 있었다. 회사 내부로 들어가지 못하면 하다못해 건물 입구에 서서 드나드는 직원들의 표정이나 출하 차량의 규모 등을 살피기라도 했다. 그게 얼마나 크고 유효한 정보인지는 모르겠으나, 적어도 투자 대상 기업에 대해 애착을 갖고 세밀하게 들여다보는 계기가 된 것만큼은 틀림없었다.

'말보다 글, 글보다 발'이라는 기업 분석, 투자 원칙은 그로부터 수십 년이 지난 현재까지도 그의 투자 제1원칙으로 남아 있다.

결국, 투자 수익만으로 집안의 도움 없이 대학원을 마칠 수 있었고, 석사를 마칠 무렵에는 오히려 강북 지역에 국민주택 규모의 작은 아파트 한 채 정도 마련할 수 있는 목돈을 손에 쥘 수 있었다.

그는 나와 인터뷰를 하는 동안 이루 셀 수 없이 여러 번 '전투력'이라는 단어를 사용했다.

일반인이, 아무런 상속받은 재산 없이, 원하는 자산을 모아 부유해지려면 반드시 필요한 것이 남다른 전투력임을 강조하고 또 강조했다. 우리나라 사람들이 독한 것 같으면서도 은근히 '부'에 대해서는 전투력이 형편없이 약하다며 전투력을 강조하고 또 강조했다.

"끊임없는 사냥과 전투의 과정에서, 때로는 다른 이들의 쓰린 패배의 눈물을 보면서 축배를 들어야 할 날도 있고, 때로는 다른 이들로부터 빼앗은 전리품을 마치 원래부터 나의 것이었던 것처럼 당연시해야 할 날도 있고, 또 때로는 분명히 실패의 쓰디쓴 고배를 들었음에도 불구하고 다른 이들에게는 '마치 그런 일 없었다는 듯' 태연하게 본업에 충실해야 하는 날도 있지요. 그럴 때 필요한 것이 개개인의 전투력이에요."

사실, 이 책을 쓰기 위해, 혹은 이전부터 만났던 수많은 부자, 자산가들의 가장 큰 공통점이 바로 이 '전투력'이 일반인에 비해 훨씬, 비교할 수 없을 정도로 훨씬 더 크고, 강력하고, 간절하다는 것이었다.

"그런데, 정작 전투에 나서기 전에 꼭 생각해야 할 것이 있어요."

가난한 선비에 속지 마라

B대표는 인터뷰가 끝날 무렵 '투자와 자산 축적이라는 전쟁에서 이기기 위해 잊지 말아야 할 것'이라며 흥미로운 이야기를 덧붙였다. '전투피로증'에 대한 얘기였다. 매번 전투를 치르다 보면 인간인 이상 피로하고 지치기 마련인데, 바로 그때가 합리적이고 이성적인 판단을 못 하게 되거나 엉뚱한 선택을 하게 되는 등 가장 위험한 순간이라고 했다. 그를 탈피하거나 최소화하기 위해서는 잊지 말아야 할 것이 한 가지 있는데, 부를 축적하는 행위에 대해 지나친 '선비의식'을 떨궈내야 한다고 했다.

물론, 근래 들어서는 젊은 세대들을 중심으로 그러한 경향이 많이 사라졌지만, 아직까지도 우리나라 사람들은 누구나 다 부자가 되는 것을 동경하면서도 그를 노골적으로 드러내거나 다른 이들에게 그러한 사실이 알려지는 것을 극히 꺼려 한다는 것이었다. 생각해보니 성급하게 일반화시키기는 어렵지만, 충분히 수긍이 가는 이야기였다. 내 주위만 둘러봐도 그러했다. B대표는 그 이유로 수백 년간 우리나라 사회를 지배했던 유교 사상, 그리고 그 중심인물들이었던 선비들이 만들어놓은 이미지로부터 받은 영향이 크다고 했다. 그러나 그에 따르면 그런 생각들과 영향들이 우리가 부자가 되는 데 가장 큰 걸림돌이 된다고 했다.

"선비라고 다 가난했을 거라고 생각하면 안 돼요. 우리에게는 '청백리' 전통이 너무 널리 알려져서 그렇지 조선 600년 역사만 훑어봐도 우리나라 학자, 관료, 선비만큼 알토란같은 부자들이 또 없었어요."

B대표는 얼마 전에 책에서 본 자료라며, '부유한 선비'의 대표적인 사례로 우리에게는 그저 위대한 유학자로 알려진 퇴계 이황 선생을 꼽았다. 그의 말에 따르면 퇴계 선생의 집에는 노비만 3백 명이 넘었으며(B대표가 참고로 한 도서에는 정확히 367명이라 언급) 논

이 1천 마지기, 밭이 2천 마지기(같은 도서에서는 정확히 1천 166마지기와 1천 787마지기)로, 현재의 면적 단위로 환산하면 논 77만 제곱미터, 밭 59만 제곱미터를 보유한 엄청난 지주였다. 이외에도 우리가 알 만한 선비들 중에 상당수가 당시에 막강한 자산가였다고 했다.

"근데, 생각해보면요, 이게 별문제가 안되는 게⋯ 공무원이 공무상 비밀을 활용해 부자가 됐다면 대단히 문제겠지만, 서울대 나와서 사법고시 패스해서 판·검사 하다가 로펌을 차려서 부자가 되거나, 박사학위 따고 교수 생활하면서 벤처기업 차려서 부자가 되었다면 그건 또 다른 문제거든요. 그건, 선비들이 공부하는 책에도 나와 있었어요."

그의 이야기는 어느새 '부자 선비' 얘기를 지나 성리학의 영역으로 흘러가고 있었다.

한때 퇴계 이황과 고봉 기대승이 서신을 주고받으며 학문적 논쟁을 이어나갔던 '이기론(理氣論)'에 빗대 부를 추구하는 삶과 정신적인 풍요를 기대하는 삶에 대해 기나긴 설명을 이어나간 부분은 너무 길어서 여기서는 언급을 하지 않지만, 무척이나 독창적이고 공감이 가는 이야기이기는 했다.

인터뷰를 마치고 헤어지면서 내게 "중국 출장 다녀오는 길에 작가님 생각나서 사왔다"며 술 한 병을 손에 쥐여주었다. 공부가주 10년 숙성 부장급이었다. 공자의 후손들이 자신들의 가문 제사 때 쓰던 술을 대중화시키기 위해 만든 회사 공부가주에서 브랜드 가치를 제고시키고 수익을 극대화하기 위해 출시한 한정판 중 하나였다.

'공자 후손들이 돈벌이를 위해 만든 술이라…'

방금 전까지 그와 나누던 이야기의 무게와 손에 든 술의 중량감이 겹치면서 묘하게 여러 생각을 하게 만든 밤이었다.

마지막 질문

"자산가가 될 수 있었던 남다른 비결을 딱 한 마디로 요약해주신다면…"

"없던 것을 새롭게 만들어내기 위해서는 남다른 전투력이 필요합니다. 돈을 버는 것 역시 그러하죠. 아니, 돈을 버는 것이 제일 그러한 것 같습디다. 없던 돈을 벌고, 모아서, 늘리기 위해서는 남다른 전투력이 필요하지요. 그럴 때, 쓸데없이 성인군자, 청백리 흉내를 내지 마세요. 부유함과 정신적 풍요로움은 결코 정반대가 아닙니다. 그저, 한쪽이 다른 한쪽의 이란성 쌍둥이 정도일 뿐입니다."

남다른 전투력으로
전형적인 개천용이 된 W대표

사람은 돈을 벌면 변한다,
아니 변해야 한다

대표님의 현재 자산은 얼마입니까?

"현재라면 언제를 말하는 거죠? 어제 주식시장이 문을 닫은 종가 기준으로? 아니면 지금 시간(평일인 화요일 오전 11시 무렵) 기준으로 주식 평가액을 고려해서 계산한 걸로? 언제로 하냐에 따라 모르긴 몰라도 확 늘거나 줄 텐데… 대략만 알려 달라고 했으니, 지난 주간 평균 시황으로 계산해보면 직간접적으로 투자하는 주식과 채권 투자액, 우리 회사 지분 등을 합치면 동산이 대략 한 4백억? 아니 5백억 후반에서 6백억쯤 되려나?

거기에 지금 살고 있는 '도곡동 타워팰리스'의 집이랑, 대학로 동성고등학교 맞은편에 상가주택 사놓은 거 합하면 부동산이 대략 약 1백억 원 정도 되는 것 같네요. 나머지 돈은 지난 10년간 고서화 사 모은다, 관련된 해외 탐방 다녀온다 하면서 죄다 써버려서 어딘가로 새나가버린 지 오래예요."

저자 주_____ 수많은 자산가들이 말을 이리 돌리고 저리 돌리며 요리조리 가면서 어떻게 해서든 자신의 자산을 가르쳐주지 않으려고 하는 것이 기본인

데, 다른 몇 명의 젊은 자산가를 포함해서 W대표 역시 자신의 자산을 흔쾌히

알려주려는 스타일이었다. 다만, 그런 이들과 다소 다른 점이 있다면, 그들은

이왕 이름과 얼굴 등이 노출된 김에 자신에 대한 신상과 보유한 자산을 스스

럼없이 밝혔다고 한다면, W대표는 그런 것들을 먼저 흔쾌히 알리고, 자랑하

고 그래서 그 결과물인 시샘을 받는 것에 대해 전혀 거리낌이 없었다. 그의 첫

인상이자 가장 대표적인 인상은 '자신만만하다'와 '스스로 현재를 즐기고 있

다'였다. 그는 자신이 하는 일을 이야기할 때 신이나 있었고, 보유하고 있는

것들을 이야기할 때면 당당했다. 때문에, 이 책에 등장할 이들 중 유이(唯二)

하게 굳이 '저자 주'를 통해 보유 자산을 설명할 필요가 없었다. 그가 말한 그

대로가 그의 자산이었다.

:◁❑▷:

처음 시작할 때 수중에 얼마가 있었습니까?

"우리 어릴 때는 자산 규모 1억 원을 기준으로 '억대 부자'라고

해서 마치 미국사람들이 백만 달러를 기준으로 '밀리어네어

(백만장자)'라는 단어를 쓰듯 부자를 상징하는 단어로 사용하

고는 했지요. 지금이야 '1억 있으면 부자'라고 말하면 다 피식

웃겠지만, 그때는 그랬어요. 1억 있으면 부자였지. 우리 아버지

가 평생 못 가져본 게 뭔 줄 알아요? 1억이었어요, 1억. 돌아가실 때까지 살던 집값은 6천만 원을 넘지 못했고, 그나마 빚을 지고 살 때가 더 많았고, 예금 잔고 최고로 많이 들어 있던 게, 나 대학 입학금이랑 첫 달치 하숙비 마련해놓은 거 잠시 갖고 있을 때 통장에 찍혔던 250만 원이 전부였으니까. 그래서 내가 그 '1억'이라는 숫자에 대해 쓸데없는 미련이 있었어요. 사회생활 시작하자마자 죽자 사자 모아서 '딱 1억만 만들자' 그러고 덤볐으니까. 그렇게 마련한 돈이 현금으로 정확히 1억 7백 30만 원. 그 돈으로 시작해서 여기까지 온 거지요."

세 번째 질문

[꽃]

어떻게 자산가가 될 수 있었습니까?

돈이 궁한 사람들 눈 밑에 생기는 주름

W대표는 대필을 하기 위해 만난 사람은 아니었다. 원래는 내 지인의 지인이었는데, 어느 날 지인과 술자리를 갖는 도중에 우연히 합석을 하게 되었다. 그 자리에서 인사를 나누고 안면을 튼 뒤 그냥 알고 지내는 수준의 사이였는데, 모 프라이빗 뱅커의 책을 대필할 무렵

금융권과 관련된 질문을 하기 위해 내가 먼저 연락을 하게 되면서 부쩍 가까워진 사이였다.

사실 W대표의 첫인상은 그다지 좋은 편은 아니었다. 보통 사람보다 반 옥타브쯤 높은 하이톤의 음성에 말끝마다 악센트를 두는 특유의 억양이 있었는데(굳이 비슷한 사람을 찾자면 영화배우 송강호씨와 약간 닮았다), 그게 좋게 들으면 딱 부러지고 당차 보이지만 '자수성가한 부자'라는 그의 정체성과 결합이 되면서 '잘난체한다'거나 '안하무인이다'라고 오해하기 딱 알맞았다. 게다가 성격은 또 어찌나 급한지 언제 어디서 만나던지 상대가 자리에 앉기도 전에 자신이 하고 싶은 말을 속사포처럼 쏟아부었다. 심지어 대답도 듣기 전에 자리를 뜨는 경우도 있었다.

그런데 알고 지내는 기간이 길어질수록 그런 그의 모습이 묘하게 매력적으로 느껴지기 시작했다. 통상 돈이 많아도 엉뚱한 곳에서 돈 많은 체를 하고, 가까운 이들과 있을 때는 돈 없다며 손사래 치는 사람들을 많이 봐왔는데, 그는 자신이 또래의 일반인들보다 부자라는 사실을 솔직하게 인정하고, 있는 체할 때는 있는 체를 하고 써야 할 때는 또 썼다.

그와 부쩍 친해진 건, 아이를 낳고 집을 넓혀 가기 위해 아파트를 알아볼 때였다. 오랜만에 만나 저녁식사를 하는데, 내게 "작가님 혹시 돈 안 필요하냐?"고 묻는 것이었다. 실제로 마음에 쏙 드는 아파트가 있었는데 대출을 아무리 끌어모아도 돈이 모자라서 포기해야 하는 상황이었다. 내 입으로 말하지도, 내색하지도 않았는데 어떻게 아는가 싶었다. 그러자 그는 빙긋이 웃으며, 자신이 평생토록 영화, 특히 한국 영화는 거의 안 보는데 얼마 전 휴가를 다녀오던 길에 비행기 안에서 〈강철중 1-1〉이라는 영화를 보게 되었다고 했다. 그 영화를 보면 과거 좀도둑이었던 사안수(이문식 분)가 자신을 구속시켰던 형사 강철중(설경구 분)을 만나 고급 한우구이집에서 식사를 하는 장면이 나오는데, 은행 대출이 막혀 제2금융권과 사채까지 알아보는 상황이었던 강철중에게 사안수가,

"형사님, 돈 필요하지요-잉. 돈 궁한 사람들 눈 밑에 엽전 주름이 지는 거 모르시죠 잉."

이라는 대사를 하는 장면이 나온다고 했다. 그 장면을 보는 순간 무릎을 쳤다며, 실제로 자기도 돈을 필요로 하는 사람, 특히 W대표 자신에게 돈 때문에 아쉬운 소리를 하려는 사람을 보면 그게 선명하게 보인다고 했다.

그 이야기를 듣는 순간 불쾌하면서도 놀라웠다. 살면서, 부모님과 아내를 제외하고는 어느 누구에게도 내 경제 사정을 이야기한 적 없

었고, 특히 이때의 아파트 이사와 관련해서는 아내에게조차 비밀로 하고 있었는데 그가 어떻게 알아챘는지 놀라웠다. 그에 더해 '이 사람이 내가 자기에게 돈이라도 빌려달라고 할까 봐 미리 선수를 치는 거 아냐?'라는 생각에 불쾌감이 치밀어 올랐다. 그러나 반전은 그 이후였다.

"그 돈, 내가 빌려줄게요. 뭘 하는데 얼마나 필요한데요?"

사실 그와는 그런 부탁을 할 사이도, 들어줄 사이도 아니었다. 나 역시 그에 대해 자세히 몰랐지만, 그는 나에 대해 더 몰랐다. 그럼에도 불구하고 그는 내가 실제로 돈이 아쉬운지, 아쉽다면 어디에 쓰기 위해서인지, 필요한 액수가 얼마인지 묻지도 따지지도 않고 돈을 해주겠다고 나선 것이었다.

그는 그런 사람이었다. 도무지 종잡을 수가 없었다. 다른 자수성가한 부자들에게서 볼 수 있는 구두쇠의 모습을 발견할 수도 없었고, 어떤 때 보면 무섭도록 치밀했지만, 또 다른 때 보면 한없이 무르고 심지어 어설퍼 보이기까지 한 모습이었다.

물론, 그로부터 돈을 빌리는 일은 발생하지 않았다. 머뭇거리던 사이 다른 사람이 매물을 낚아채가버렸고, 나는 내가 만들어낼 수 있는 돈의 범위 내에서 적절한 아파트를 구해 이사를 하게 되었다. 그러나 어찌 됐건 그날 그가 보여주었던 호의(?) 덕분에 그와 나는 절친한 사이로 발전하게 되었다.

돈을 벌기 위한 싸움박질

그 뒤로도 수시로 만났지만, 책을 준비하며 W대표와는 부쩍 더 자주 만나게 되었다. 심지어, 그는 "책에 꼭 담아달라"며 우리나라 사람들이 부자가 되기를 간절히 원하면서 부자가 되기 힘든 가장 중요한 원인에 대해 말해주겠다고 했다.

"돈을 벌려면 싸움박질을 잘해야 해요."

어느 주말 저녁, "가볍게 술이나 한잔 하자"는 연락이 와서 그를 만났을 때 대뜸 처음으로 내게 한 말이었다. 그러나, 그 짧은 말속에 '부에 대한', '부자가 되는 것에 대한' 그의 명확한 철학이 담겨져 있었다. 그는 세상의 모든 부는 원래 만인에게 공평하게 분배가 되어 있다고 했다. 단, 부 자체가 똑같은 분량만큼 나눠져 있다는 말이 아니라, 부를 차지할 수 있는 기회가 공평 비슷하게(절대로 딱 '공평하다'라고는 절대로 이야기하지 않았다) 주어진다고. 결국, 공평하게 주어진 기회를 쟁취해서 나만의 기회로 만드는 것은 절대적으로 개

개인의 싸움박질 능력에 달렸다고 했다. 싸워서 다른 사람에게 갈 부를 내게로 가져와야지 부자가 될 수 있는 것이다.

우리나라 사람들이 부자가 되기를 간절히 원하면서 부자가 되기 힘들어하는 이유가 바로 이 '싸움박질'에 대해 알레르기가 있을 정도로 싫어하고 회피하려는 경향이 있어서라고 했다.

말 자체는 간단했다. 그렇다면 어떻게 '돈을 벌기 위한 싸움박질'을 잘 할 수 있을까?

그의 설명에 따르자면 무엇보다

돈에 대해 지나치게 아름답고 감상적인 접근을 하지 않아야 한다.

불법을 저지르면 안 되겠지만, 과도하게 도덕적이고 윤리적일 필요도 없다고 했다. 돈은 그냥 돈이고 네 돈이냐, 내 돈이냐가 중요하지 좋은 돈, 나쁜 돈은 없다. 이 이야기를 하면서 한 가지 재미있는 에피소드가 있었는데, W대표가 불쑥 내게 이렇게 묻는 것이었다.

"작가님은 얼마 주면 바로 여기서 나한테 무릎 꿇고 기어갈 수 있어요? 만 원? 십만 원? 백만 원?"

갑작스러운 질문에 나는 "글쎄요"라는 대답밖에 할 수 없었다. 내심 속으로는 '만 원은 터무니없고, 십만 원도 좀 부족하고, 백만 원 정도라면 눈 한번 딱 감고 무릎 꿇을 수 있지…'라고 생각하고 있었다. 내 대답을 듣기도 전에 또다시 W대표의 질문이 이어졌다.

"그럼 나 같은 '돈 많은' 부자들은 얼마 준다고 하면 무릎 꿇고 기어간다고 할까요?"

이번에도 역시 속으로 가격을 가늠해보았다. 'W대표 정도의 부자라면 천만 단위나 억 단위는 되어야 자존심을 한번 굽혀볼 만하다 생각하겠지? 아니야, 돈이 아쉬운 사람이 아니니 화를 내며 자리를 박차고 나가겠지…' 이런 생각을 하느라 대답을 머뭇거리고 있으니 W대표가 답답하다는 듯,

"얼마건 상관없이 무조건 하죠. 돈이 생기는데 뭘 머뭇거려요. 단, 더 많이 주겠다는 사람이 있으면 그쪽으로 무릎을 꿇을지, 이쪽에 할지 정도 고민하지. 돈이 자존심이고 돈이 윤리, 도덕이에요. 그 단계에서부터 고민해서는 나중에 큰돈 벌면 고민해야 할 게 얼마나 많은데, 그때는 어떻게 하려고 그래요?"

역시, W대표를 포함한 부자들의 사고방식을 따르기가 쉽지만은 않겠다는 생각이 들었다. 하긴 그래서 내가 부자가 못 된 거겠지만….

돈을 위한 싸움박질을 잘하기 위한 W대표의 두 번째 설명은, '연(緣)을 쉽게 끊을 수 있어야 한다'는 것이었다.

"내가 친하게 지냈던 미국 친구 중에 도미니카공화국에서 불법이민 온 친구가 있었어요. 샌디에이고에서 배관 설비 관련한 회사를 크게 해서 한때 백만장자를 넘어서 억만장자를 꿈꾸던 친구였죠. 근데, 몇 해 전 우연히 그 친구 소식을 들었는데, 파산해서 완전히 알거지가 되었다고 하더라고요."

W대표도 나중에 안 사실이지만, 도미니카공화국 불법이민자 친구가 파산을 하게 된 것은 도박이나 마약에 손을 대는 등 사치와 향락을 일삼았다거나 방만하게 기업을 운영해서가 아니었다. 미국 흑인 사회나 중남미 이민자 문화권에 만연한 이른바 '호미(Homie) 문화' 탓이라고 했다. 해당 문화권에서는 가족이나 친지, 심지어 마을에서 누군가 한 사람이 성공하면 다른 가족이나 이웃들은 별다른 직업을 갖지 않고 그 성공한 이에게 얹혀사는 것을 전혀 문제 삼지 않는다고 한다. 성공한 이들 역시 그런 부양의 임무를 당연스럽게 받아들이고. 그러다 보니 유명 연예인이나 스포츠 스타, 성공한 사업가 중에는 온 집안 식구(심지어 사돈지간까지) 수십 명을 한 집에서 데리고 사는 경우가 흔하며, 할 일 없는 고향 선후배 등을 불러들여 운

전기사, 보디가드 명목으로 일자리를 주고 빈둥빈둥 노는 데도 꼬박 꼬박 월급을 챙겨주는 경우가 비일비재하다고.

그러다 보니, 분명 다른 사람이 보기에는 제법 큰돈을 벌며 잘살고 있다고 생각되던 사람이 별다른 사업적 실패를 하거나 방탕하게 살지도 않았음에도 불구하고 가산을 탕진하고 파산하는 경우가 적지 않다고 했다. 그것이 이른바 '호미 문화'였다.

물론, 이 같은 사례는 극단적인 사례겠지만, W대표는 부자가 되기 위해 전투력을 발휘하는 데 발목을 잡는 가장 많은 경우가 본인의 과거, 친족, 무분별하게 벌려놓은 인맥, 사적 모임, 취미 생활 등등과의 '인연'이라고 했다. 부자가 되기 위해서는 그런 것들 중 개인의 자산 축적에 큰 도움이 안 되는 것들은 과감하게 끊어내는 것이 중요하다고 했다.

"우리나라 사람들이 제일 무서워하는 소리가 뭔지 알아요? '돈 때문에 사람 변했다'는 소리예요. 그게 싸움박질 능력을 확 떨어뜨려버리죠. 근데, 변하는 것을 두려워해서는 부자 못 돼요. 사람은 변하는 게 당연해요, 사랑하면 변하고, 배워도 변하고 나이 들면 또 변하고. 그런데, 유독 돈과 권력에만 가혹하게 생각하는데 그럴 것 없어요. 처지가 바뀌고, 환경이 달라지면 변해야 하는 것이 자연의 섭리예요."

　마지막으로 W대표가 몇 번이고 강조한 것은 '간절함'이었다. 자신을 찾아오는 수많은 사람들을 포함해 현대인들은 하나같이 "부자가 되고 싶다"고 이야기는 하지만, 그 말속에 그리고 특히 그에 따르는 행동 속에 '간절함'과 '절실함'이 전혀 보이지 않는다고 했다.

　많은 사람들이 부자가 되고 싶다며 간절하게 이야기하지만, 실제로는 부자가 되어서 그 이후에 '돈을 펑펑 쓴다'거나, 최소한 '돈 때문에 하고 싶은 것들을 못 하는' 안타까운 상황에 빠지지 않고 싶다는 소원만을 이야기할 뿐, '부자가 되는 것'이 의미하는 것에 대한 명확한 인식과 그에 다다르기 위한 구체적인 방도, 그리고 그를 실천하기 위해 다른 모든 것을 희생하고 헌신하는, 진정한 간절함은 보여지지 않는다는 것이다.

　적어도 돈에 대한 것만큼은 철학, 계획보다 행동, 시도와 관련된 문제라는 것이 그의 생각이었다.

　"진짜로 필요한 건 간절한 마음이 아니에요. 《시크릿》이라는 책을 읽은 사람이 우리나라에 몇만이고, 전 세계에 몇백만 명이겠어요? 간절한 마음만 있으면 뭐든지 할 수 있고 뭐든지 될 수 있으면 그 사람들이 죄다 부자 되고 성공했게? 아니잖아요."

일반적인 도시 서민보다 조금 가난한 수준의 집안에서 태어난 그는, 직장생활을 시작하며 자신의 부모님이 단 한 번도 만들어보지 못한 돈 '1억'을 목표로 지독하게 매달렸다고 한다. 월급을 타면 거의 60% 이상을 예적금에 붓고, 나머지 30% 정도는 조금 모험심을 가져야만 하는 주식이나 펀드 등에 투자했다. 10% 정도의 푼돈으로 생활비와 여흥을 즐겼는데, 부모님 집에 얹혀살며 통근버스를 타고 출퇴근을 하고 구내식당에서 밥을 먹었기에 가능했다. 술이 먹고 싶으면 젊은 직원들은 마다하던 부서 회식마다 쫓아다니며 고기를 구웠고, 밥 사달라는 후배가 있으면 밥값을 내줄 만한 선배나 상사들을 함께 모시고 자리에 나갔다. 눈치 없다는 소리도 많이 들었고, 이런저런 구설수에 오르기도 했지만, 정확히 3년 만에 그의 수중에는 1억 7백 30만 원의 종잣돈이 쥐여 있었고, 그 돈이 지금 W대표가 보유하고 있는 부의 기반이 되었다.

덧붙이자면, 그는 사실 '간절함'이라 하지 않았다. 콕 짚어서 "간절한 행동"이라 말했다. 즉, '간절한 마음'은 웬만한 사람들이라면 다 갖고 있지만, 실제로 부자가 되는 데 필요한 것은 '간절한 행동'이라고 했다.

"결국은 간절한 행동이에요. '간절한 마음이 있으면 간절한 행동으로 연결된다?' 아니에요. 간절한 마음이 간절한 행동으로 연결될 확률은 1%도 안 돼요. 시작할 때부터 간절한 행동을 목표로 죽어라 매달리고, 달려나가야 해요."

위의 세 가지와 관련한 W대표의 이런저런 무용담을 더 듣고 인터뷰는 마무리가 되었다.

생각하면 할수록 '나 같은 사람은 부자되기가 쉽지만은 않겠다'라는 생각이 들었다. 휴우…

"자산가가 될 수 있었던 남다른 비결을 딱 한 마디로 요약해주신다면…"

"돈을 좋아하는 마음은 대부분의 사람들이 갖고 있습니다.

돈에 대해 간절한 마음은 많은 사람들이 갖고 있지요. 그러

나, 마음만으로 가질 수 있는 것은 많지 않습니다. 결론은,

누가 간절한 마음을 간절한 행동으로 연결시킬 수 있느냐

의 문제입니다."

HIDD
EN
RICH

세 번째 부자 유형 : 안정형 부자

하던 것만 열심히 했는데
어느새 부자가 된
사람들

부자들이 겁이 없다고요? 아닐걸요…

난 땅을 사도 내가 살던 곳, 자주 가본 곳을 사고

주식을 사도 내가 먹어본 거, 써본 거랑 관련된 회사이거나

아는 사람이 하는 회사 주식만 사지.

가만 보면, '없는 사람'들이 훨씬 더 겁이 없는 것 같아.

뭄바이 L 대표

타고난 대로, 갖고 있던 걸로,
하던 대로 해서 모든 것을 이룬 U교수

잘할 수 있는 것을,
잘해내야, 잘되더라

교수님의 현재 자산은 얼마입니까?

"자산이라고 할 게 뭐 있나요. 살고 있는 집이랑, 예전에 집이랑 학교가 너무 멀어서 학기 중에 머물기 위해 구입했던 오피스텔 정도 있고, 예금이랑 주식투자 조금 해놓은 거 정도죠 뭐. 대학교수가 좋은 게 남들보다 정년이 길잖아. 퇴직하고 나서도 연금 나오고. 그래서, 뭐 딱히 노후 준비라고 해놓은 건 없어요."

저자 주 _____ 서울 시내 중상위권 대학교의 교수이자 간간이 방송에도 출연 중인 U교수는 어린 시절 시골에서 상경한 전형적인 흙수저 출신이다. 게다가 고등학교만 마치고 다른 직업을 전전하다가 뒤늦은 나이에 학업을 계속해서, 동료들에 비해 거의 열 살이나 많은 나이에 정교수가 된 터라 초반 출발은 늦었다. 그러나 재테크 측면에서도 특유의 성실함과 꾸준함을 발휘하여 분당의 노른자위에 자리 잡은 177㎡(53평)의 아파트와 왕십리와 금호동 등지에 있는 오피스텔 4개 호실, 자신의 전공 분야 관련 출판사와 교보재 제작 업체 위주로 투자한 주식이 약 50억 원 상당에 5억 원 정도의 예금을 보유하고 있다.

처음 시작할 때 수중에 얼마가 있었습니까?

"보따리 장사(강사) 생활 마치고 전임(강사) 달았을 때인가 조교수 달았을 때인가? 그때부터 '아, 돈을 좀 모아야겠구나', '그래야 하고 싶은 공부도 맘 편히 하겠구나' 싶어서 돈 모으는 것에도 관심을 좀 가졌는데, 그때 내 월급이 세전 2백만 원이었어요. 이후로 몇 년은 그거밖에 없었지. 근데, 석·박사 하면서 지어놓은 빚이 여기저기에 하도 많아서 정확히 말하자면 마이너스 2~3천만 원부터 시작했다고 볼 수가 있지요."

어떻게 자산가가 될 수 있었습니까?

친절한 교수님

대필을 맡았던 대상 중 U교수는 조금 특이한 사례였다. 일단, 출판사에서 처음 내게 대필을 의뢰하는 메일이 보내왔을 때, 집필 조건, 내용, 출간 분야, 대필 사례금 등을 묻지도 따지지도 않고 덜컥 '네, 하겠습니다'라는 답장부터 적어 보냈다. 그도 그럴 것이 U교수는 당시 내가 회사에서 맡고 있던 업무 분야에서 꽤 명성이 높은 소장 학자였기 때문이다. 관련된 저서도 여러 권 출간했고, 임원이나 사장단을 대상으로 특강도 제법 여러 차례 출강한 터여서, 대필 작업을 맡으면 함께 대화도 나누고, 전문적인 조언도 듣고, 인맥도 넓히는 등등 여러모로 도움이 많이 될 것이라 생각했다.

놀라운 것은 그가 당시 내가 근무하던 곳으로 찾아오겠다고 한 것이었다. 보통 대필을 의뢰하는 이는 절대로 대필작가를 찾아오지 않는다. 주로 사옥 집무실이나 대학의 연구실 등 자신의 아성이자, 아지트이며, 현재의 부와 명예, 권력과 권위를 가장 잘 보여줄 수 있는 곳으로 불러들여 대화를 나누려는 습성이 있다. 이전에 작업을 했던 이들 중 그 누구도 대필작가인 나를 찾아온 이는 없었다. 그러나 U교수는 감사하게도 "대필작가가 직장인이라 들었는데, 평일에 자리를 비우기가 쉽지 않을 것이다. 그러니 그런 면에서 조금은 자유로운 우리가 찾아가자"고 먼저 제안을 하고서는 실제로 출판사 사람들과 함께 내가 근무하던 건물의 지하 아케이드 내 레스토랑으로 직접 찾아왔다.

만나자마자 불쑥 손을 내밀어 악수를 청하는데, 손 자체가 두껍고 손가락 마디마디가 굵직하게 불룩 튀어나온 것이 전형적인 '일손'

이었다. 교수의 손답지 않았다. 그런 생각이 표정에 그대로 드러났는지, U교수는 통성명 직후 자신의 손에 대한 이야기부터 시작했다.

"제가 교수랍시고 펜대를 쥔 건 10년 남짓이지만, 그전 3~40년은 몸 쓰는 일만 했으니까요."

다른 동네는 다 들어온 전기조차 3~4년은 늦게 들어왔던 깡촌 마을에서 태어난 U교수는 집안 살림을 돕고 동생들 학비를 버느라 늘 다른 동기들보다 몇 년씩 늦게 학교에 들어가야 했다. 심지어 고등학교를 마치고는 아예 취업 전선에 나서 주경야독(晝耕夜讀)이 아닌 주경야경(晝耕夜耕), 낮에는 회사일 밤에는 아르바이트를 하며 돈을 벌어야 했다. 그렇게 벌어봐야 손에 쥔 돈은 많지 않았고, 고향집에 부쳐주고, 서울에 올라와 공부하고 있는 동생들 학비에 보태고 나면 남은 돈은 거의 없었다.

그런 생활을 지속하다가, 도저히 이래서는 안 되겠다고 마음먹고서는 주경야경을 주경야독으로 바꿔 공부를 시작한 것이 그의 나이 20대 후반이 넘어설 무렵이었다. 그렇게 14~5년간의 노력 끝에 학위를 따고 그는 모 사립대학교의 교수가 되었다.

개인적인 어려움과 독특한 삶의 이력을 겪어온 사람이라서 그럴까, U교수와의 대필 작업은 기존의 다른 이들과의 작업과 전혀 달랐다. 우선, 만남의 횟수였다. 그는 처음 집필의 시작을 위해 내가 근무하던 사무실로 찾아온 것을 시작으로, 자신의 대학 연구실로 나를 데리고 가거나, 외부 식당, 또는 술자리에서 수시로 나를 만났다. 심지어 자신의 집으로도 몇 번이나 초대를 해서 함께 책의 방향과 원고 내용에 대해 논의를 했다. 그가 제공한 자료의 양 또한 엄청났다. A4용지 몇 장에 적힌 이력을 던져주며 "나머지는 인터넷 뒤져보면 내 인터뷰나 뉴스 자료 많으니까 그걸로 잘 좀 써주쇼!"라고 말하는 이들이 대부분이었던 시기였다. 그러나 그는 책에 삽입할 만한 혹은 사용했으면 좋은 표현 예시까지 스크랩해서 수시로 내게 보내주었다.

대중들의 입맛에 맞게 글로 풀어내는 능력이 조금 부족해서 그렇지, 보유하고 있는 소재와 이야깃거리들은 책 수십 권으로 담아내도 충분한 분이었다. 나 역시 신이 나서 평일 저녁시간과 휴일을 거의 반납하다시피 하며 원고 작업을 했고, 덕분에 책은 기존에 내가 대필한 어느 도서보다도 완성도가 높게 나오며, 초대박까지는 아니지만, 중박과 대박 사이에서 꽤 오랫동안 독자들의 사랑을 받을 수 있었다.

서로가 서로를 이용했던 작가와 교수

그런데, 이 이야기에는 반전이 있다.

책이 출간된 지 얼마 되지 않아, 출판사에서 마련한 쫑파티 자리가 있었다. 그 자리에서 나는 U교수에게 "교수님은 굳이 대필작가를 쓰지 않고 직접 쓰셔도 될 것 같은데요"라고 말했다. 진심이었다. U교수 정도의 정성과 노력, 이야기를 풀어가는 능력이라면 직접 책을 써도 충분하리라 생각했다. 매년 논문이나 저널을 쓰면서 다져진 기본적인 글 실력도 있을 거였고….

그러자, U교수는 손사래를 치면서 말했다.

"아직, 수양이 덜 되었어요. 수양이… 허허."

말은 그렇게 하지만, 그가 모 일간지 전문가 오피니언면의 고정 필진으로 활동하고 있고, 외부 저널 등에 가장 많이 기고하는 교수로 꼽힌다는 사실과 현재 몸담은 대학교의 학보사 주간 교수를 맡아 늘 글 쓰는 일에 익숙하다는 것을 알고 있었다. 그럼에도 그는 자청해서 자신의 책을 집필하는 과정에서 대필작가를 붙여줄 것을, 그것도 자신이 책을 내고자 하는 분야에서 가장 비싼 돈을 받는 대필작가를 붙여줄 것을 출판사에 요청했다고 한다.

거기에 까다로운 옵션이 하나 더 있었다. 대필작가가 직장생활을 경험했던지 혹은 현재도 하고 있으면서 부업으로 대필을 하는 이였으면 금상첨화겠다고 했단다. 이유는, U교수 자신이 쓰고 싶은 책의 내용과 그 책을 읽을 대상을 생각해봤을 때, 3~40대 직장인의 삶에 대해 이해도가 높고, 현재의 경제·경영 환경에 대한 정보를 습득하고 있거나 활용하고 있는 이였으면 좋겠는데, 그러기 위해서는 직장인 생활과 대필작가 생활을 병행하는 사람이 적격이라는 판단에서였다고.

진짜 반전은 그 다음이었다.

U교수가 이렇게 까다로운 조건을 달면서까지 대필작가를 써서 책을 쓰겠다는 이유가 있었다. U교수는 앞으로 대학교수라는 자신의 지위와 전공 분야를 발판 삼아, 더 큰 꿈을 꾸고 있었다. 대중들을 대상으로 한 강연, 방송, 저서 출간, 공유 커뮤니티 구성 등 다양한 활동을 통해 한 단계 업그레이드된 지식의 나눔 공간을 꾸리려고 하고 있었다. 그러기 위해서는 단순히 자신의 학문 분야에서 업적을 이루는 것만이 중요한 게 아니라, 그를 대중들에게 쉽고 즐겁게 전달할 수 있는 능력이 필요했다. 사람 좋아 보이는 친근한 외모와 술 없이도 처음 만나는 사람과 몇 시간이고 즐겁게 이야기를 나눌 수 있는 화술은 이미 보유하고 있었다. 남은 하나가 전달하고자 하는 내용을 대중들의 입맛과 눈높이에 맞춰 쉽고 재미있게 전달하는 기술인데, 아무리 노력해도 쉽게 익혀지지 않았다고 한다.

때문에 이번 책 작업을 통해 그를 익히려고 했고, 출판사가 추천한 세 명의 대필작가 후보 중 직장생활을 하면서 다양한 대필 경험을 보유하고 있고 나름 업계 최고 수준의 대필작가였던 나를 U교수가 직접 지목해서 이번 작업이 시작되었다는 것이다. 작업을 하면서도 U교수가 엄청난 자료를 가져다준 것은, (물론, 책에 그 내용이 반영되었으면 좋겠다는 생각에서였지만, 부가적으로) 업계 최고 수준의 대필작가들은 그런 다양한 정보들을 어떻게 분류하고, 어떻게 손질하고 다뤄서, 어떤 형태의 글로 만들어내는지, 그 작업 과정을 옆에서 생생하게 지켜보면서 배우기 위해서라고 했다.

나는 내가 U교수와의 작업을 선택해, 대필 작업으로 돈도 벌면서 그와 친분을 맺고, 그로부터 내 회사 업무에 필요한 지식과 인맥 등을 부가적으로 얻을 수 있었다고 생각했는데, 한 방 단단히 얻어맞은 듯했다.

쫑파티에서 서로의 본심을 이실직고(?)한 덕분에 이후로 U교수와 나는 원저자와 대필작가의 관계를 떠나서 수시로 안부를 묻고, 서로의 발전하는 모습을 진심으로 응원하는 사이가 되었다.

돈 잘 버는 치킨집 사장은 누가 되는가?

그런 U교수와 가졌던 얼마 전의 술자리에서 물었다.

"교수님, 교수라는 직업은 교육자잖아요. 교육자가 돈 벌기 쉽지 않은 건 잘 알려진 사실이고. 그런데, 교수님은 어떻게 그렇게 부자가 되셨어요? 나 좀 알려줘요. 그 비결 좀…"

그런데, 교수님은 혀가 꼬부라진 나의 '무례한(?)' 질문에 직접적인 대답 대신 엉뚱한 질문을 던졌다.

"작가님은 우리나라에서 가장 성공한 치킨집 사장이 누구인 줄 알아요?"

'U교수의 인맥을 통해 알고 있는 부동산 개발 정보'라거나, '제자 중 누군가가 알려준 고급 투자 정보' 등의 답변을 기대하고 있던 내게는 '허를 찌르는' 정도가 아닌 '봉창 두드리는' 이야기였다. 치킨 프랜차이즈 브랜드만 해도 4백 개가 넘고, 점포는 8만 개가 넘으며, 아파트 대단지에는 반경 5백 미터 이내만 살펴봐도 치킨집이 6개가 넘는다는 나라에서 가장 성공한 치킨집 사장이 누구인지 어떻게 안단 말인가? 한참을 고민하다가 불현듯 부아가 나서 거꾸로 U교수에게 물었다.

"교수님은 누구인지 알아요?"

그러자, U교수는 '그럴 줄 알았다'는 표정으로 답했다.

"알지요. 나는 잘 알지요. 그 사람 이름은 물론, 나이와 고향까지 잘 아는데요?"

이어서 교수님의 입에서 튀어나온 이름은 나 역시 익히 들어서 잘 아는 이름이었다. 내 군대 출신 선배이기도 해서 몇 차례 행사에서 만나 인사도 나눈 사이였다.

"윤홍근 회장."

U교수가 '가장 성공한 치킨집 사장'으로 그를 꼽은 것은 당연했다. 그는 우리나라 최대의 치킨 프랜차이즈로 꼽히는 BBQ의 창업자이자 현 회장이었다. 그러나 과연 그를 치킨집 사장이라고 할 수 있을지는 미지수였다. 문득, U교수가 나를 두고 말장난을 치는가 하는 생각이 들었다. 그러나, 뒤이은 그의 설명은 장난이 아니었다.

"미안한 얘기지만, 지금 전국의 치킨집 사장님들 중에 원래 닭 관련 일을 했거나, 닭에 대해 잘 아는 분들이 얼마나 계실까요? 아마도 거의 없을 겁니다. 금융 관련 직장을 다니다, 학교에서 학생들을 가르치다, 공장에서 생산관리 일을 하다가 치킨집을 하시게 된 분들이 대부분일 겁니다. 물론, 그분들의 상황을 이해 못 하는 것은 아닙니다. 하지만…"

순간, U교수가 굳이 윤홍근 회장을 '최고 잘나가는 치킨집 사장'
이라 지칭하며 이야기를 꺼낸 이유를 슬슬 알 것 같았다. 윤 회장은
지금의 BBQ를 창업하기 전, 대상그룹의 닭고기 생산업체였던 마니
커에서 영업부장을 지냈다. 그리고 그 자리로 발령받기 전에는 닭에
게 먹이는 사료공장의 총무과장으로도 근무했었다. 닭을 먹이고 키
우는 것과 그런 닭을 가공해서 계육으로 만드는 것에 대해 대한민국
에서 그보다 더 잘 아는 사람은 없었다. 그런 경험과 노하우가 몸에
밴 상태에서 치킨 장사를 하니 그 장사가 잘되지 않을 수가 없었다.

"그런데, 사람들은 '돈을 벌어야겠다'고 마음을 먹으면 뭔가 이
제까지 안 가봤던 길에서, 안 해왔던 일을 해서 떼돈을 벌겠다
는 심리가 있는 것 같아요. 일종의 '리셋 증후군'과도 같은 증상
이죠."

부의 '리셋 증후군'에서 탈피하라

U교수는 그를 '리셋 증후군'이라고 불렀다. '리셋 증후군(Reset
syndrome)'은 심리학 용어로 컴퓨터가 오류가 발생해 제대로 작동하

지 않을 때 리셋 버튼만 누르면 처음부터 다시 시작할 수 있는 것처럼 무언가 문제가 있는 현실 세계도 리셋이 가능할 것으로 착각하는 현상을 일컫는 말이다. 그런 리셋 증후군이 가장 빈번하게 목격되는 것이 재테크의 현장이라고 했다.

사람들이 돈을 벌고 싶다, 부자가 되고 싶다고 마음먹기 시작하면 뭔가 기존의 자신이 살아왔던 삶은 다 잘못된 삶이고, 이제까지 알지 못했던 새로운(부자로서의 삶을 살아야겠다는 생각에 엉뚱한) 분야에서 사업을 벌이고, 전혀 경험해보지 못한 분야에 투자를 하는 등의 일을 한다는 것이다.

"그러나, 착각하지 말아야 할 것이 있어요. 나에게는 '안 가봤던 길, 안 해봤던 일'이지만, 이미 그 길에서 그 일을 수십 년째 해오며 부를 창출하고 자산을 모아온 사람들이 있습니다. 그들이 호락호락 자리를 내줄 것처럼 보이나요?"

실제로, 수많은 사람들이 창업이다, 투자다 하는 명목으로 새로운 분야에 대해 관심을 기울이고, 공부하고, 인맥을 형성하려 하지만 그를 제대로 해내는 이들은 극히 드물다. 결국, 쓰디쓴 실패의 잔을 들이켜며 또 다른 '새로운 영역'이 뭐가 있을지 찾아헤매는 과정을 반복하게 되는 경우를 나 역시 숱하게 많이 봐왔다.

반면, U교수는 달랐다. 철저하게 자신이 해오던 분야, 자신이 잘하는 영역에만 관심을 집중했다. 그리고 그를 통해 부를 창출할 수 있는 방법을 만들어내기 시작했다. 많은 교수들이 별생각 없이 시간당 얼마씩 받고 기업체 특강을 나갈 때 그는 해당 기업 교육 담당자와 사전 미팅을 통해 사전 학습 자료 제공, 특강, 후속 과제 부여, 애프터서비스 강연으로 이어지는 패키지 프로그램을 제안했다. 그를 통해 특강 강사료의 수십 배가 넘는 수익을 창출할 수 있었다. 동료 교수들이 학술 논문 작성에만 매달릴 때 그는 자신의 학문 분야를 일반인들이 보다 쉽게 이해할 수 있도록 돕는 저술, 강연, e러닝 학습, 방송 출연, 칼럼 집필 등 원 소스 멀티 유즈(One Source Multi Use)에 앞장섰다. 그렇게 쌓인 수익을 투자할 때도 역시 철저하게 자신이 잘 아는 것, 익숙한 곳, 잘할 수 있는 것 위주로 했다. 수익용 오피스텔에 투자할 때는 평택, 송탄, 천안, 아산 등 유망하다는 지역을 수없이 추천받았지만 자신이 몸담고 있는 학교 근처라서 매일 오가던 왕십리 근처에 집중해서 매입했다. 주식투자를 할 때도 자신이 강의하는 전공 분야와 관련이 있는 업종, 업체 중심으로 포트폴리오를 형성해 꽤 장기간 관찰한 뒤 투자를 결정했다.

"속된 말로, 똥개도 자기 집 마당에서는 50%는 먹고 들어간다는 말이 있어요."

특히, 자신에게 익숙한 분야, 잘 아는 것들 중심으로 투자하고 자산을 축적하는 것은 평상시보다 위기 상황이 발생했을 때 큰 힘을 발휘했다. 서브프라임 모기지론 사태에서 촉발된 2008년 세계 금융 위기, 2011년 동일본 대지진 이후의 증시 폭락, 2020년 코로나19 바이러스 창궐로 인한 경제 침체 등을 맞아 수많은 사람들이 당황하여 어찌할 바 모를 때 U교수 역시 어렵지만 그래도 다른 이들보다는 수월하고 안정적으로 자산 손실의 위기를 잘 관리할 수 있었다. 예측력과 대비 능력 측면에서 자신이 잘 아는 영역에 머무르고 있다는 것만큼 든든한 강점은 없었다.

U교수는 다시 한 번 강조했다. 굳이 새로운 필드에서 어려운 상황을 자초하기보다는 일단 내게 익숙하고, 내가 해봤던 일들을 통해 기반을 탄탄하게 축적하고 내공을 좀 더 쌓은 뒤에 새로운 영역에 뛰어들어도 절대로 늦은 것이 아니라고.

"자산가가 될 수 있었던 남다른 비결을 딱 한 마디로 요약해주신다면…"

"부자가 되는 길은, 지금 하고 있는 일, 지금 머물고 있는 곳, 그리고 지금 걷고 있는 길에서 가장 가까운 곳에서부터 시작됩니다."

회사에서도 재테크에서도
탁월한 실력을 발휘한 S상무

업무시간에 HTS 보는 놈들 치고
부자 없더라

형님의 현재 자산은 얼마입니까?

"질문을 다시 해야 할 것 같다, 자산이라고 하면 지니고 있는 것을 말하잖아. 내가 가진 것 중 상당수는 당장 쓸 수 없는 묶인 것들이니까, 내 돈이지만 내 돈이 아니지. 살고 있는 집은 전세고, 나중에 살 집 하나 따로 있고, 주식은 장기적인 관점에서 우량주 중심으로 사놓은 거라 당장 팔 생각이 없고, 비트코인도 살 때보다 많이 오르긴 했지만 이것 역시 당분간 팔 생각이 없어서 없는 셈 치고 살 거니까. 그러고 보니까 자산이라고 할 만한 게 거의 없는데?"

저자 주_____ 백화점 층 매니저를 하다가 보험 영업에 뛰어들어 현재는 S생명 국내영업 담당 임원으로 근무 중인 S상무는 전형적인 '재테크에 능한 회사원'이다. 자녀교육을 위해 도곡동에 전세를 살면서 이촌동에 132㎡(40평)의 주상복합 아파트를 소유하고 있고, 계열사인 S전자 주식을 포함해 우량주 위주로 40억 원 가량의 주식을 보유하고 있다. 이외에도 예·적금이 약 5억 원, 채권도 그 정도를 갖고 있다. S상무 자산의 하이라이트는 이 같은 전통적인 자산이 아니라, 최근 몇 년 사이 핫하게 떠오른 가상화폐이다. '허풍', '거품',

'사기', '패가망신' 등의 단어가 수식어로 사용되던 무렵 가상화폐의 가치를 꿰뚫어보고 바닥까지 떨어진 비트코인과 이더리움을 조용히 사 모아 현재 각각 30억 원대 이상을 보유하고 있다.

두 번째 질문

처음 시작할 때 수중에 얼마가 있었습니까?

"처음이라면 언제를 말하는 거지? L백화점 다니다가 지금 회사로 옮기면서 본격적으로 재테크 활동을 시작했는데, 그때 경기도 구리에 살던 아파트가 1억 8천만 원인가 했었고, 주식은 한 푼도 없었고, 1천만 원짜리 적금통장 하나가 만기가 됐었고, 다른 통장 하나에도 1천만 원 조금 모자란 돈이 들어 있었네. 그 정도?"

세 번째 질문

어떻게 자산가가 될 수 있었습니까?

나는 대학교를 다닐 때 속한 학과보다 동아리 생활을 훨씬 더 열심히 한 축에 속한다. 전공이 마음에 안 들어서 그런 것은 아니었다. 상당수의 입시생들이 예상되는 시험 점수에 맞춰 본인의 학교와 전공과목을 택할 때, 나는 내가 졸업한 대학교의 그 학과에 지망하기에는 상당히 아까운(?) 점수였음에도 과감하게 지망한 쪽이었다. 그럼에도 불구하고 과 생활이 적성에 맞지 않았던 것은 오로지 '사람' 때문이었다. 특히, 과의 주축을 이루고 있던 3학년 선배들과 전역 후 복학한 일부 선배들과 사이가 좋지 않았다. 그들이 조장하는 특유의 칙칙한 문화가 질리도록 싫었다. 대신, 입학한 지 두 주 만에 가입한 동아리는 달랐다. 매주 금요일 저녁이면 동아리 정기 모임이 있었는데, 4학년 선배들이 직접 기타와 스피커를 들고 날랐고, 1학년 신입생에게도 모임을 진행해보도록 기회를 주고는 했다. 졸업한 선배들도 수시로 동아리 모임을 찾아줬는데, 훈계를 늘어놓거나 실수를 나무라는 대신 잘 할 수 있도록 힘을 북돋아주는 응원단 역할을 해주었다. 결국, 한 학기 정도는 과 생활과 동아리 생활을 병행했지만, 이후로는 모든 대학 생활을 동아리 위주로 하게 되었다. 동아리 내 주요 직책을 두루 거쳐 3학년 때는 동아리 회장까지 지냈고, 졸업하고 나서는 동아리 출신 OB 동문회의 총무를 십수 년째 하고 있다.

OB 동문회의 총무를 하며 회원들에게 내세웠던 약속 중 하나는 과거 동아리 생활을 열심히 했지만 알 수 없는 이유로 동아리를 멀리하게 되거나 연락이 끊긴 회원들을 찾아내 그들이 다시 우리와 함께하도록 하겠다는 것이었다. 일명 '돌아올 탕자' 프로젝트였다.

수년째 업데이트가 전혀 되지 않은 연락처를 새롭게 정비하고, 기수별로 소모임 구성을 독려해서 각 기수별 대표가 해당 기수의 연락망을 복구하도록 했다. 그렇게 해서 총 20여 개 기수의 회원 명단이 어느 정도 완성이 되었다. 그런데 유독 명단 작업이 지지부진한 선배 기수가 있었다. 이유를 물으니, 재학 시절 해당 기수의 구심점 역할을 하던 선배가 어느 때부터인가 동아리와 연락을 끊고 잠적을 했는데, 모든 활동이 그 선배 중심으로 이뤄지던 기수이다 보니 연락망 하나 만드는 데에도 문제가 있다고 했다. 결국, 해당 기수는 나를 포함한 OB 동문회 집행부가 맡아서 연락망을 완성시키기로 했다.

그렇게 직장생활하랴 동아리 OB 동문 모임 꾸리랴 정신이 없는 와중에 출판사에서 연락 한 통을 받았다. 대필은 아니고 윤문을 해야 하는 건인데 좀 맡아줄 수 있냐는 것이었다. 일반적인 단행본 도서보다 얇고 팜플렛보다는 조금 두꺼운 소책자 정도의 프로젝트인데, 의뢰를 해온 쪽에서 방송작가나 문예창작과 출신의 사람들보다는 기업 내부 사정에 해박한 사람을 원한다는 것이었다. 짬을 낼 시간이 많지는 않지만, 대충 이야기하는 걸로 봐서는 주말과 평일 야간 시간을 조금만 할애하면 큰 무리 없이 마무리할 수 있는 건으로 보였다. 작업을 맡겠다고 답한 뒤, 그다음 주에 책의 저자가 될 사람(혹은 기업)을 만나기로 했다.

의뢰받은 건은 모 생명보험회사의 보험설계사와 그들의 관리자들이 보험 제품 판매 노하우와 영업조직 관리의 비결 등에 대해 인터뷰한 자료를 사내 구성원 배포용 비매품 책자로 만드는 건이었다. 치밀한 일 처리와 철저한 관리로 유명한 모그룹의 명성에 걸맞게 그들 역시 이미 영업지원부서와 교육부서에서 인터뷰를 진행하고 녹취록까지 꼼꼼하게 작성해놓은 상태였다. 내가 할 일은 그 글들을 다듬고 구성을 다시 배열해서 읽기 좋은 책처럼 만드는 일이었다. 며칠 뒤 출판사 편집자와 함께 해당 보험사의 영업지원 담당 임원을 만나 뵙기로 했다.

미팅이 잡힌 그날. 강남의 한 사무실에서 만난 임원 S상무의 명함을 받아 든 나는 살짝 당혹감에 사로잡혔다. 명함에 적힌 이름이 내가 그토록 찾아헤맸던 바로 그 선배의 이름과 똑같았기 때문이다. 성씨 자체는 쉽게 접하기 어려울 정도의 희귀한 것은 아니었지만 그렇다고 흔한 성씨는 아니었다. 그러나, 이름이 두 글자 모두 워낙 특이했기에 성과 합치면 절대로 흔한 이름은 아니었다. 대략 외모로 가늠할 수 있는 나이대도 얼추 비슷할 듯하고. 그러나 '돌아온 탕자' 프로젝트의 대상이 될 선배는 학교를 마치고 백화점 업계에 투신을 했다고 들었는데, 앞에 앉은 S상무는 전형적인 보험 영업인의 모습이었다. 섣불리 물어보지도 못하고 이런저런 이야기를 잽처럼 던지며 서로의 신상에 대한 이야기로 좁혀들어갔다. 그러다 어느 순간, 그는 기존의 젠틀하고 부드러운 보험 영업인의 모습에서 돌변하더니, 나에게 손을 불쑥 내밀었다.

"그래! 후배야, 반갑다. 나 O기 OO 선배다."

너 같으면 사겠니?

S상무는 9기로 14기인 나보다 다섯 학번 기수 위의 동아리 선배였다. 재학 중에는 단 한 번도 만난 적이 없었고 이름 정도 겨우 알고 지냈던 선배였지만, 동아리 선후배라는 이유만으로 이야기를 나눈 지 몇 분 안 돼 수십 년을 알고 지낸 사이처럼 친밀해졌다. 그렇게 한 번 인연이 다시 이어지자 S선배는 동아리 OB 모임에 적극적으로 참여했고, 나 역시 테헤란로에 나갈 일이 있으면 잠시라도 짬을 내 선배의 사무실에 들러 이런저런 얘기를 나눴다.

그러는 사이, 그간 몰랐던, 선배가 우리 동아리에 발길을 끊고 연락마저 안 됐던 시절에 있었던 이야기도 들을 수가 있었다. 선배는 학교를 졸업한 뒤 백화점에 취업해 초반에는 잘나갔다고 한다. 그때까지만 해도 동아리 졸업생 모임에도 적극적이었다고. 그런데 백화점을 소유한 모그룹이 분리가 되면서 백화점 사업 전반에 대한 전략이 크게 수정되었고 사업 지원 역시 대폭 줄어들었다고 한다. 선배의 역할(정확히는 라인)이 모두 자리를 옮겨야 하는 상황이 되었다고. 본점 남성 패션 층 매니저를 하던 사람에게 하루아침에 지방 중소도시 슈퍼마켓의 점장도 아닌 신선식품 매니저를 하라는 발령이 내려왔고, 그날로 회사에 사표를 낼 수밖에 없었다고. 동시에 우리 동아리를 비롯해 모든 동창 모임, 동호회 모임 등과도 발길을 끊었다고 했다.

"막막했지. 7~8년 가까이 몸담아오던 직장을 그만뒀으니…"

퇴직을 한 선배가 옮겨간 직장이 현재의 생명보험회사였다. 지금이야 그런 시각이 덜한 편이지만, 당시만 하더라도 '보험 영업'이라고 하면 자동차 영업, 제약 영업과 더불어 힘들기로 유명한 3D 영업으로 꼽혔다. 게다가 입사 초기에는 영업 실적을 올리기가 쉽지 않아 대부분 가족, 친지, 친구 등 지인에게 보험 상품 하나씩 가입해달라고 하는 이들이 많다 보니 보험사 영업직에 취업했다고 하면 혹시라도 보험 계약해달라고 부탁받을까 봐 괜히 거리감을 두고 대하거나 연락을 먼저 끊는 경우가 적지 않았다. S선배 역시 그런 눈초리들이 싫어서 선후배들에게 먼저 연락하는 것을 삼갔고, 모임 참가 역시 자제하다 보니 어느새 지인들과의 연락이 하나둘 끊기게 되었다고 했다. 대신 그 자리는 영업 활동을 하면서 알게 된 이들로 채워졌다. S선배가 우리 동아리와 연락이 끊기게 된 이유였다.

원치 않게, 어렵게 보험 영업을 하게 되었지만, 그는 본인의 성격상 무엇 하나 대충대충 하는 법이 없었다. 이왕 이쪽 업계에 몸담게 된 이상 최고가 되겠다고 마음먹고 어떻게 하면 그렇게 될 수 있을지 고민을 하고 계획을 세운 뒤 실천하기 시작했다. 그러나,

"쫄딱 망했지, 뭐. 입사 첫해 실적이 전국 하위 10%였고, '넌, 보험 영업이 적성에 잘 안 맞는 것 같으니 다른 길 찾아보라'는 진심 어린 충고를 팀장한테 받고, 본부장님한테도 받았으니까. 말 다 했지."

S선배는 자신의 말처럼 이직 초반에는 고전을 면치 못했다. 많은 선배들이 "보통 보험 영업에 처음 뛰어든 사람들이 실패하는 이유가, 과거의 자신을 잊지 못하고 그에 연연하려는 생각과 태도 때문이다"라고 하는 이야기를 듣고 최대한 새로운 생각, 새로운 마음가짐으로 보험 영업에 임했다고 생각했는데, 결과는 영 신통치 않았다.

이후로 몇 달간 S선배의 괴로운 생활은 계속 이어졌다. 아니, 점점 더 심각해졌다. 실적은 바닥을 기었고, 상부로부터의 이직 압박은 점점 더 심해졌다. 이대로는 생계가 어렵겠다는 생각에 다른 부업거리나 얼마 되지 않지만 갖고 있는 돈으로 투자할 만한 것들을 찾기 시작했다. 손에 든 휴대전화로는 부업거리를 찾는 문자가 하루에도 수십 통 오고 갔으며, 내근을 할 때면 사무실 모니터 귀퉁이에 주식 시황을 살피고 주문을 넣을 수 있는 작은 창을 띄워놓은 상태였다. 초반에는 제법 수익이 났다. 부업까지는 아니지만 자투리 시간을 활용해 소소하게 용돈 벌 일도 몇 개 구할 수 있었다. 회사생활은 잘리지 않을 정도로만 적당히 하고, 목돈을 벌어서 퇴직을 하겠다는 야심찬 생각까지 잠시 했었다. 그러나 거기까지였다. 곧 손에 들어오는 돈은 뚝 끊겼고, 등한시한 회사생활의 여파로 실적은 곤두박질쳤다. 원형 탈모가 생겼고, 가족과의 관계 역시 점점 더 나빠지는 것이 눈에 보일 정도였다. 이대로 더 있어서는 안 되겠다는 생각에 다시금 이직을 준비하려던 무렵, 입사 동기가 모 회사 대표의 명함 하나를 건네주었다. 자신의 외삼촌인데 마침 가입할 만한 보험 상품을 알아보고 있으니 가서 계약 몇 건 따오라는 것이었다. 매일매일을 괴로워하던 S선배를 보다 못해 베푼 호의였다.

연락을 드리고 약속을 정해 사무실로 찾아간 그날. 모 중견 기업의 대표였던 동기의 외삼촌은 S선배에게 평생 잊지 못할 한마디를 던졌다.

"집무실에 들어가 상품 안내서를 꺼내 펼쳐놓고 한참 설명을 하는데, 그분께서 한마디 툭 던지신 말씀이 '너 같으면 가입하겠냐?'였어."

한동안 다른 곳에 정신이 팔려 있었기에 상품에 대한 완전한 숙지가 안 된 상태였다. 상품 설명을 하면서 몇 번이나 S선배 스스로도 '내가 지금 무슨 소리를 하는 거지?'라는 생각이 들 정도였다. 역시 오랫동안 기업 경영을 해온 이였기에 동기의 외삼촌은 상대방이 영업을 할 준비가 안 되어 있다는 것을 금방 간파한 것이었다. 그러더니 S선배를 앉혀놓고 한바탕 특강을 진행하기 시작했다. 일에 대한 기본적인 태도부터 시작해서 영업의 금도와 비법, 심지어 재테크와 건강관리까지, 그 범위는 우리 인간사 거의 전 분야를 망라할 정도였다. 나중에 동기에게 물어보니 평상시에도 워낙 남 가르치는 것을 좋아해서 조카들을 수시로 불러서 일장 연설과 강의를 즐기시는 분이라 했다.

조카들은 '꼰대 삼촌의 잔소리' 정도로 여기나 보던데, S선배에게는 달랐다. 그분의 말 한 마디 한 마디가 폐부 깊숙이 찌르는 촌철이 되었다. 이후로도 S선배는 보험 상품 판매와 상관없이 시간이 날 때마다 그분께 들러서 말씀을 청해 들었다고 한다.

안전하고 확실한, 자기중심적 재테크

S선배는 이후 주식은 굵직한 것들 중심으로 정리해서 장기적인 관점에서의 투자로 전환하고, 부업 삼아 손댔던 자잘한 일거리들도 싹 다 정리한 뒤 원래 하던 일인 보험 영업에 집중해서 매달렸다. 모든 일을 할 때면 '너 같으면 가입하겠냐', '너 같으면 결재하겠냐', '너 같으면 사겠냐'라고 되묻는 것을 습관처럼 가져갔다. 천천히이긴 하지만 실적이 회복되기 시작해서 연말에는 지점 내 탑 수준까지 올라가게 되었다. 재테크 역시 그분께 배운 대로 실천하다 보니 업무시간에 주식매매창 띄워두고 야간, 휴일 가릴 것 없이 부업거리 찾아다니던 때보다 훨씬 더 효율적으로 많이 벌 수 있었다.

그때 S선배가 동기 외삼촌 덕분에 깨우치고 실천한 재테크 방법은 일명 '자기중심적 재테크'였다.

S선배가 설명한, '자기중심적 재테크'는 크게 네 가지 영역으로 정리가 되었다.

간혹가다가 공무원으로 평생을 살다가 일식당을 차려 큰돈과 명성을 거머쥔 사람이나, IT기업 연구원으로 근무하다 귀농해서 특용

작물 재배로 갑부가 된 사람들의 이야기가 언론을 통해 전해지고는 한다. 그러나 S선배의 표현에 따르면 '극히 일부의 사례'일 뿐 그를 일반적인 사례라고 생각해서도, 따라 하기 위해 노력해서도 안 되는 허상에 가까운 일이라고 했다.

실패의 가능성을 낮추고 성공적으로 돈을 벌 수 있는 길은 철저하게 '자기 자신의 현재에 기반을 둔', '자기중심적 사고와 행동'을 통해서만 가능하다고.

S선배의 첫 번째 '자기중심적 재테크' 방식은, 자기가 해오던 일을 중심으로 하는 '자기확산형 재테크'였다. 예를 들어 농사를 짓던 사람이 유기농 재배법 등과 같은 새로운 경작 방식을 도입하여 고소득 작물을 생산·판매한다거나, 공장형 온실을 짓고 사시사철 재배를 가능하게 해 생산량을 늘려 대규모 농업법인을 만드는 것 등이 전형적인 '자기확산형 재테크'였다. 금융투자 등과 같이 단기간에 목돈을 벌어들이기는 쉽지 않지만, 실패(정확히는 탕진)의 위험이 적고, 실패하더라도 기술과 경험이라는 무형 자산이 남으며, 성공할 경우에는 장기간 엄청난 규모의 수익이 보장되는 '더 큰 성공'을 거둘 수 있는 방식이다. 다만, 개인의 끊임없는 학습 의지와 실천 노력이 필요하기에 최근 젊은 층에서는 별 인기가 없는 방식이라고 했다.

두 번째 '자기중심적 재테크' 방식은 자기가 해오던 일과 비슷한 영역에서 유사한 일을 하거나 투자를 통해 자산을 확충해나가는 '자기연계형 재테크'였다. 농사를 짓던 사람이 영농법인에 투자를 하거나 자신이 재배한 농작물을 가공, 유통하는 식품기업을 설립하거나 기존 업체에 투자를 해서 돈을 버는 방식을 말했다. 첫 번째 방식인 '자기확산형 재테크'와 비슷하지만 다소 다른 점은 자기확산형은 자기가 하던 일을 더 많이, 더 잘하는 방식이지만 자기연계형은 하던 일에서 배우고 익힌 지식과 정보를 토대로 유사하거나 연결된 분야에서 돈을 버는 것을 말했다.

세 번째 방식은 자기가 해온 일을 기반으로 그 위에 새로운 가치를 쌓는 '자기축적형 재테크'였다. 과실이나 특용작물을 재배하는 농민이 영농인 네트워크를 형성하고 자신의 토지를 활용하여 귀농학교를 운영하거나, 농지를 분할 임대하여 주말농장이나 체험 과수원 등을 만들어 소득을 확대하는 것을 말한다. 농업 관련 영상 컨텐츠를 만들어서 각종 SNS 등을 활용해 수익을 창출하는 것 역시 최근 들어 유력하게 떠오르고 있는 농업 관련 '자기축적형 재테크' 방식이었다.

마지막으로, 앞서 세 가지 '자기중심적 재테크' 방식과 조금 결이

다르기는 하지만, 자기 일과 반대의 혹은 자기가 해오던 일을 반면교사로 삼아 새로운 가치를 찾아서 그를 통해 재테크를 하는 '자기반성적 재테크' 방식도 있다. 농사를 짓던 사람이 농업의 구조적인 문제점이나 동료 농민들이 간절하게 개선을 원하던 불편함(Pain Point)을 해결해주는 것을 통해 부를 창출하고 자산을 축적하는 방식이다. 농사를 짓다 보면 양분을 작물들이 빨아들여버려 땅이 상하는 경우가 빈번히 발생한다. 그럴 때 필요한 것이 다른 곳으로부터 객토(客土)를 가져다가 덮는, 이른바 복토(覆土) 작업이다. 반대로 토지 정비를 하다 보면 파낸 흙이 남아서 처치가 곤란한 경우가 있다. '흙이 필요한 사람'과 '흙을 처리해야 하는 사람'을 연계시켜주는 서비스를 개발해서 큰돈을 번 농민이 바로 이 경우에 해당한다.

S선배 역시 자신이 하는 보험 영업을 중심으로, 투자 역시 방카슈랑스 상품을 중심으로 은행들을 점검하여 투자처를 발굴했고, 연계하여 금융사 중심으로 주식투자 포트폴리오를 구성했다. 후배 보험 영업인들에게 노하우를 전수하는 교육센터 운영, 보험 관련 파생상품 컨설팅 프로그램 제공 등으로 부가 수익을 창출했으며, 코인에 투자한 것 역시 주로 연세 지긋한 큰손 고객들이 자녀 상속 시 절세 등의 목적으로 코인의 가치와 잠재력 등에 대해 많은 문의를 해와 그런 고객들에 대한 영업 활동의 일환으로 시작하게 된 것이었다.

S선배는 이 네 가지 재테크의 방식을 설명하며 다시 한 번 신신당부를 했다.

"재테크의 가장 큰 기본은, '하던 일에 절실하게 매달려, 남보다 훨씬 더 잘하는 거'야. 그거 이상 가는 재테크는 아직까지 내가 본 적이 없어."

이후로도 S선배와는 지속적으로 교류를 해오고 있는데, 여전히 다니던 기업에 몸담고 있으며, 그곳에서 최고의 영업 실적을 올리고 있고, 자산 역시 매번 만날 때마다 훌쩍 불어나 있는 상태다.

"자산가가 될 수 있었던 남다른 비결을
딱 한 마디로 요약해주신다면…"

"재테크에 있어 '똥개도 홈그라운드에서는 반은 먹고 들어

간다'는 말만큼 유용한 말도 없습니다. 유명한 재벌부터 동

네 유지까지… 별거 없습니다. 대부분의 부자는 하던 분야

에서, 만나던 사람과, 해오던 일을, 조금 다른 방식으로, 조

금 더 많이, 잘한 사람들이었습니다."

시작부터 끝까지, 하던 것, 익숙한 것으로만
끝장을 본 G회장

반은 먹고 들어가는데,
그 좋은 걸 왜 포기합니까

회장님의 현재 자산은 얼마입니까?

"기업하는 사람이야, 때 되면 공시해야 하고, 해 바뀌면 세금 내야 하는데 뭐 별게 있나요? 자료 보면 다 나오지요. 별거 없어요. 나야 따로 무슨 투자해놓은 것도 별로 없고, 현금도 별로 없고…. 그저 우리 회사가 예상 밖으로 잘돼서 갖고 있던 지분, 그거가 재산의 전부지요. 뭐 별거 없어요. 배당받으면 지분 사들이고, 배당받으면 다른 사업 뭐 할까 고민해서 거기에 투자하고 그러니까…. 개인적으로 유일하게 해놓은 거가, 나중에 은퇴하면 가서 꽃 가꾸고 살려고 시골에 땅이랑 집 하나 사놓은 거?"

저자 주_____ 현재는 아들에게 회사를 물려주고 회장 자리로 물러난 G회장은 수십 년간 몸담았던 기업을 떠나 50대 후반의 나이에 벤처기업을 세운 입지전적인 인물이다. 초기 투자 등을 위해 살고 있던 집을 포함해 전 재산을 쏟아붓다시피 했지만, 이후 이 기업이 말 그대로 대박을 쳐서 작은 그룹사 규모로까지 성장하게 되었다. 그룹 지주회사의 대표를 맡고 있는 아들과 G회장 본인의 지분을 합치면 2020년 말 종가 기준으로 4천억 원 정도의 주식을 보유하고 있는 셈이 된다.

개인적으로는 현재 거주하고 있는 집과 자녀들을 위해 사놓은 집을 포함해 부동산 자산이 약 120억 원, 50억 원 규모의 예금과 적금을 보유하고 있다.

처음 시작할 때 수중에 얼마가 있었습니까?

"제가 이름만 대면 모두가 알 만한 굴지의 대기업에서 임원까지 하고 그만둔 사람이기 때문에 모아놓은 재산이 꽤 있었을 거라 생각하지만, 실제 창업할 때 재무를 맡은 친구가 한번 들여다보고 깜짝 놀랐을 정도로 아무것도 모아놓은 것이 없었어요. 어려서는 결혼하고 집 장만하느라, 조금 나이 들고서는 애들 키우고 학교 보내고 학원 공부시키느라, 어디 돈 모을 겨를이나 있었나요? 첫 사업을 시작할 때는 진짜로 거의 맨손이었고요. 지금은 사업을 시작하기에 조금은 사정이 나아졌지. 그때는 요즘처럼 시리즈A, 시리즈B 이런 식으로 투자사나 시스템이 자리를 잡은 시절도 아니고, 매번 돈 구하러 다니느라 아주 이만저만 고생이 아니었어요."

어떻게 자산가가 될 수 있었습니까?

무서운 대필 건을 의뢰받다

대필을 진행하다 보면 참 여러 가지 경우가 있는데, 그중 한 경우가 기껏 책을 만들 수 있을 만한 분량과 퀄리티로 원고를 만들어냈는데 책으로 출간되지 못하고 엎어져버리는 경우이다. 그럴 때는 참 난감하다. 난 어차피 유령으로, 책이 출간되면 저자의 존재감이 드러남과 동시에 그 존재감이 처연하게 사라질 운명이었지만, 그래도 짧게는 며칠, 길게는 1년 가까이 원고 작업을 하다 보면 내가 유령인지 저자인지 분간이 되지 않는 '물아일체' 아니, '유저일체(幽著一體)'의 경지에 도달하게 된다. 그런 심정이 극단에 다다른 상태가 되면 놀라운 일이 벌어지기도 하는데, 책의 읽는 맛을 살리기 위해 원저자가 했다고 말하지도 않은 대화, 상황, 에피소드 등을 조금 지어내서(많이는 아니고 서너 줄 정도?) 삽입을 했는데, 나중에 원고를 읽어본 원저자가, "아니 작가님은 내가 말도 안 했는데, 내 어린 시절 이야기를 어찌 알고 그렇게 쓰셨소?"라고 감탄할 정도의 일이 벌어진다.

그렇게 애정을 갖고 갖은 노력 끝에 작업한 원고가 책으로 출간되지 못하게 되면 마치 내가 저자로 계약을 한 책이 그렇게 된 것 같은 느낌이 들어 굉장히 속상하다. G회장의 원고 역시 그러했다. 뉴스에 자주 등장하며 탄탄한 성공 스토리의 주인공으로 각광받던 G회장은 출판계에서 눈독 들이는 자서전 저자 중 한 사람이었다. 솔직하고 소박한 성품 탓에 본인이 극구 책을 쓰지 않겠다고 마다하는 바람에 출판사 사장과 기획자들의 애간장을 꽤나 닳게 하던 인물이기도 했다. 그런 G회장의 고향 후배이던 한 출판사 영업이사가 '팔고초려(八顧草廬)' 끝에 책 계약을 따냈는데, 문제는 그 회사의 홍보팀 임원이었다.

"저희 회장님 직접 인터뷰는 3회 이하로 진행해주십시오."
"원고는 주기적으로 저희 팀과 상의해주시고, 저희가 요청드리는 단어와 문장은 빼주십시오."
"회장님 가족에 대한 이야기는 빼주시고, 특히 대표님(회장 아들) 관련된 것은 무조건 안 됩니다."

원저자(G회장)는 아무 말도 안 하는데 홍보이사가 사사건건 간섭하고 관리하고 감독하려는 통에 나 이전에 대필을 맡은 작가 두 명이 손사래를 치며 포기 선언을 해버렸고, 세 번째 대필작가로 내가 투입된 건이었다. 이미 세 번의 직접 인터뷰 기회는 앞서의 두 작가들이 나눠서 써버렸고, 나에게는 저자가 될 사람과의 인터뷰 기회도,

주변 사람들에 대한 취재의 기회도 없었다. 유일하게 남은 기회는 아마도 1분 남짓이 될 '새 대필작가로서 회장님께 인사드릴 때'였다. 아무리 대필이라지만, 저자와 이야기도 나누지 않고 남겨진 자료로만 갖고 대충 쓸 수는 없었다. 업계 탑 대필작가로서의 자존심이 허락하지 않았다.

G회장에게 인사를 하기 위해 방문한 날이었다. 내가 할 일은 홍보이사를 따라 들어가서 고개 숙여 인사한 뒤 "새로운 대필작가입니다. 열심히 하겠습니다"라고 말하고 나오면 되는 간단한 일이었다. 근데, 이 짧은 인사를 위해 나는 무려 회사에 하루짜리 휴가를 냈다. 직장인에게 '휴가', 그것도 반차도 아닌 하루 온종일 휴가가 지니는 의미는 각별하다. 그 귀한 휴가를 내고 마련한 시간을 그렇게 손쉽게 허비해버릴 수는 없다는 직장인으로서의 오기가 대필작가로서의 프로페셔널리즘을 압도해버리고 말았다.

"몇 년 전, 저희 그룹에 오셔서 강연해주셨을 때 현장에 있었습니다. 감명 깊게 잘 들었습니다."

홍보이사가 정해준 인사 대신 몇 해 전 그룹 연수원에 방문하여 G회장이 했던 특강 이야기를 꺼냈다. G회장은 겸연쩍어하면서도 "그때 강연 반응이 어땠냐?", "일하시는 데 도움이 됐냐?"는 등등의 질문을 던졌다. 나 역시 예의는 차리면서도 솔직하게 답변을 드렸고, 간간이 그때 들었던 특강 내용 중 좋았던 부분과 그 부분을 앞으로 작업할 책에 어떤 식으로 담을 생각인지를 간단히, 30분간 이야기 드렸다. 결국, G회장이 다음 일정(아마도 신제품 출시 관련 주요 임원 회의였던 것으로 기억한다)을 소화해야 할 시간 동안 나는 '굉장히 화가 난 표정인' 홍보이사의 안내로 사무실 곳곳과 쇼룸 등을 구경한 뒤, G회장을 다시 만나 사옥 꼭대기에 위치한 VIP 식당에서 함께 식사를 할 수 있었다. 그리고 그 이후로 G회장을 세 번이 아니라 여덟, 아홉 번쯤은 더 만난 듯하다.

엎어진 걸작

그럼에도 불구하고 G회장이 자신의 이야기를 책으로 펴내는 것을 접게 된 것은, 사업과 관련이 있었다. 일반적으로 사업을 하다 보면 여러 가지 구설수에 휘말리게 된다. 개중에는 정말로 불법적인 일이라 비난을 받거나 법적인 책임을 져야 할 것도 있고, 또 다른 경우 전혀 터무니없는 낭설로 거짓임이 밝혀지고 누명을 벗게 되는 것도 있다. 문제는 그런 극단적인 경우가 아닌 애매모호한 경우가 대부분이라는 것이다. 기업 경영을 하다 보면 누군가의 시각에서는 비난받아 마땅한 잘못된 일이지만, 다른 이의 시각에서는 당연한 경쟁의 결과이고 수긍하고 받아들여야 할 일인 경우가 비일비재하다.

이 무렵 G회장은 사업과 관련해 몇 가지 구설수에 오르내리고 있었다.

원고의 막바지 수정 작업을 할 무렵이 마침 5월 초의 황금연휴라서 아예 노트북을 싸 들고 G회장의 회사로 출근해 그의 집무실에서 화면을 스크린에 띄워놓고 공동 작업을 하기로 했다. 사무실 밖으로 한 발자국도 나가지 않고, 비서분이 사다 준 도시락을 까먹으면서 열심히 작업을 하고 있는데, 창밖이 소란스러웠다. 그러고 보니, 회의용 의자에 앉아 이 부분은 이렇게 바꾸면 좋겠다, 저 부분에는 이런 얘기를 좀 더 추가하면 좋겠다며 한참 의견을 얘기하던 G회장의 모습이 보이지 않았다.

창밖을 보니, G회장이 운영하는 기업의 가맹점주들 20여 명이 몰려와 현수막을 펼치고 시위를 벌이고 있었다. 사옥 건물이 쇼핑몰과 인접해 있어 평상시에도 인파가 붐비는 곳이니, 그들에게 여론전을 펼치며 회사에도 경고의 메시지를 날리려고 시작한 시위인 듯했다. 휴일을 맞아 부모님의 손을 잡고 쇼핑몰로 나들이를 나온 아이들이 신기한 표정으로 현수막의 글귀를 쳐다보거나 시위를 주도하는 사람의 이야기를 들으며 구경하고 있었다. 현수막에도, 피켓에도, 시위대의 입에서도 가장 많이 언급되는 것은 G회장의 이름이었다. 인기척이 느껴져서 바라보니 G회장 역시 물끄러미 창밖의 광경을 바라보고 있었다.

아마도 그때였던 것 같다. G회장이 책을 접기로 결정한 것은.

물론, 해당 건은 시위를 하는 이들로서는 억울한 부분도 있고, 알리고 싶은 부분도 있었겠지만, 가맹점주들의 이야기와 달리 법적으로는 G회장과 그의 기업이 아무런 문제가 없다는 판단까지 받아놓은 상태였다. 그럼에도 불구하고 G회장은 "아무리 우리 잘못이 없다고 판결 났다 하더라도, 이런 상황에서 내가 떡하니 나 잘났다고 책을 내놓으면, 상대방은 조롱당했다는 생각이 들지 않겠나? 아무리 우리가 경쟁을 할 때 이기려고 노력하고, 돈을 벌기 위해 장사를 하지만, 세상 그리 사는 것 아니다"라며 책을 접으라는 지시를 내렸다는 것이다. 거기에서 끝났으면 내가 이후로 G회장을 대필 여부와 상관없이 찾아뵙고 문안을 여쭙고 가르침을 구하는 스승으로 모시는 일은 없었을 것이다.

책을 접기로 했다는 연락을 받은 지 며칠이 지나 내 계좌로 꽤 거액의 돈이 들어왔다. 출판사가 입금한 돈이었다. 물어보니, G회장이 책을 접는 것은 자기 쪽 사정이고, 그로 인해 출판사가 손해를 보면 안 된다며 초반에 찍기로 한 부수만큼의 책값과 출판이 되었으면 출판사가 내게 지불했어야 할 잔금, 거기에 G회장 자신의 미안한 마음을 담은 약간의 사례를 더해 보내왔다고 한다. 또한, 조만간에 수고한 분들을 모시고 저녁식사를 사고 싶다는 메시지까지 함께 전해왔다고. 실제로 그달 말, G회장은 출판사 사람들과 나를 자신의 단골 중식당으로 불러 거하게 식사를 대접했다. 그 자리에서 몇 번이고 우리에게 고개 숙여 책을 내지 못하게 되었음을 사과하고, "다음에 좋은 기회가 되면 꼭 이 멤버 그대로 다시 한 번 멋진 책 만들어보자"며 술잔을 권했다. 그날의 그 모습에서 G회장의 진심을 느끼게 되었고, 이후 스승으로 모시고 때마다 찾아뵈었을 때 받게 되는 느낌 역시 그때와 다르지 않았다. 그렇게, 그때 책으로 펴내지 못한 G회장의 이야기 중 '돈', '자산'과 관련된 이야기를 잠시 전할까 한다.

어쩌다 보면 부자가 되는 세 가지 이유

G회장은 자신의 인생을 한 단어로 표현한다면 '어쩌다'라고 했다. 시골동네 자식 많은 집에서 부모님께서 딱히 원치 않았지만 '어쩌다' 태어나서, 공부를 그다지 잘하지 못했지만 '어쩌다' 보니 서울에 중상위권 대학에 들어와서, 딱히 꼭 이 회사를 가고 싶다는 생각 없이 조교가 챙겨주는 입사 원서를 여기저기 넣다 보니 마침 대한민국이 한창 경제발전이 이뤄지고 일손이 부족할 때라 '어쩌다' 국내 굴지의 대기업에 들어가서, '어쩌다' 보니 임원까지 오르게 되었는

데, 별 잘못도 없이 '어쩌다' 짤리게 되어서, 먹고살기 위해 '어쩌다' 회사를 창업해서 운영하다 보니, '어쩌다' 지금의 자리에까지 오게 되었다는 것이었다.

그러나, 그 '어쩌다 보니'에 그의 성공과 자산 축적의 비밀이 담겨 있었다.

'어쩌다 보니'는 그냥 보기에는 아무런 의지와 노력 없이 되는대로, 흘러가는 대로, 구르는 대로 따라가는 지극히 수동적이고 소극적인 단어로 느껴지지만, 조금만 더 깊이 생각해보면 '순리를 거스르지 않고', '나와 타인 모두를 불편하게 하지 않는' 것을 의미한다. 이른바 자연스러우면서도 순조로운 삶이 결국은 성공에 보다 가까운 삶이라는 것이었다. 그런 차원에서 "어떻게 자산가가 되었습니까?"라는 나의 질문에 G회장이 답한 "어쩌다 보니"라는 답변은 그로서는 당연한 답이자, 그가 할 수 있는 최상의 답이었으며, 그가 기업인으로, 또 자산가로 성공할 수 있었던 핵심적인 비결이 담긴 답이었다고 할 수 있겠다.

그러나 그것만으로는 부족했기에 그에게 한 번 더 어떻게 '어쩌다 보니' 자산가가 되었는지에 대해 물었다. 그는 크게 세 가지 측면에서 자신과 같은 삶이 자산가로 성공하는 데 유리한 이유에 대해 설명했다.

첫째, 돈벌이는 뒷심 싸움이다.

G회장은 한때 미군 부대와도 사업을 진행했었다고 한다. 그때 놀랐던 것이 그들의 보급 능력이었다고. 우리 같으면 군 고위장성조차도 쉽게 결정 내리기 힘든 규모의 구매 건을 실무를 담당하는 중령 정도 계급의 장교가 결정하는 것을 보면서 한 번 놀랐고, 그들이 전세계로부터 사들이는 물자의 규모와 종류의 다양성에 또 한 번 놀랐다고 한다. 실제로 미군은 막강한 전투력으로 유명하지만, 그들의 강한 전투력을 만들어낸 힘은 '천조국'이라는 별명이 붙여졌을 정도로 어마어마한 규모를 자랑하는 그들의 군수, 보급 능력에서 기인한다.

G회장은 재테크, 돈벌이 역시 마찬가지라고 했다. 경쟁자와의 돈벌이 전쟁에서 승리하기 위해서는 필요할 때마다 적절한 보급이 중요한데, 그러한 보급선을 새로 깔려면 엄청난 시간과 노력이 든다. 그러나 자신이 살아온 배경, 하던 일을 기반으로 시작할 경우, 그런 부분에 들어가는 수고가 확실히 줄어든다.

둘째, 돈벌이는 세력 싸움이다.

평상시에 있는 돈을 지킬 때도 세력이 중요하지만, 적극적인 투자가 필요하거나 어려움을 겪을 때 그를 극복하고 이겨내기 위해서는 주위에서 지지하고 지원해줄 아군의 숫자가 많을수록 좋다. 소소하게는 소주 한잔 나누며 시장 돌아가는 이야기를 나눌 동료부터 시작서 혜안을 제공하고 진심 어린 격려를 해줄 스승이나 업계 구루에 이르기까지, 그러한 세력을 누가 많이 확보하고 있느냐가 돈벌이의 성패를 좌우하는 경우가 많다. 나만큼 혹은 나 이상으로 나에 대해 많이, 잘 알고 스스럼없이 조언을 해줄 수 있는 지인이 늘 곁에 있어야 한다.

돈벌이에 필요한 다른 요소는 개인의 노력 여하에 따라 부족한 부분을 어렵지 않게 메꿀 수도 있고, 뒤처진 부분은 쉽게 따라잡을 수도 있지만, 세력, 즉 사람과 관련된 부분은 그렇지가 않다. 내가 더 열심히 한다고만 해서 되는 것이 아니다. 그럴 때 평상시 해왔던 업무, 살아온 환경에서 사귄 이들이 큰 힘이 되어주는 경우가 많다.

셋째, 돈벌이는 심리 싸움이다.

G회장은 유독 몇 차례나 '배수진(背水陣)' 이야기를 했다. 강물이나 바다 등을 뒤로 두고 적과 마주하는 배수진은 위인전에 나오는 장수들에게나 적합한 전략이지 현대를 살아가는 우리에게는 맞지 않는 전략임을 강조하면서였다. 무리수를 쓰지 않고, 현명한 의사결정을 할 수 있으려면 위기가 발생했을 경우에 되돌아갈 수 있는 기반이 있어야 한다. 등 뒤로 건널 수 없는 강을 두고 비장하게 돈벌이에 나선 이들 치고 실패하지 않은 이가 드물다고. 때문에 G회장 자신이 유심히 살펴보니, 후배 스타트업 사업가들 중 성공 확률이 가장

높은 친구들은 배우자가 공무원이나 교사 등 안정적인 직장을 갖고 있는 맞벌이 부부였다고 한다.

돈벌이에 나설 때, 이처럼 중요한 '심리적 안정감'을 확보하기 위해서는 역시 가장 좋은 것이 자신이 기존에 해오던 일, 살아온 환경, 함께해온 사람들로부터 시작하는 것이라고 말하며 G회장은 자산의 형성과 확보, 유지에 대한 자신의 생각을 마무리 지었다.

물론, '새 술은 새 부대에'라는 말도 있고, '부자가 되려면 기존의 가난했던 시절의 모든 것을 버려라'는 격언도 오랜 세월 수많은 사람들에게 좋은 영감을 불어넣어주었다. 반면, 다른 차원에서 G회장의 '어쩌다'라는 단어에 담긴, '순리를 따르고', '기존에 해오던 것들을 발전 계승하여', '그 터전을 기반으로 조금 더 나은 것들을 추구'해온 모습도 충분히 우리에게 의미 있는 메시지를 주지 않을까 싶다.

"자산가가 될 수 있었던 남다른 비결을
딱 한 마디로 요약해주신다면…"

"부자는 탄탄한 보급을 확보하고, 든든한 세력을 확보한 뒤 안정적인 심리 싸움을 벌이는 사람만이 될 수 있습니다. 처음 가보는 곳에서 처음 만난 사람과 처음 해보는 일을 해서는 부자가 될 가능성은 거의 없다는 것을 명심해주세요."

저자 주   G회장의 경우 현재 활발하게 기업의 경영에 참여하고 있는 인물로, 본 책의 내용 등을 통해 신분이 노출될 경우 불필요한 오해를 살 수도 있다는 간곡한 요청에 따라 영문 이니셜을 변경하거나 주요 에피소드 등을 다소 크게 각색할 수밖에 없었음을 알려드립니다.

직장인으로 할 수 있는 최선을 다해
자산가가 된 J팀장

회사, 그만두지 마세요.
자산이 쌓일수록,
회사 다닐 재미도 생겨납니다

팀장님의 현재 자산은 얼마입니까?

"저 같은 사람한테는 '자산이 얼마냐'고 물으실 게 아니라, 그 냥 '가진 게 얼마냐'라고 물으셔야죠. 제가 가진 게 자산 축에 나 드나요? 살고 있는 아파트랑 사서 전세 준 아파트 정도 있 고, 주식 조금이랑 펀드 든 거, 그리고 예금 조금 있는 거 정도 죠 뭐."

저자 주_____ J팀장은 40대가 되려면 아직도 1년 하고 몇 달이 더 남은 30 대의 젊은 자산가로, 보유하고 있는 자산 규모로만 치면 이 책에 등장하는 수 많은 자산가들과는 비교할 수 없을 정도로 소액을 보유하고 있다. 내 주위에 서 잘 찾아보면(실제로 이 책에도 몇 명 등장한다) 30대 중에도 J팀장의 자산 의 몇 배 혹은 몇십 배를 보유한 대형 자산가들을 꽤 발견할 수 있지만, J팀장 은 우리 주위에서 흔하게 볼 수 있는 직장인으로, 직장생활을 하면서도 개인 의 노력 여하에 따라 얼마든지 부를 축적하고, 본인만의 자산 증식 매커니즘 을 구축할 수 있음을 보여주는 좋은 현실적인 사례가 되어주기에, 안정형 자 산가 중 한 사람으로 소개하였다.

현재 살고 있는 아파트와 (J팀장은 전세라고 이야기했으나, 외국인 대상 렌트

(월세)를 놓고 있는 아파트를 합쳐 부동산이 약 45억 원에 16억 원 상당의 주식과 7억 원 상당의 펀드, 그리고 1억 4천만 원 상당의 예금을 보유하고 있다.

처음 시작할 때 수중에 얼마가 있었습니까?

"저 같은 경우는, 대학 졸업하고 회사에 입사할 때부터 경제적으로 빨리 기반을 잡고 싶었기에 치밀하게 계획을 세워서 차근차근 접근했어요. 당시는 총각이라 대학 다닐 때 살았던 학교 앞 원룸에 그대로 살고 있었는데, 보증금 5백에 월세 50이었어요. 그 보증금 5백만 원이 저의 첫 자산이 되겠네요. 첫 월급을 받으면서 본격적인 재테크가 시작이 되었는데, 월급 액수는 잘 기억이 안 나고, 첫해 작성한 계약서상 연봉 금액이 2천 810만 원이었던 건 기억이 나요. 물론 실수령액은 그보다 형편없이 더 적었지만요."

어떻게 자산가가 될 수 있었습니까?

어느 작가 지망생의 눈물

작가가 '자신이 쓰고 싶은 이야기'를 '스스로의 힘으로 써서' 출판사를 통해 '책으로 만들어낸다'가 일반적인 출판시장의 메인스트림이라고 한다면, 책을 낼 만한(이야기가 있거나, 돈이 있거나, 화제성이 있는) 인물이 나 같은 고스트라이터를 고용하여 책을 내는 것은 서브스트림쯤 될 것 같다. 그러나 일반인들은 잘 모르는 또 다른 시장이 있다. 그것은 바로 몇몇 작가(?)들의 글짓기 수업을 듣고 출판을 하는 방법이다. 최근 몇 년 들어 급격히 활발해진 방법인데, 스스로를 '천재'라고 홍보하며 다작을 하는 것으로 유명한 K작가, 모 대기업 출신이라 홍보하며 독서를 주제로 많은 책을 남긴 또 다른 K작가, 앞의 두 작가보다 좀 더 젊은 층을 타겟으로 한 L작가 등이 그런 수업을 이끄는 대표적인 인물들이다. 물론, 이 방법은 자기 이름으로 자신의 이야기를 담은 책 한 권을 내고 싶은 이들에게 도움이 되기도 한다. 일반인들은 아무리 매력적인 아이템을 갖고 있고 출중한 글솜씨를 지니고 있어도 그것을 어떻게 책으로 만들어낼지, 출판사와는 어떤 식으로 연락을 해서 어떻게 일을 진척시켜야 할지 잘 모르거나 쉽게 엄두를 내지 못하는 경우가 대부분이므로, 그런 이들에게 앞서 이야기한 작가들의 글짓기 수업, 출판 컨설팅은 도움이 될 수도 있다.

그러나 상당수의 경우, 책 쓰기 수업이 날림으로 이뤄지거나 "자료집을 구입해야 한다", "목차 설계 컨설팅을 받아야 한다", "출판사 편집자나 편집 주간들의 개인 연락처 리스트를 구입하라"면서 목돈을 요구하거나, 심지어 기획부터 대필, 출판사 섭외, 출간, 홍보까지 엮은 패키지 상품을 제안하면서 거액의 컨설팅비를 요구하는 브로커 노릇까지 하는 등 안 좋은 쪽으로 변질되어버린 것이 현실이다. J팀장 역시 그런 글짓기 수업 중 한 곳에 수강 신청을 했다가 쓰라린 손해를 입은 상태였다.

내가 고스트라이터로 활동하는 것을 알고 있는 몇 안 되는 지인 중 한 사람이 어느 날 내게 자기 사촌 동생을 좀 만나봐달라고 했다. L그룹 계열사 직원으로 대리 때부터 이미 핵심 인재로 선정되었고, 소속된 사업본부에서 최연소로 팀장으로 선임이 되는 등 아주 능력 있는 친구라고 했다. 이 친구가 여러모로 관심이 많아서 얼마 전부터는 책을 쓰고 싶다며 책 쓰기 수업을 신청했는데… 이야기를 그 정도까지 듣자 문득, 불길한 예감이 엄습했다. '혹시…' 역시나 그랬다. 그 역시 3백만 원이라는 거금을 주고 모 작가의 책 쓰기 수업을 신청

했는데, 몇 차례 수업을 들어도 "누구나 책을 쓸 수 있다", "책을 쓰면 좋은 점" 등과 같은 원론적인 이야기만 반복하고 남은 시간에는 작가 본인에 대한 자랑만 늘어놓는 등 아무런 진척이 없었다고. 거기다 책을 쓰기 위해 반드시 필요할 거라면서 자료집을 구입하도록 했는데, 책 한 권의 가격이 2백만 원이었다. 그 같은 일들에 대해 불만을 이야기하니, "그럼 빨리 책을 내게 해주겠다"며 3백만 원의 추가 컨설팅 비용을 요청했다고 한다. 결국 참다못해 수업료를 환불해달라고 하자, 이미 수강한 수업과 제공한 자료(라고 해봐야 A4지 몇 장 분량의 목차 예시와 자기계발 서적 관련 자료가 많은 웹사이트 주소 20여 개) 비용을 제하면 몇십만 원밖에 환불이 안 된다고 하더니, 뭐라 하지도 않았는데 곧바로 "이건 신고를 하건, 법적 소송을 해봐야 100% 내가 이긴다"라며 이런 일들이 무척이나 비일비재하다는 듯이 태연하게 이야기하더란다.

그 일로, 한창 자신감 넘치고 열정으로 뜨겁던 친구가 기가 완전히 죽어버렸다면서 나에게 만나서 격려도 해주고 책 쓰는 방법 등에 대해 조언도 좀 해주면 안 되겠냐는 것이었다. 평상시 그러한 형태의 책 쓰기 수업에 대해 다소간의 문제의식도 지니고 있었고, 직장생활을 하며 다른 분야의 일에 도전적으로 뛰어드는 친구들에 대해 묘한 동지의식을 갖고도 있었기에 흔쾌히 만나보겠다고 했다.

그렇게 만난 것이 J팀장이었다.

지인이 하도 괜찮은 친구라고 칭찬을 해놔서 그런지 처음 만난 J팀장은 내 기대보다도 훨씬 더 괜찮은 친구였다. (만난 첫날 한우 안 창살 4인분에 소주 맥주 각 두 병까지 도합 22만 3천 원을 계산했다 고 이러는 것은 아니다.) 자기 주관도 뚜렷하고 삶에 대한 소신도 확 고하면서도, 그런 사람에게서 흔하게 볼 수 있는 고집스러운 면이나 무례한 모습은 전혀 볼 수가 없었다. 단, 책을 쓰는 작업에 대한 이야 기가 나왔을 때는 예외였다. 그간 겪었던 마음고생이 심했던 듯했다.

눈물까지 글썽이며 그간 겪은 수모와 피해에 대해서 이야기하는 데 듣는 내가 더 부아가 치밀어 오를 지경이었다.

"J팀장, 아니 아우님. 걱정하지 마! 내가 도와줄게! 책 내자, 까 짓 거!"

결국, 소고기와 소주 접대, 거기에 입가심용 맥주까지 이어진 극 진한 접대를 받고, 그의 이름을 단 첫 책이 나오기까지 근 16개월간 나는 그의 주말 글짓기 선생이 되어주었다. 그런데 글짓기 수업을 진 행하면 할수록 J팀장의 진면목을 알게 되었다. 그는 직장생활을 잘 하고, 학습이나 집필 등 자기개발에 열심히인 것뿐만이 아니라, 재테 크 측면에서도 꼼꼼하고 성실하면서도 큰 무리 없는 노력을 기울여서 같은 또래들에 비해 큰 규모의 자산을 보유하고 있었다. 물론, 상속을 받은 이들이나 스타트업 등을 창업하여 대박을 낸 젊은 자산가들의 자산에는 비할 바가 못 되었지만, 물려받은 재산 없이, 학업을 마치고 회사생활을 하면서 스스로의 힘만으로 자산을 일군 이들 중에는 발군이었다. J팀장 본인의 입으로 정확히 이야기하지 않아서 평상시 대화 중에 들은 내용을 토대로 추산을 해야 했지만, 대충 확실한 것만 더해봐도 70억 원은 훌쩍 넘는 수준이었다.

특히, 그의 자산 축적이 대단한 것은, 고등학교를 졸업한 이후 단 한 번도 부모님께 손을 벌리지 않고 오로지 본인의 힘으로 대학 공부를 마치고 취직해서, 결혼하고 기반을 잡은 뒤, 스스로 자산을 축적해서 현재에 이르렀다는 점이다. 고등학교 3학년 때 출전한 〈MBC 장학퀴즈〉에서 월 장원을 차지하며 대학 입학금을 댔고, 이후로는 과외와 배달 아르바이트 등을 통해 4년간의 등록금과 용돈을 벌었다고 한다. 자취방 보증금 5백만 원은 어렸을 때부터 저금한 새마을금고 적금을 깨서 냈고, 이 돈은 이후 아주 유용한 종잣돈이 되어주었다고 한다.

첫 직장은 백화점이었는데, 이 백화점은 본점 옆에 미혼 직원들을 위한 사택을 운영하고 있었다. 한 달에 관리비 6만 원만 내면 되는 장점이 있었지만, 퇴근 이후에도 회사 선배들과 함께 생활해야 하는 부담이 있었고, 사생활 보호에 취약하다는 단점이 있어 J팀장의 동기들 대부분은 이용을 꺼려했다. 그러나 J팀장은 달리 생각했다. 어차피 신입 시절에는 퇴근 후 회사 일을 잊고 살겠다고 해봐야 맘대로 되지 않을 것이 뻔했다. 지금이야 택도 없는 일이지만, 당시만 하더라도 직급순으로 퇴근을 했고, 하루가 멀다 하고 공식, 비공식적인 회식이 있었다. 퇴근을 하고서도 급한 일이 발생하면 긴급 소집되었고, 그러면 즉시 사무실로 다시 나와야 했다. 여기까지 생각이 미치자 그는 곧바로 자취방에서 짐을 빼서 사택으로 거처를 옮겼다. 그리고, 그때 되찾은 보증금 5백만 원은 그의 귀한 '시드머니'가 되어주었다.

사택 생활은 예상대로 녹록치 않았다.

막내 신입사원이었던 J팀장부터 시작해서 대리, 과장 선배들이 수두룩했고, 심지어 지방에서 단신 부임한 고참 부장님도 한 분이 계셨다. 공용공간 청소와 쓰레기 배출 등은 J팀장의 전담이 되었고, 출퇴근 시 신발 정리도 그의 몫이었다. 반면, 좋은 점도 많았다. 매일 밤마다 야식을 시켜 먹고, 주말에는 배달 음식으로 세끼를 때웠는데, 막내라고 J팀장은 회비 갹출에서 면제가 되었다. 세제와 세면도구는 생활용품 파트의 선배가 가져온 업체의 '1+1 사은품'을 쌓아놓고 사용했고, 남성복 매장 선배가 애처럼 보여서 싫다며 입으라고 던져준

옷만으로도 사시사철을 충분히 날 수 있었다. 사택에 산 기간 동안 생활비로 나간 돈이 거의 '0'에 가까웠을 정도였다.

게다가, 사택은 회사 정보 공유의 장이었다. 온갖 부서 사람들이 다 모여 있으니 회사와 관련한 다양한 정보가 쉴 새 없이 오갔다. 누군가 농담으로 "제2의 경영진 회의가 매일 밤 여기서 열린다"고 했는데, 과언이 아니었다. 그 얘기들만 잘 수집해서 활용해도 "신입사원답지 않게 업무를 보는 시야 폭이 넓다"라는 칭찬을 받을 수 있었다. 뿐만 아니라 회사 외적인 정보, 특히 업계 동향과 투자 관련 정보들도 다양하게 들을 수 있었다. '주식투자'의 '주'자도 모르던 J팀장이 차트를 볼 수 있게 되고 전략적인 투자 기법을 활용할 수 있게 된 것도 다 그때의 사택 생활 덕분이었다.

5백만 원의 종잣돈과 달마다 지급받는 월급에서 거의 '0'에 수렴하는 생활비를 뺀 나머지 돈으로 그의 재테크 활동이 시작되었다.

잘 노는 애들이 공부도 잘하고, 일도 잘하고, 돈도 잘 버는 이유

이 책을 쓸 생각을 하면서 한 가지 든 걱정은, 책을 읽는 독자들이 '결국, 몇 안 되는 돈 많은 부자들의 특별한 스토리로군'이라며 이 책의 전반적인 내용을 지레짐작하지 않을까 하는 생각이었다. 솔직한 얘기지만, 실제로 그런 부분이 없지는 않다. 이 책에 등장하는 이들은 일반인들이 평생 꿈도 꾸지 못할 액수의 돈을 매달 벌거나 써버리거나 투자하는 조금은 '특별한 이들'이 상당수이다. 때문에 책의 내용을 통해 그렇지 않은 이들도 있음을 보여주는 것이 중요했다. 우리가 바라만 볼 뿐 따라 하기는 쉽지 않는 대단한 부자도 있지만, 우리와 똑같은 혹은 우리보다 더 못한 출발선상에서 시작한 평범한 이들 중에도 자산가들이 있음을 보여주기 위해, 지금 현재 우리와 같은 것을 먹고, 같은 일을 하고, 같은 사람들을 만나면서도 남다른 노력을 통해 훌륭한 자산을 이룬 그런 주인공을 찾기 위해 많은 노력을 기울였다.

그 적임자 중 한 사람이 J팀장이었다. 그의 이름으로 책을 내면서 주말 글쓰기 수업이 끝난 지 근 반년 만에 그를 다시 만나게 되었다. 이번에는 J팀장이 선생님이 되고 내가 제자가 되어 진행하는 재테크 수업이었다. 수업 커리큘럼은 간단했다. 다른 이들과 마찬가지로 '단 세 가지 질문'을 던졌다. 처음 두 질문에 대한 답은 크게 특별한 것이 없었다. 그런데, 마지막 세 번째 질문(어떻게 자산가가 될 수 있었습니까?)에 대한 J팀장의 답은 뜻밖에 였다.

"일 잘하는 애들은 공통된 특성이 있어요. 근데, 그 특성이 돈 잘 벌고, 잘 모으는 데 딱인 거에요."

J팀장은 돈을 벌고, 자산을 축적한 방법에 대해 이야기해달라는 내 요청에 엉뚱하게 '일 잘하는 법'을 이야기하고 있었다. 그러나 점차 그의 이야기를 들을수록 끌리는 데가 있었다. 돈을 벌고, 모으는 방법에 대한 그의 대답은 다른 분야에 대한 그의 이야기와 마찬가지로 이치에 딱딱 깔끔하게 맞아떨어졌다.

　　"우리가 착각하지 말아야 할 것이, 일 못하는 애들이 절대로 게으르거나 멍청하지 않아요. 오히려 부지런하고 똘똘해 보이기까지 하죠. 그런데, 일 잘하는 애들과 차이가 뭐냐 하면 '일의 순서'예요. 일 못하는 애들은 그 순서를 몰라요. 알아도 못 지키고."

　　그는 사무실에서 업무를 할 때의 모습으로 예를 들었다. 일을 잘하는 친구들이나 비교적 잘 못한다는 평가를 받는 친구들이나 하는 일들은 비슷비슷하다고. 다만, 일을 하는 방식, 특히 '순서 정하기'에 있어서는 큰 차이가 있다고 했다. 일을 못하는 직원들은 뭔가 일을 펼쳐놓고 허둥지둥 대는 느낌이 큰 반면, 일을 잘하는 직원들은 자신만의 기준에 따라 일의 경중, 진행되는 절차, 인력이 개입돼야 하는 정도 등을 순식간에 판단하여 일해야 하는 순서를 정한다고 했다.
　　복사기에 출력물 인쇄를 걸어놓고, 자동으로 일(출력)이 되는 동안 다른 동료에게 추가적인 업무를 부탁하고, 그 일이 누군가에 의해 준비되는 동안 자신은 몇 가지 작업을 처리한 뒤, 그런 업무들을 종합하여 굳이 회의나 정해진 보고 시간이 아니라 자투리 시간을 이용해 한 방에 팀장에게 보고하고, 의사결정 해달라고 요청한 뒤 다시 그만큼 번 시간을 활용해 체크해야 할 사항들을 점검하는 식으로… 물론, 직장인인 이상 모든 것을 자신의 프로세스대로 할 수도 없었고, 일들이 매번 계획된 스케줄대로 정확하게 돌아가는 것도 아니었지만, 그래도 최대한 동시다발적이면서도 자연스럽게 돌아가는 일과 본인의 힘으로 밀어부쳐야 하는 일들을 조합하여 짧은 시간 동안에 많은 일이 진행되도록 하는 것이 일 잘하는 직원들의 일하는 방식이었다.

J팀장이 돈을 모으는 과정에서 만난, 돈을 잘 벌고, 잘 모으고, 잘 불리는, 부자나 자산가들이 돈을 대하는 태도 역시 그와 무척이나 비슷했다고 한다. 한시도 돈을 가만히 놔두는 법이 없었다고. 투자의 타이밍과 손익의 발생 시점을 두고 끊임없이 고민하고 그들 사이의 간극을 살펴 항상 돈이 수익을 향해 움직이도록 하고 있었다. 자산을 배분하되, 단순히 안전을 위해 계란을 나눠 담는 목적이 아니라 자신의 투자 패턴과 가용 시간 등을 분석해서 일정 자산은 매순간 끊임없이 확인하고 투자 의사결정을 내릴 수 있는 곳에 넣어두고, 일

정 자산은 앞서의 투자처보다 수익은 크지 않지만 저절로 일정 수익 이상을 낼 수 있는 곳에 넣어두고, 또 다른 자산은 아예 기한을 정해 두고 해당 시점에만 확인하면 되는 곳에 넣어두되 (일반인들과 조금 다른 것은) 자신의 투자 성과를 수시로 점검해 자산의 배분 규모와 운영 방식 등을 기민하게 변경하는 모습이었다. 마치 일 잘하는 직원들이 수시로 자신의 업무 패턴을 살펴서 프로세스나 스케줄을 개선하는 것과 똑같았다.

> "제가 만나보니까요, 부자들은 돈을 관리하는 것이 아니라 '돈을 벌', '돈을 굴릴', '돈이 돌아가는' 시간을 잘 관리하는 사람들이었어요."

일 잘하는 것으로 유명했던 J팀장 역시 자신의 일하는 방식과 크게 다르지 않은 방식으로 자산을 관리하고 축적할 수 있었다고 했다. 때문에 내게 건네준 마지막 충고는 "자산이 웬만큼 쌓였다고 절대로 회사를 등한시하거나 그만둘 생각을 하지 말라"였다.

> "일머리와 재테크머리가 절대로 다르지 않아요. 결국은 일 잘하는 사람이 돈도 잘 모으고 잘 불릴 수 있어요. 확실해요. 그런데 왜 회사를 그만둬요. 같은 방식으로 둘 다 잘할 수 있는데!"

마지막 질문

"자산가가 될 수 있었던 남다른 비결을
딱 한 마디로 요약해주신다면…"

"공부머리, 일하는 머리, 돈 버는 머리, 잘 노는 머리가 따로
있다는 생각만큼 위험한 생각은 없습니다. 어느 하나를 잘
하는 사람의 생각과 방식은 영역을 달리 해서도 그대로 발
휘됩니다. 다만, 이전의 영역에서 잘했던 생각과 방식을 고
집하지만 않는다면…. 때문에, 현재 하고 있는 일을 중심으
로 짜는 것이 최선의 재테크 전략이고, 현재 하고 있는 일에
서 시작하는 것이 최고의 종잣돈(Seed Money)입니다."

인도의 유대인으로부터 깨달은 삶을 실천해
부자가 된 L대표

하던 것만 잘해도
한 나라조차 살 수 있다

대표님의 현재 자산은 얼마입니까?

"제 일이 일이다 보니 재산이 한국과 인도에 분산이 되어 있어요. 한국 재산이야 눈에 빤히 보이지만, 인도 쪽 재산은 변동이 많이 심해서… 한국에 있는 것만 기준으로 말할게요. 회사 지분을 많이 넘겼는데도 아직 50% 넘게 제가 가지고 있네요. 올해 내에 30% 수준으로 줄이고, 회사 일에서도 좀 손을 많이 떼는 게 저의 목표입니다.

개인적으로 가진 재산은 한국에 사는 집과 회사 건물, 그리고 창고 몇 개가 있어요. 주식은 전문적으로 하는 건 아닌데, 가치주나 우량주 중심으로 장기간 보유하면서 저평가 성장주 중에서 제가 하고 있는 사업과 연관이 있거나 기존에 제가 다니던 회사와 관련이 있어서 정보 수집이 용이한 것들 중심으로 꾸준히 살핀 뒤 들어갈 만한 가치가 있다는 판단이 들면 조금씩 모험을 거는 방식으로 투자를 하고 있어요. 나머지 채권, 펀드에 들어간 건 그냥 아는 은행 직원들 소개나 권유로 넣어놓은 거라서 크게 많지는 않고. 은행에 예·적금은 생활비나 비상금 용도로 조금씩 넣어놓은 거라서 자산이라 하기에는 좀 그렇고요."

저자 주 _____ 한국과 인도를 오가며, 인도, 파키스탄, 스리랑카 등을 대상으로 한 무역업을 하고 있는 L대표는 국내 굴지 가전업체의 인도법인 경영관리 업무를 총괄했던 인물답게 자산관리에 있어서도 철저하게 따지고 챙겨서 안정적으로 관리하는 형태를 선호했다. 자신이 모르는 지역의 부동산이나 자기가 잘 모르는 사업의 주식은 철저하게 배제하고, 잘 알고 있고 익숙한 것들 위주로 투자하고 자산을 축적해왔다.

여의도 본사에 근무할 때 출근이 편한 지역이라 생각해서 대출을 많이 끼고 구입했던 반포의 아파트가 재개발되면서 큰 수익을 거뒀고, 사업을 시작하면서 재고와 물류관리를 위해 구매했던 물류 창고를 통해서도 큰 이익을 보았다. 주식과 채권도 상당액 보유하고 있으나, 도전적으로 운영하기보다는 철저하게 기존에 해오던 일, 자신이 하고 있는 사업, 오랫동안 거주하며 일해왔던 서남아시아 지역과 관련된 분야 위주로 투자를 하고 있는데, 몇 차례 큰 이득을 보면서 전체적으로는 부동산과 동산을 합쳐 5백억 이상의 자산을 보유하고 있는 것으로 알려져 있다. 이 금액에는 인도에서 운영 중인 사업체의 지분은 더해지지 않은 금액이다.

두 번째 질문

처음 시작할 때 수중에 얼마가 있었습니까?

"주재원 생활을 오래 하다 보니까, 사실 이건 본사에는 비밀이지만, 제법 돈 모을 기회가 생기더라고요. 확실히 나와 있으니까 남자들은 돈 쓸 일이 줄어들잖아요. 한국에 있었으면 때마다 동창회다 향우회다 뭐다 해서 행사에 참가했어야 할 텐데, 인도에 나와 있으니 술 마실 건수도 별로 없고, 집안 대소사 챙길 일도 줄어들고. 반면에 회사에서는 해외 나가서 고생한다고 이것저것 수당이랑 정착 지원 비용도 챙겨주고 하니까 아무래도 푼돈이지만 추가로 모을 수 있는 돈이 생기더라고요. 그런 것들 모아둔 게 합치니까 한 4천만 원쯤 되었는데, 그게 초기 자본이었지요.

하지만, 무엇보다 큰 힘이 되어준 것은, 인도 주재원 처음 나갈 때 팔지 않고 그대로 둔 아파트였습니다. 대출을 많이 끼고 산 거라 많은 주위 분들이 '팔아서 대출 갚고 나가라'고 그러셨는데, 제 큰이모님만 그러지 말고 세놓고 일단 그냥 나가보라고 권해주시더라고요. 이재(理財)에 밝은 분이셔서 그분 말씀을 따랐는데, 주재원 생활 마치고 돌아오니 그 아파트가 정확히 두 배가 되었더라고요. 대출금이랑 그간 나갔던 이자 모두 제하고도 꽤 남는 장사를 한 셈이 되었지요."

어떻게 자산가가 될 수 있었습니까?

한편의 인도 영화처럼 믿기지 않는 인연

L대표와 처음 만난 것은 한국이 아닌 인도에서였다. 무려 24년여 전, 중부 마디아프라데시주에 있는 인도르(Indore)라는 도시 외곽의 작은 관광지에서였는데, 당시 나는 큰 낭패에 처해 있었다. 주말이 되기 전 은행에 가서 여행자 수표를 인도 루피화로 환전해놓는다는 것을 깜빡 잊어버렸던 것이다. (늘, 그 성격 때문에 곤경에 처하곤 하면서도) '어떻게 되겠지' 하는 생각에 갖고 있던 루피화를 탈탈 털어 차비를 내고, 입장료를 구입해 관광까지는 마쳤는데, 숙소를 예약해둔 나그푸르(Nagpur)로 되돌아갈 차표를 살 돈이 없었다.

문제가 이 정도였다면 '낭패'라고까지는 하지 않았을 것이다. 인도에는 열차표 살 돈보다 더 적은 돈으로 구할 수 있는 값싼 숙소가 널렸고, 5에서 10루피만 줘도 한 끼를 거뜬히 때울 수 있었다. 어차피 남는 게 시간인 배낭 여행객이니 잔돈을 끌어모아 주말을 인도르에서 보내고 월요일 아침에 은행 문을 열면 여행자 수표를 환전해서 나그푸르로 이동하면 될 일이었다.

그런데 문제는 공교롭게도 이다음 주부터가 힌두교 최대 명절 중 하나인 마카르 산크라티 축제라는 것이었다. 당연히 은행은 축제 연휴 기간 동안 문을 닫을 예정이었고, 목요일이나 되어서야 열 것이라고 했다. 연휴를 맞아 (전 세계 국룰인지는 모르겠으나) 숙박 요금 등도 일제히 올라서 내 수중의 푼돈으로는 어림도 없었다. 혹시라도 여행자 수표를 취급할 만한 업소가 있을까 둘러보았지만, 돌아온 대답은 "여행자 수표가 뭐예요?"였다. 신용카드는 없었다. 그냥 혹시 모르니까 하나쯤 들고 왔으면 될 것을 '인도는 신용카드가 거의 통하지 않으며, 갖고 있으면 오히려 범죄의 타겟이 된다'는 근거도 출처도 알 수 없는 가이드북의 문구 하나에 꽂혀서는 굳이 지갑에 꽂힌 신용카드를 빼서 집 서랍에 두고 온 나의 쓸데없는 조심성이 몸서리처지도록 후회가 되었다.

그때 관광지에서 인도르 도심으로 터덜터덜 걸어오는 길에 만난 것이 바로 L대표였다.

그는 우리나라 L전자의 로고 스티커가 붙은 국산 H사 승용차를 타고 있었다. 정차에 대한 한치의 고민도 없이 질주하는 승용차와 오토릭샤, 스쿠터가 울려대는 경적 소음만이 난무하는 횡단보도에 서서 길을 건너지 못하고 눈치를 살피고 있는데, 유일하게 '신호에 맞춰 멈춰 설 수도 있겠구나' 하는 기대감을 주는 차가 바로 그 차였다. 나중에 알고 보니 운전을 하던 L대표의 부하직원 역시 이쪽 동네에서 만나기 어려운 한국인의 모습을 한 관광객을 마주쳐서 신기해하느라 잠시 속도를 늦췄다고. 정말 우연도 이런 우연이 없었다. 누가 이런 얘기를 나에게 했다면 나 역시 '소설 쓰시네'라며 믿지 않았을 법한 이야기였다. 그런데 사실이었다. 그 차에 탄 이들이 한국인일 거라고 확신한 나는 얼른 차를 막아 세우고 속사포처럼 내 소개와 질문을 쏟아냈다.

"안녕하세요? 한국 분이시죠? 저도 한국인 배낭 여행객인데 루피화 환전을 못 해서요. 은행은 축제 기간이 끝나야 문을 연다고 하고… 혹시 루피화 갖고 계신 것 있으면 여행자 수표와 좀 바꿔주실 수 있으실까요?"

그러나, 결론적으로 말하자면 그 환전 시도는 성사되지 못했다. 내가 가진 여행자 수표는 1백 달러짜리 고액권밖에 없었는데, 이 당시 그들이 가진 루피화는 채 75달러어치도 못 미쳤기 때문이다. 다급했던 나는 "괜찮습니다"를 연발하며 환전 수수료인 셈 손해를 보더라도 생계를 위해 루피화를 확보하고 싶었지만, 그들은 양심상 그럴 수 없다고 했다. 그렇게 한참을 실랑이를 하다 나온 합의점이 같이 차를 타고 ATM기가 있을 만한 은행을 함께 찾아보는 것이었다. 의외로 인도르 시내에는 ATM기가 잘 눈에 띄지 않았다. 한참을 돌아다닌 끝에 기기를 찾아서 출금을 해 무사히 환전을 할 수 있었다. 그사이에 시간이 되어서 탄두리 치킨과 새우, 세 가지 종류의 커리를 곁들인 저녁식사까지 함께했다. 배낭 여행객 처지에서는 오랜만에 제대로 먹어보는 거한 저녁식사였다. 그렇게 환전을 마치고 감사의 인사와 함께 연락처를 주고받은 뒤 헤어졌다. 신기하긴 하지만, 몇 달간 배낭 여행을 하다 보면 간혹 있기도 하는 일이었다. 그러나 L대 표와는 인연이 되려고 했는지 그 이후로도 여러 번 우연하게 마주치거나 연락이 이어졌다.

배낭 여행을 마치고 한국으로 귀국해서 L대표가 헤어질 때 건네준 명함의 주소로 감사의 마음을 담은 편지를 보낸 것이 시작이었다. 그 역시 휴가나 회의 참석차 한국에 들어올 때마다 내게 연락해 밥이나 술을 사줬으며, 처음에는 엽서로 이후로는 이메일로 서로의 안부를 묻고 근황을 나눴다. 그런 관계는 L대표가 다니던 직장을 그만두고 자신의 회사를 세우고 난 이후에도 계속되었다.

인도의 유대인들을 만나다

그러는 사이, 내게 글 쓰는 재주가 있고 출판사에 인맥이 굉장히 풍부하다는 사실을 L대표가 알게 되었고, 그는 가능하다면 내 도움을 받아 자신이 경험한 인도시장에 대한 책을 한번 써보고 싶다고 했다. 그동안 기회가 되면 책을 한 권 써야겠다 생각하고 자료를 모으고 원고 작업도 부분적으로 해두었는데 책 한 권으로 엮을 시간이 부족했다고. 마침 인도의 코로나 상황이 심각해지면서 한국에 들어와 장기간 체류하고 있는 상태라서 시간 나는 김에 원고를 마무리해보고 싶다고 했다. 나 역시 그간 그가 L전자 주재원 생활을 그만두고 한국으로 귀국하는 대신 현지에 업체를 설립해서 한국과 인도 간 무역과 관련한 일을 하며 큰 자산가가 되었다는 소식을 들어 알고 있었다. 그렇다면 '원고 쓰는 작업을 도와주는 대신 내가 묻는 세 가지 질문에 대한 진솔한 답을 해주는 조건'으로 서로 윈윈이 되는 협업을 진행하기로 하였다. 우리의 협업은 격주에 한 번씩 진행되었다.

나는 최선을 다해 성심성의껏 L대표의 집필을 도왔지만, 내가 바라는 소기의 목적은 이루지를 못했다. 세 가지 질문 중, 첫 번째와 두 번째 질문에 대한 답은 조금 허탈하게 끝났다.

인도에 있는 자산은 정확히 어느 정도 규모인지 알려주기가 어렵다 했고, 나 역시 파악하기가 쉽지 않았다. 한국에 보유한 자산은 클리어하게 답해주었지만, 이렇다 할 임팩트가 없었다. 자산의 축적 과정 역시 '그냥 하던 대로 하다 보니'와 '어쩌다 보니'의 반복이었다. L대표는 무역학과를 나와서 대기업 재경부서에서 잔뼈가 굵었던 사람이다. 그런 업무 지식과 경험을 토대로 착실하게 준비하고 철저하고 따지고 재서 사업을 시작했고, 큰 굴곡 없이 차근차근 성공의 길을 밟아온 사람이었다. 뭔가 '무일푼 맨손으로 시작해서', '목숨을 걸고', '게릴라 반군들과 싸워가며' 부를 쟁취해낸 드라마틱한 성공 체험을 바랬던 내게는 너무나 밋밋했다.

집필을 위한 세 번째 만남을 그의 집 근처 커피숍에서 가졌을 때의 일이다. L대표에게 "지난 두 번의 만남에서 들려준 답변이 너무 재미가 없었다"며 오늘은 좀 박진감 있고 흥미 넘치는 부자 스토리를 들려달라고 투정 아닌 투정을 부렸다. 그러자, 그가 갑자기 내게 '필라니(Pilani)'라는 인도 도시를 가본 적이 있냐고 물었다. 몇 달간 인도 배낭 여행을 하며 크고 작은 도시들을 꽤나 돌아다녔지만, '필라니'라는 도시는 처음 듣는 이름이었다. 그러자, 그는 그 도시에서 지금의 자신이 시작되었다며 15년 전 그 도시를 방문했을 때의 이야기를 들려주었다.

"작가님은 '인도의 유대인'이라고 불리는 사람들을 들어봤습니까? 내가 그 인도의 유대인들을 만나러 필라니라는 도시까지 찾아가게 되었지."

'인도의 유대인'들을 찾아 필라니라는 도시를 방문했다고 말하는 그 무렵, L대표는 직장생활 최대의 고비를 맞이하고 있었다. 같은 직무의 동기와 후배들이 연이어 임원으로 선임이 되었는데, 그만 유독 그 직급, 그 직책을 몇 년째 똑같이 지키고 있었다. 게다가 조만간 한 국으로 귀임 발령이 나서 보직도 없는 평사원으로 후배인 팀장 밑에 서 일해야 할 수도 있다는 소문까지 들려왔다. 무언가 대책을 마련해 야만 했다. 이직이냐, 창업이냐 아니면 그냥 그대로 남느냐…. 몇 날 며칠 계속해서 고민하는 와중에 라자스탄(Rajasthan)의 주도 자이푸 르(Jaipur)에 있는 거래처를 만나기 위해 출장을 가야 할 일이 있었다. 평상시 같으면 편도 50분이 걸리는 비행기를 타고 아침에 갔다가 저 녁에 돌아오는 일정을 택했겠지만, 이때는 자동차를 몰고 1박 2일간 다녀오기로 했다. 그리고는 자이푸르로 향하는 길에서 북쪽으로 약 간 방향을 틀어 필라니와 사둘푸르(Sadulpur)로 향했다.

"흔히들 유대인을 세계 최고의 장사꾼으로 알고 있지만, 인도 에는 그보다 훨씬 더 수완이 좋은 장사꾼들이 있어요. 흔히 '마 르와리(Marwari)'라고 하는 사람들인데, 그 사람들의 본거지가 필라니와 사둘푸르예요."

인도 북서부 라자스탄 지역은 토지 대부분이 사막이라 농사를 짓 기 어려웠다. 때문에 예로부터 장사로 먹고살 수밖에 없었고, 대대 로 뛰어난 장사꾼들을 배출해왔다. 필라니에서는 인도 3위 재벌인

비를라(Birla) 그룹이 시작되었다. 대대로 면화 재배와 방직업을 영위해 왔던 비를라 가문은 1960년대 들어 금속, 시멘트 등의 영역으로 사업을 확장해 현재에 이르고 있다. 그 옆 사둘푸르에서는 세계 최대 철강기업인 아르셀로미탈(ArcelorMittal)의 창업자이자 회장인 락시미 미탈(Lakshmi N. Mittal)이 태어났다. 이외에도 인도는 물론이거니와 전 세계를 주름잡는 수많은 인도인 재벌들이 이 근방에서 나고 자랐다. 때문에 필라니와 사둘푸르를 아우르는 이 지역은 '인도 상인 정신의 고향'이자 '인도의 황금이 탄생한 곳'이라는 별칭으로 불리고 있었다.

"사실, 자이푸르까지 가는데 딱히 그 동네들을 들렀다가 갈 필요는 없었어요. 300km나 돌아서 가야 하는 길이었고, 가봐야 별다른 볼일도 없었으니까. 그런데도 굳이 그곳을 방문했던 것은… 글쎄, 마르와리 상인들의 자취와 흔적으로부터 무언가 용기와 지혜를 얻고 싶었던 것은 아닐까?"

그러나, 그런 생각과 달리 사둘푸르에서는 차에서 내리지도 않은 채 드라이브스루(Drive-through)로 통과했다. 마음에 여유가 없었다. 그러나 이어 도착한 필라니에서 L대표는 이후 자신의 인생을 뒤바꿔놓을 글귀 하나를 보게 되었다.

L대표가 필라니에 도착하니 어느덧 늦은 오후였다. 점심을 먹기 위해 식당에 들어갔는데, 식사시간이 훌쩍 지나버린 시간이어서 그런지 식당 안에 손님이라고는 그와 중년의 인도 남자 둘밖에 없었다. 그를 뚫어지게 쳐다보던 종업원이 혹시 비를라 하벨리(Birla Haveli)를 구경 온 건지 물었다. "그렇다"라고 대답하니, 갑자기 건너편 테이블에서 혼자 식사를 하던 중년 남자가 다가와 자신을 "비를라 가문의 후손으로 하벨리를 관리하는 사람"이라고 소개했다. 오랜 인도 생활로 이런 형태의 속임수에 훤했던 L대표는 피식 웃으며 그에게 눈길도 주지 않았다. 그러나, 그는 진지하게 비를라 가문과 그들의 가문 유적인 비를라 하벨리에 대해 소개를 늘어놓았다. 거의 완벽한 영어 발음으로. 소개 내용 역시 억지로 짜내는 그런 것들이 아니었다. '넘어가지 말아야지'라고 속으로 생각하면서도 얘기를 들을수록 점점 그를 믿게 되었다. 다행히도 그는 진짜 비를라 가문의 사람이자 하벨리의 관리인이었다. 자신의 가문에 대한 자부심과 자긍심으로 똘똘 뭉친 사람이었다. 그 식당 역시 비를라가의 먼 후손이 가문의 지원을 받아 운영하는 식당이라고 했다.

비를라는 인도의 재벌 가문이었다. 그러나 일반적인 인도 부자들과 달리 그들은 노블리스 오블리주를 실천하는 '인도판 경주 최부자

댁' 같은 이들이었다. 먼 선조대로 거슬러 올라가면 영국에 맞서 인도의 독립운동을 하던 간디의 후원자를 자처했고, 이후로는 인도 빈민들의 교육과 빈곤 퇴치를 위한 재단 운영에 막대한 돈을 지원하는 명문가였다.

중년의 사내는 비를라 가문의 후손 중 한 명으로 공무원 생활을 하다가 그만두고 하벨리의 관리 및 안내인 역할을 하고 있다고 했다. 저녁에 볼일이 있어 일찍 문을 닫고 늦은 점심을 먹으러 식당에 들른 길이라 했다. 그러나, 사무실에 두고 온 짐이 생각나서 가지러 가야 한다고 했다. 가는 길에 잠시 구경을 시켜주겠다 했다. 하마터면 그 먼 곳까지 와서 비를라 하벨리의 구경도 못 하고 그냥 갈 뻔한 것이었다. 왠지 인도의 유대인이라는 마르와리의 신이 자신을 굽어살피고 있다는 헛된 생각을 살짝 해보며 L대표는 그의 뒤를 따랐다.

사내의 설명을 들으며 집안 곳곳을 살펴보던 그의 발걸음이 멈춘 곳은 한 석판 앞이었다. 평범하게 생긴 석판에는 비를라 가문의 선조들이 남긴 가르침들이 적혀 있었다.

'I ask you to work with vigour and do not lose heart. Continue to do your business and you will serve the country(열심히 일하되 온정을 잃지 말라. 자기 일을 계속해 나가면 나라에 이바지하게 될 것이다).'

듣는 이에 따라서는 도덕책에서 흔히 볼 수 있는 뻔한 잠언 정도로 여길 수도 있었지만, 앞으로의 진로에 대해 고민을 하던 L대표에게는 한 치 앞 갈림길도 구분되지 않던 칠흑 같던 어둠에 한 줄기 빛이 되어주었다. '자기 일을 계속해나가면' 성공할 수 있다는, 그것도 그냥 평범한 성공이 아닌 '나라에 이바지하게 되는' 큰 성공을 거둘 수 있다는 말이 가슴에 와닿았다.

조금 모험이 되더라도 새로운 분야, 새로운 업종에 도전하여 큰돈을 벌어 먼저 앞서가거나, 진급한 동기, 후배들에게 보란 듯이 살고 싶다던 다소 허황된 생각을 떨치고, 자신이 제일 잘하고, 잘 아는 분야에서부터 차근차근 착실하게 쌓아나가기로 했다.

그 뒤 회사에 퇴직 의사를 밝히고 몇 달간의 준비 작업을 거쳐 L대표는 독립을 했다.

기존에 추진하던 아이템 중 속한 회사의 규모와 위상에 맞지 않아서 중도 탈락한 아이템들을 중심으로 다시 한 번 가치평가를 실시했고, 그들 중 두 가지 아이템이 적절하다는 판단이 들었다. 투자 자금을 모으는 것과 관련된 유통망을 확충하는 것 역시 기존에 해오던 일이 큰 도움이 되었다. 일단, 그간 업무를 해오며 쌓아둔 신뢰가 큰 도움이 되었고, L대표 역시 해당 업체들에 대한 정보가 훤했기에 별다른 조사, 분석 작업 없이 곧바로 업무를 추진할 수 있었다.

L대표는 자신의 성공 포인트이자 빠르게 자산을 축적해서 자산가로 발돋움할 수 있었던 비결에 대해 설명할 때면 늘 '시발비용(始發費用)' 이야기를 했다. 우리가 안 하던 일을 하려 하거나 어떠한 일을 시작할 때면 반드시 그를 위해 시간과 자원을 투입해야 한다. '시간은 돈'이고 자원을 사들이기 위해서도 돈이 필요하기에, 다시 말하면 무언가 시작하려면 반드시 돈이 든다. 그 돈이 시발비용이다. 시간이 흘러 모든 것이 안착되고 난 이후라면 모르겠으나, 갓 시작한 무렵 모든 것이 어수선할 때 어떠한 일의 성패를 좌우하는 것은 그 '시발비용'을 얼마나 '작게' 가져가느냐, 또한 돈을 벌어들여 그 '시발비용'을 얼마나 '빨리' 회수하느냐라고 했다.

때문에, 사업을 시작할 때나 투자를 고민할 때 혹은 소소하게 재테크를 하려 할 때에도 최대한 시발비용을 적게 가져가는 것이 중요하다고 덧붙였다. 시발비용을 줄이는 가장 좋은 방법은 일을 작게 시작하는 것인데 (그렇다고 무작정 최소한도로 가져가는 것이 무조건 옳은 것은 아니기에) 무조건 작게 시작하기보다는 같은 일을 하더라도 최소한의 시발비용만 들일 수 있는 방법을 찾아야 하는데, 가장 대표적인 방법이 익숙한 영역, 친근한 사람, 잘 아는 사업, 편한 방법으로 시작하는 것이다.

L대표에 따르면 많은 이들이 빠르게 많은 돈을 벌고 싶어 하고, 그러기 위해서는 평범한 시절(정확히는 그다지 큰돈을 벌지 못하던 시절)과는 전혀 다른 영역에서, 전혀 다른 방식으로, 전혀 다른 일을 통해서만 가능하다고 생각하는데, 그렇게 해서 성공하는 이들은 극히 드물다고 했다. 실제로 큰돈을 번 이들은 대부분 하던 일을, 조금 다른 방식으로, 지속적으로 더 낫게 한 이들이었고, L대표 자신도 역시 그러한 케이스였다고…. 부자, 자산가가 되고 싶다면 무작정 때려치우고 다른 곳에서 판을 벌릴 생각을 하기 전에 자기가 하던 것 중 회사원이라서, 학생이라서 못 했던 것들 가운데 조금 더 크게 벌리면 더 벌 수 있는 것들을 골라서 그를 조금 다른 관점과 차별화된 방식으로 시도해서 시발비용을 최소로 줄이는 것이 성공의 확률을 높이는 것이라고 했다.

　　그는 인터뷰를 마치고 일어서는 내게,

　　"첫 번째, 두 번째 질문에 대한 답은 시원찮았어도, 이만하면
　　세 번째 질문에 대한 답은 됐겠죠?"

　　라고 말하며 능청맞은 웃음을 지어 보였다. 만나보지는 못했지만, 아마도 '마르와리 상인'이 거래를 마친 뒤 만족스럽게 웃는다면 저런 웃음이지 않을까… 라고 생각되는 표정이었다.

"자산가가 될 수 있었던 남다른 비결을 딱 한 마디로 요약해주신다면…"

"'하던 거나 잘해', '있을 때 잘해' 만큼 유용한 재테크 교훈이 또 없습니다. 누구에게나 익숙한 것, 누구나 해오던 것, 누구나 할 수 있는 것에 뜻밖의 황금이 숨겨져 있어요. 결국, 승부는 '남다른 기회'가 아니라 같은 기회에 보여주는 '남다른 방식'에서 판가름이 납니다."

HIDD
EN
RICH

어찌 되었든,
어떻게 해서든
부자가 된 사람들

밥이, 숟가락으로 먹어야 만 밥이고

젓가락으로 먹으면 밥이 아니냐?

네 돈 내 돈 더러운 돈 깨끗한 돈

따지다 보면 다, 남의 돈 되더라.

반포동 W회장

실패를 단 한 번도 겪지 않은
행운의 재테크, K 전 대표

한 번도 실패하지 않는
행운의 인간이 되는 방법

|•◦<◉>◦•|

대표님의 현재 자산은 얼마입니까?

"부동산이 80억에 주식, 채권, 펀드 다 합치면 150억, 금, 미술품 등 현물 투자한 게 250억, 기타 예·적금 등이 25억, 도합 505억 원에서 플러스 마이너스 10억."

저자 주_____ 다른 이들과 달리 K 전 대표는 자신의 재산 내역에 대해 명확하게 파악하고 있었고, 그에 대해 굳이 감추려 하지도 않았다. 따라서, 향후에 알아본 자산 역시 그가 말한 위의 금액에서 플러스 마이너스 10억 수준이었다.

두 번째 질문

|•◦<◉>◦•|

처음 시작할 때 수중에 얼마가 있었습니까?

"신혼 때 전세로 들어갔다가 살기가 너무 좋아서 6년 뒤 집 주인에게 팔라고 해서 산 아파트가 하나 있었죠. 그게 그때 시세로 6억. 당시 다니던 직장에서 매달 받는 월급이 세전으로 3백에서 350만 원쯤 되었었는데, 그건 생활비로 다 나갔고, 출장비, 각종 수당 등을 별도의 통장으로 모아둔 것이 있었는데, 그 통장에 1천 5백만 원쯤 있었어요. 그게 종잣돈이 되어주었습니다."

세 번째 질문

|●-◁◉▷-●|

어떻게 자산가가 될 수 있었습니까?

귀신 들린 책

우리가 평상시 알고 있는(사실, 정확하게 아는 이는 많지 않다. 대부분 선입견을 기반으로 짐작만을 할 뿐이다) 자산가들은 일반인에 비해 냉철하고 이성적이며, 철저하게 숫자와 데이터를 기반으로 모든 일을 판단해서 굉장히 현실에 밝을 것이라고 생각을 한다. 상당 부분은 맞는 얘기다. 그러나, 의외로 굉장히 많은 자산가들은 자신의 감과 촉, 기운이나 느낌을 신뢰하며, 더 나아가 형이상학적인 존재(종교 또는 무속) 등을 믿는 이들이 많다.

'교회나 절에 낼 돈이 아까워 그런 데는 가지도 않을 것이다'라고 생각할 수도 있지만, 상당수의 자산가들이 흔히 우리가 '3대 종교'라고 생각하는 개신교, 천주교, 불교를 믿고 있었고, 인터뷰 과정에서 알게 된 사실인데, 의외로 굉장히 많은 비율[4]의 자산가들이 원불교라는 종교를 믿고 있었다. 하지만, 이러한 기존 종교들을 믿는 자산가의 숫자를 모두 합한 것보다 훨씬 많은 자산가들이 믿는 것은 우리가 흔히 '무속'이라고 하는 무교(巫敎)였다. 대략 전체 자산가 중 절반 가까운 이들이 살면서 한두 번 이상 무속인과 상담을 하거나 굿을 의뢰한 적이 있다고 답했으며, 뜻밖에 상당수의 자산가들이 '정기적으로 상담을 하는 무속인이 있다'거나, '큰 의사결정을 해야 할 일이 있다'거나, 일이 잘 안 풀릴 때 굿을 하거나 고사를 지내는 등 '무속에 청탁을 한다'라고 답했다.

K 전 대표 역시 마찬가지였다. 그 역시, 숫자에 살고 죽는 숫자 신봉자이면서도, 그만큼 때로는 그 이상 점과 굿을 신봉하는 무교 신자였다. 사실, 그와 처음 알게 된 인연을 보면 당연한 일이었다.

10년쯤 전의 일이었다.

평상시 친하게 지내던 출판사 사장님으로부터 연락이 왔다. "시간 되시면 가볍게 한잔하자"는 연락이었다. 당연히 "콜!"을 외치고

---

4 2015년 〈인구주택총조사〉 결과 전체 종교인구 수의 0.4%만이 원불교를 믿는 것으로 나타났으나, 자산가 인터뷰를 해보면 그보다 훨씬 많은 비율(통상 10명 중 한 명이상)로 원불교를 믿고 있다고 답했다.

약속 장소에 가서 보니 사장님 혼자가 아니었다. 일행이 한 사람 더 있었다. 20대 후반? 30대 초반? 아니 40대 초반? 아니면 50대 초반? 도무지 나이대를 알 수 없는 진짜 '묘령(妙齡)의 여성'이었다. 한 겹 만이었다면 속이 훤히 비쳤을 흰 망사 재질의 얇은 천을 여러 겹 휘휘 감은 듯한 옷을 입고 있었는데, 블라우스 같으면서도 블라우스 같지 않고, 한복 저고리 같으면서도 또 아닌 것 같은 독특한 디자인의 옷이었다. 가장 신기했던 건 그 여성분의 태도였다. 보통 한국인들은 사람을 처음 만나면 어느 정도의 호감을 표한 뒤 친해지기까지는 일정 시간 이상이 걸린다. 그 뒤, (보통 알코올의 힘을 많이 빌리기는 하지만) 형, 누나, 오빠, 동생 하는 친한 사이가 되든지, 예의를 갖춘 비즈니스 관계가 되든지, 어쩌다 한번 만났을 뿐 앞으로는 만날 일 없는 사이가 되든지 하는 것이 일반적일 텐데, 이 여성과 나의 관계는 그런 범주 어느 곳에도 속하지 않았다.

인사를 나눈 뒤 한참의 시간이 지나도록 여성은 술을 한 잔도 입에 대지 않았다. (본인 스스로 처음 인사를 나눌 때 술을 한 모금도 하지 못한다고 하기는 했다.) 대신, 내 얼굴을 뚫어져라 쳐다보는 것이었다. 한국인들은 웬만큼 친해져도 사람의 눈을 똑바로 마주 보는 것을 다소 꺼려하는 것이 일반적인 것으로 알고 있다. 그러나 그녀는 달랐다. 1~2분이 아니라 10여 분이 넘도록 내 얼굴을 뚫어지게 쳐다보는 것이었다. 나중에는 무서울 정도였다. 실제로 내가 열이 많은 체질이라 여름에는 땀에 젖어 살고, 한겨울에도 집에서는 반팔 반바지 차림으로 활보하는 스타일인데, 그녀와 함께한 10분간 몸에 살짝 오한이 들 정도로 한기가 느껴졌다. 이후, 이야기를 나누고 그녀의 직업을 듣게 되면서, 모든 의문이 풀리게 되었다. (물론, 왜 오들오들 떨릴 정도의 오한이 들었는지는 끝까지 풀리지 않은 의문이다.)

그녀는 무속인이었다. 그것도 경기도와 인천 지역을 중심으로 꽤 이름을 날리던 일종의 '네임드 무당'이었다. 술자리를 주선한 출판사 사장님이 무속과 각국의 원시 신앙 등에 관심 많으신 분이었는데, 그래서 알게 된 사이인 듯했다. 내심 속으로 '아, 사장님이 무당 책을 내자고 하시면 어떻게 하지?'라고 걱정이 들기 시작했는데, 항상 그렇듯 불길한 예감은 현실이 되었다. 완벽한 대필은 아니고 무속인 분과 모 대학 종교학과 교수님, 그리고 신경정신과 전문의 등이 함께 작업한 원고를 가볍게 손보는 일에 투입되어 근 한 달간 어떤 날은 점집에, 다른 날은 대학 연구실에, 또 다른 날에는 정신과 병원을 드나드는 생활을 하게 되었다.

그렇게 결국 내가 PC 작업 폴더 이름을 '귀신 들린 책'이라 붙인 책이 출간되게 되었다.

(안타깝게도 '귀신 들린 책'은 귀신 들린 것처럼 팔리기보다는 태어나자(출간되자)마자 죽어버리는 길을 택하고 말았다.)

내가 '(내가 만난 이들 중에서 가장) 운 좋은 자산가'라고 꼽는 K 전 대표를 만난 것도 한창 책 작업을 하기 위해 무속인의 점집(신당)을 드나들던 바로 그 무렵이었다. 인천에 있는 무속인의 신당을 방문하면 세 번에 한 번꼴로 50대 중반 정도의 남자가 앉아 있었다. 손님은 아닌 듯했다. 왜냐하면 해당 무속인을 만날 때는 늘 예약이 없는 시간을 골라서 찾아갔기 때문이다. 게다가 (나중에 조금 친해지고 알게 됐지만) 30대 초반인 무속인은 늘 50대 중반의 남성에게 "자네"라고 하대했고, 반대로 남성은 깍듯이 "선생님"이라고 부르며 극존칭을 사용했기 때문이다.

알고 보니 K 전 대표는 무속인을 스승으로 모시고 배우고 있는 일종의 '신(神)제자'였다. 신병을 앓고 있다거나 신내림을 받은 것은 아니었지만, 어렸을 때부터 무속에 관심이 많았기에 어느 정도 생활에 여유가 생긴 이후로 용하다는 이들을 찾아다니며 배움을 청했는데, 지금의 스승과 이른바 배움의 합이 잘 맞아서 스승과 제자의 연을 맺었다고 했다.

K 전 대표는 나 역시 점을 보러 왔거나 자신처럼 배움을 청하러 온 사람일 거라 생각했다가 '글을 쓰는 작가'라는 소리를 듣고 급 관심을 표해왔다. 점집의 마지막 손님 점사가 끝나는 시간이 통상 9시였는데, 잠깐 쉬었다 그때부터 글 작업을 하면 자정이 넘기 일쑤였

다. 그런데 K 전 대표는 그때까지 옆에 앉아 있다가, 작업이 끝나면 같이 한잔하러 가자고 꼬드기기 일쑤였다. 두 사람은 대낮까지 자거나 쉬어도 아무 상관 없는 사람들이었지만 나는 달랐다. 새벽 2시에 잠자리에 들건 3시에 들건 무조건 6시 30분이면 양복을 입고 회사로 출근해야 하는 사람이었다.

그러나 K 전 대표는 막무가내였다. 결국, '귀신 들린 책' 작업을 하는 한 달여간 정작 귀신이 될 뻔한 것은 나였다.

K 전 대표를 일컬을 때 내가 꼬박꼬박 '전(前)'자를 붙이는 이유는 그가 실제로 모 업체의 대표 자리에서 물러나 근 3년째 백수로 지내고 있어서이기도 했지만, 그 스스로가 자신에 대해 반드시 '전 대표'라고 불러달라 말했기 때문이다. 그는 30대 중반에 회사를 그만두고 본격적으로 돈을 벌기 시작해, 40대 무렵에 큰돈을 벌었다. 그 부를 기반으로 50대 초반에는 모든 돈벌이에서 스스로를 은퇴시킨 것을 가장 큰 자랑거리로 삼는 사람이었다. 때문에 그는 다른 어느 직함보다 '전 대표'라는 직함을 좋아했고, 그렇게 불리기를 원하는 것이었다.

시원시원한 성격의 그는 자신의 이야기를 들려주는 것에도 거침이 없었다. 심지어 대부분의 자산가들이 극히 꺼려 하는 자신의 재산 내역을 이야기하는 것에도… 이 책을 쓰기 위해 만났을 때도 마찬가지였다. 그는 자신이 부자가 될 수 있었던 이유를 한마디로 "운이 좋아서"라고 했다. 실제로 그가 돈을 모아 부자가 된 과정을 들어보면 '사람이 운이 좋아도 이렇게 좋을 수가 있을까?' 싶을 정도로 행운의 연속이었다.

직장을 다니던 시절 용돈과 비상금, 자투리 돈을 모아 만든 1천 5백여만 원을 종잣돈으로 투자를 시작한 그는 맨 처음에는 많은 직장인들이 하듯 증권 계좌를 터서 우량주 위주로 안전하게 거래를 했다. 다행히 시장의 활황세와 맞물려 제법 높은 수준의 수익을 거둘 수 있었다. 그러나 그래봐야 은행 예금이자보다 조금 나은 정도였다. 그가 본격적으로 자산을 불리기 시작한 것은 비상장 주식 장외 거래에 뛰어들면서부터였다. 다들 알다시피 통상 장외시장에서 거래되는 비상장 주식은 '대박과 쪽박' 사이의 그 어딘가에 존재하는 주식으로 통한다. 실제로는 대부분이 쪽박 쪽에 좀 더 가까운 편이고 대박을 치는 이들은 극히 소수인 것으로 알려져 있다. 그 소수 중의 한 사람이 K 전 대표였다. 장외시장에서 그가 사들였던 정밀 제어계측 기술업체, 신기술 계면활성제 개발업체, 바이오시밀러 의약품 개발업체 등의 주식이 각각 주식시장 상장, 대기업에 피인수합병, 해외기업에의 기술 이전 계약 체결 등의 호재가 발생하면서 코스피나 코스닥에서는 상상할 수 없을 정도의 이익을 가져다주었다. 흔히들 예상하는 것처럼 은밀하게 관계자로부터 언질을 받았거나 특별한 루트로 정보를 손에 쥐어서 한 투자가 아니었다. 모든 것이 그의 표현대로 그냥 어쩌다 하게 됐는데, '운이 좋아서' 거둔 성과였다.

　그에게 부를 가져다준 또 하나는 채권투자였다. 흔히 채권 거래는 일반인들이 하기에 쉽지 않다고 알려져 있으나, 무슨 생각에서였는지 그는 주변 지인들에게 거래 방법에 대해 몇 차례 물어보고는 덜컥 채권투자에 나섰는데, 여기서도 그는 큰 수익을 거뒀다. 특히, K 자동차기업의 신주인수권부사채(BW) 워런트는 사들인 지 반년 만에 다섯 배 이상 오르기도 했다. 이 역시, 그 당시 운영하던 회사의 법인용으로 해당 업체의 차량을 구입하면서 듣게 된 뉴스에 이끌려 '우연히' 하게 된 투자였다.

　기업 운영에 있어서도 마찬가지였다. 직장을 다니며 투자를 병행하다가 어느 정도 자산이 모여지자 지인과 함께 병·의원에 약을 납품하는 도매상을 차렸는데, 운 좋게 세칭 블록버스터급(인기 있고 매출 규모가 큰) 제품 몇 개를 몇몇 대형 병원에 독점하다시피 납품을 하게 되면서 큰돈을 벌었다. 그를 기반으로 몇몇 사업체를 더 차리고 제품 보관을 위해 창고가 딸린 건물도 매입하게 되었는데, 노후화된 주택단지의 맨 끄트머리에 있던 허름한 건물이 재개발구역에 가까스로 편입이 되면서 다시 목돈을 손에 쥐게 되었다.

K 전 대표는 돈 버는 데에 있어서만큼은 '사람이 운이 좋아도 이렇게 좋을 수가 있나?' 싶을 정도로 운이 좋았다. 그 역시 자신이 조금 많이 특별하다고 해도 좋을 정도로 운이 좋다는 것을 잘 알고 있었고, 경제적 자유를 이루고 현직에서 완전 은퇴를 선언한 이후부터는 용하다는 무속인들이나 스님들을 찾아다니며 인간의 운과 미지의 정신세계 등에 대해 묻고 공부하는 것을 가장 큰 낙으로 삼고 있다고 했다.

운(運)은 감(感)에서, 감은 행(行)으로부터

그렇다 보니 K 전 대표는 이 책을 기획하고 자료 조사를 하면서 마지막 순간까지 사례로 넣어야 할지 말아야 할지를 고민되게 했던 인물이다. 사실 '운이 좋아 부자가 된 사람'의 이야기가 책을 읽는 일반 독자에게 어떤 감흥을 주고, 무슨 도움이 되겠는가? 그러나 그와 가장 최근에 만났을 때 그가 전해준 말 한마디가 내가 이 책에 그의 이야기를 꼭 실어야겠다고 마음먹게 된 이유가 되었다. 그를 만나 이런저런 이야기를 하다가 자리를 파할 무렵 그가 내게 물었다.

"작가님은 부자가 될 확률이 얼마나 될 것 같으세요?"

K 전 대표의 물음에 나는 답은 못 하고 그를 멀뚱멀뚱 쳐다보고만 있었다. 그러나 굳이 답을 듣고자 물은 질문은 아닌 듯했다.

"일반인들이 부자가 될 확률이 얼마나 될까요? 10%? 20%? 무슨 조사 자료에 보니 숙박업이나 요식업을 하는 자영업자가 창업 이후 5년간 생존할 확률이 19.1%라고 하던데, 그것도 높지 않은 수치이지만, 그나마, 그건 성공 확률, 부자가 될 확률이 아니라 생존 확률, 살아남을 확률이 그렇다는 거지요. 내 경험상 장사를 하건 투자를 하건 부자가 될 확률은 1%도 안 됩니다."

K 전 대표는 자신이 그 1%에 속한 인간이었음을 내게 말하기 위해 이 이야기를 꺼낸 것일까?

그건 아니었다. 그의 이야기 속에서 놀라운 반전이 벌어졌다. K 전 대표는 자신도 진행한 투자에서 숱하게 실패를 겪었다고 했다. 처음 1천 5백만 원을 갖고 주식투자를 할 때 본전을 거의 다 까먹어 잔고가 3백만 원 정도까지 내려간 적도 있었다. 각고의 노력 끝에 어렵게 만회하고 장외시장 비상장 주식 투자에 나섰다가 내실은 하나도 없이 사업계획과 사무실만 번드르르하게 꾸민 기업에 혹해서 보유한 주식이 눈앞에서 휴지 조각으로 변해버리는 것도 여러 번 목격했다. 제약 도매상을 할 때는 밑에 있던 책임자급 직원이 병원 관계자에게 리베이트를 제공하고, 경쟁업체와 담합하여 가격을 부풀리는 등의 범법행위를 저질러 경찰 조사도 여러 번 받았고, 폐업의 위기도 몇 차례 겪어야 했다. 가장 압권은 화재 사고가 발생해 제품 창고가 전소해버린 것이었다. 병원에 납품하기 위해 잔뜩 쌓아뒀던 약들이 불에 타 하나도 못 쓰게 되었고, 납품 약속을 지키지 못해 핵심 거래처 여러 곳을 경쟁 도매상에게 빼앗겨버렸다.

그럼에도 불구하고 그는 끊임없이 시도했고, 그러한 가운데 몇몇 투자, 사업에서 성과를 만들어낼 수 있었다고 했다. 그랬음에도 불구하고 그가 왜 자신은 "운이 좋은 사람"이며, "하는 일마다 다 술술 풀렸다"라고 말해왔는지가 궁금했다.

"부자는 말입니다. 투자하는 것마다 돈을 벌고 하는 사업마다 성공하는 사람들이 아닙니다. 우리도 실패 확률은 일반인들과 비슷합니다. 대신 남들이 한 번 할 거를 우리는 두 번, 세 번 해서 성공할 기회를 더 만들어내는 것뿐이죠. 그래서 망하는 것보다 하나라도 더 성공하면 성공한 것이고, 잃은 돈보다 버는 돈이 한 푼이라도 더 많으면 돈을 번 것이죠."

즉, 일반인들이 1백 번의 시도 끝에 한 번을 성공할 때, 1천 번의 시도를 해서 열 번 성공을 하면 된다는 식이었다. 물론, 남들이 99번 실패할 때 990번 실패를 해야 하지만, 계속 시도를 하고 성공 또는 실패를 하다 보면 그 실패의 횟수가 줄어들거니와 실패를 금방 극복하거나 실패로부터 빚어지는 일들에 쉽사리 상처를 받지 않게 된다고 했다.

그리고 가장 중요한 것은 '망각'이라고 했다. K 전 대표는 자신과 같은 사람들은 실패의 경험, 운이 나쁘다는 생각들은 금방 잊어버리고 성공의 기쁨, 운이 좋았던 것들만 기억하려는 습성이 있다고 했다. 좋은 운만 자신의 운이고, 그러므로 '나는 잘될 수밖에 없는 운이 좋은 사람'이라고 스스로 믿게 되어버린다고. 비가 올 때까지 제사를 드려서 결국 '제사 덕분에 비가 내렸다'는 결과를 얻어낸다는 인디언 기우제의 습성을 자신을 포함한 우리나라 대부분의 부자들이 갖고 있을 거라고 단언했다.

그는 자리를 마무리하며 마치 상대방의 운세를 점치고 점궤를 읊어주는 무속인과 같은 표정과 말투로 내게 말했다.

"운은 감에서, 감은 행으로부터 옵니다."

이어진 부연 설명에 따르면, 부자가 되는 운(運)이라고 하는 것은 어디에 돈을 벌 기회가 있을지를 포착해내는 감(感)에서 판가름이 나는데, 그러한 감을 인지하고 그 감을 성공으로 연결시키는 것은 포기하지 않는 노력, 끊임없는 시도, 즉 실제 행동이라는 얘기였다.

　마냥 그의 운을 부러워하고, 내게는 그런 행운이 왜 안 찾아올까 불평했던 것이 겸연쩍어지는 순간이었다.

"자산가가 될 수 있었던 남다른 비결을 딱 한 마디로 요약해주신다면…"

"남들보다 조금 더 운이 좋은 사람은 있을 수 있지만, 남들보다 훨씬 더 운이 좋은 사람은 드물고, 남들 다 겪은 불행을 전혀 안 겪는 사람은 거의 없습니다. 부자는 남들보다 훨씬 더 운이 좋은 사람이라기보다는 남들보다 훨씬 더 많이 시도한 사람들이고, 실패를 쉽사리 인정하지 않거나 금방 망각한 사람들입니다. 그를 통해 그들은 지속적으로 '나는 운이 좋다'는 자기암시를 해온 것이죠. 속지 마세요, 그들이 훨씬 더 운이 좋았던 것도 아니고, 행운이 늘 그들의 편이었던 것도 아니에요."

돈을 위해서라면 얼마든지
변태라 불러도 좋다는 W회장

남에게 변칙이
내게는 원칙이 됩니다

회장님의 현재 자산은 얼마입니까?

"자산이요… 많았다가 적었다가 해요. 내 인생이 워낙 변화무쌍해서, 한곳에 꽂히면 확 갔다가 자칫하면 망하기도 하고, 다른 쪽에 꽂히면 훅하고 바람 타고 활활 일어나기도 해서…. 그래도, 일반적인 월급쟁이들보다야 확실히 좀 여유가 있죠. 세금도 많이 내고. 하하.

재산 중에 회사 지분이 제일 크지만, 그건 경영을 위해 갖고 있는 거지 나중에 어떻게 해서든 다 나눠줄 거니까, 내 재산이 아님 셈 치고 있고… 순수하게 내 개인 자산이라고 하면 살고 있는 집이랑, 건물이랑 땅 조금, 그리고 주식이랑 채권, 파생상품 뭐 여기저기 내킬 때마다 투자해놓은 거 정도가 되겠네요. 그냥 생활비 빼 쓰는 은행 계좌에 든 돈이야 계속 변하니까 그건 빼고."

＊＊
저자 주＿＿＿＿ 충청북도 중소도시를 기반으로 여러 개의 사업체를 경영하고 있는 W회장은 어린 나이에 자기 사업에 뛰어들어 40대 후반의 나이임에도 벌써 꽤 굵직한 자산 및 노후 대책을 수립하고 수년 내 은퇴를 계획하고 있

는 자산가이다. 보유하고 있는 회사의 지분은 자신의 은퇴 무렵 직원들에게 다 나눠주고, 나머지 일부는 선친의 아호를 딴 장학재단에 기부할 거라고 공공연히 말하고 다니는 그는 자신의 '개인 자산'으로 경영하는 회사의 본사가 있는 도시와 사무소가 있는 서울에 각각 아파트가 두 채씩, 서울사무소가 입주한 건물을 포함해 상업용 건물이 세 동, 그리고 토지를 '약간(그의 표현대로)' 보유하고 있다. 추가적으로 '돈에 대한 감을 잃지 않기 위해(이 역시 그의 표현대로)' 하고 있는 주식, 채권, 파생상품 투자 금액이 있으며, 전체적으로 종합하면 부동산이 약 8백억에서 1천억 원대, 주식, 채권, 예금 등이 250억에서 3백억 원대가 될 것으로 추정된다. 물론, 여기에는 그가 몇 번이고 '남 다 줘버릴 거다'라고 공언한 회사 지분은 포함되지 않았다.

두 번째 질문

|•-<◎>-•|

처음 시작할 때 수중에 얼마가 있었습니까?

"다들 그렇겠지만, 아주 극소수 사람들을 제외하고는 여윳돈 충분하게 갖고 맘 편히 사업을 시작하거나 재테크에 나선 사람이 있나요…. 다들 없는 돈에 아등바등 뭐라도 해보다가 어쩌다 대박도 나고 돈도 벌고 하는 거지 뭐. 제가 워낙 어렸을 때부터 어렵게 살아서 10대 때부터 악착같이 벌고 안 쓰고 모았거든요. 그래서 20대에 대학 마치고 회사 갓 취직해서 결혼 준비하던 친구들에 비해서는 제법 목돈을 갖고 재테크에 나섰지만, 그렇다고 뭐 거창하게 종잣돈이라거나 시드머니라거나 할 만큼은 아니었어요. 재테크를 '처음 시작한 때'를 언제로 잡느냐에 따라 다르겠지만, 대략 본격적으로 투자에 나설 때를 기준으로 한다면 1억 조금 안 되는 돈으로 시작한 것 같네요."

세 번째 질문

|•-◁◉▷-•|

어떻게 자산가가 될 수 있었습니까?

그때는 맞고 지금은 다르다

'종잡을 수 없는 사람'

W회장을 몇 차례 만난 뒤 그에 대해 내가 내린 정의였다. 중견 제조업체와 인력파견업체, 작지만 탄탄한 기술력을 보유한 폐기물처리업체 등 여러 개의 기업을 경영하는 중견 경영자이자 태어나 살고 있는 지역 내에서 제법 이름이 알려진 인물이었던 W회장은 모 단체장 선거에 출마할 준비를 하고 있었다. 나중에 알게 된 사실이었지

만, 지역 내 다양한 사회단체를 물심양면으로 지원하고 있었고, 향토 장학재단도 운영하고 있는 등 전형적인 지역 기반의 점잖은 유지였다. 그럼에도 그런 정의가 결코 그에 대한 결례라거나 과한 표현이 아닌 것이, 나 외에도 그를 아는 다른 이들 역시 비슷하게 생각하고 있었기 때문이다.

W회장과는 지금 이 페이지까지 책을 읽은 독자라면 이미 짐작했 겠지만, 당시 단체장 선거 후보 등록을 앞두고 개최 예정이었던 출간 기념회용(?) 책의 집필을 의뢰받아서 만나게 되었다.

첫 만남은 그가 지역 내 유력인사들과 결성한 'OO시 지역 발전 포럼'의 정기세미나 뒷풀이 장소에서였다. 처음 만나는 사이에 자신 이 다른 이들과 만나는 행사장으로 오라고 하는 것부터가 조금 특이 했지만, 대필을 의뢰하는 (주로, 성공하신) 분들의 경우 시간을 분초 단위로 나눠서 생활하는 것이 몸에 밴 이들이 많다 보니, '이분도 두 개의 미팅을 한 방에 해결하려나 보다…'라는 생각에 행사 장소로 찾 아갔다.

그 뒷풀이 장소에서 함께 식사를 할 때의 일이다. 주문한 소주를 가져온 종업원이 기존에 마시던 소주병을 가져다가 버린 것을 알게 되었다. 대략 4분의 1쯤 술이 남아 있던 소주병이었다. 병당 4천 원 을 받던 식당이었으므로 대략 1천 원 정도를 버린 셈이었고, 원가로

치자면 그보다도 훨씬 더 조금일 것이었다. 아깝기는 했지만 그렇다고 식사 분위기를 망쳐버릴 정도로 대단한 손해나 낭비는 아니었다. 그러나 W회장에게는 그러지 않은 듯했다. 그는 종업원을 불러 호통을 치더니, 이윽고 매니저와 점장, 결국은 점주까지 불러 야단을 쳤다. 점주가 새 소주를 가져다드리겠다며 사과를 해도 아무 소용이 없었다. 다른 일행들이 모두 민망해서 어쩔 줄 몰라 하는데도 W회장은 분노를 멈출 생각이 없는 듯했다. 다른 이의 눈에는 전형적인 갑질로 보일 만한 행동이었다. 일행 중에는 고위 관료와 국립대 교수가 끼어 있었기에 더 있다가는 큰 문제로 번질 듯해 얼른 W회장을 모시고 식당에서 나올 수밖에 없었다. 그렇게 W회장에 대한 내 첫인상은 짠돌이에 분노조절 장애자였다. 그리고, '다시는 어울리지 말아야 할 사람'이었다.

그렇게 몇 주가 지나 그날의 사건이 잊혀갈 무렵이었다. W회장이 책을 내기로 한 출판사 영업본부장님이 긴히 할 이야기가 있다고 해서 신사동에 있는 일식집에 가서 보니 W회장이 함께 자리 잡고 앉아 있었다. 다시금 그날의 그 '소주 4분의 1병 사건'이 떠오르면서 짜증이 확 밀려들었다. 그러나 W회장에게는 그날이 아무렇지도 않은 하루였던 듯했다. 전혀 아무런 내색도 하지 않고 즐겁게 술자리를 주도했다. 그러던 중 종업원이 안주 접시를 들고 들어오다가 우리가 마시던 사케병을 쳐서 깨트려버렸다. 병을 따서 셋이서 첫 잔만을 따라 마셨기에 거의 한 병이 통째로 날라가버린 것이었다. 준마이다이긴 조(純米大吟釀)급인 닷사이23이었다. 일본 면세점에서는 5~6천 엔에 파는 것도 봤지만, 일반적으로 우리나라 일식집에서는 병당 30만 원 이상씩 받는 술이었다. 그 술이 거의 몽땅 쏟아져버린 것이다.

순간, 4분의 1병이 남아 있던 소주를 치워버린 것 갖고도 그 난리를 쳐대던 W회장의 모습이 떠오르면서, 고급 사케 거의 한 병을 날렸으니, 엄청난 사달이 나겠구나 생각하며 긴장해서 그 광경을 쳐다보고 있었다. 그러나 아무런 일도 일어나지 않았다. 오너 셰프가 동일한 사케를 새로 가지고 와서 사과를 했지만, 오히려 그럴 수도 있다며 그냥 소주로 마시겠다고 해서 저렴한 고구마 소주로 주종을 바꿨다. 계산할 때는 시키기만 하고 한 잔씩밖에 맛보지 못했던 닷사이23의 금액까지 함께 지불한 것은 물론이거니와 셰프에게 실수를 한 종업원을 나무라지 말라고 신신당부하고 종업원에게는 빳빳한 5만 원권 두 장의 팁까지 선사했다.

'그날그날의 기분에 따라서 살아가는 기분파인가?'

라고 생각했지만 그건 또 아닌 듯했다. 이후로도 몇 차례 그와 만나 회의를 하거나, 밥을 먹거나, 술을 마시거나, 비행기를 타고 가까운 해외를 다녀올 일이 있었지만, 그때마다 그는 이해하기 힘든 행동을 했고, 내 머리로는 도무지 어떤 상황에, 어떤 논리로 W회장이 그와 같이 행동하고 이야기하는지 종잡을 수가 없었다.

결국, 나는 W회장에 대해 '종잡을 수 없는 사람'이라고 단정 지을 수밖에 없었다.

변화는 무쌍하지만, 마구잡이는 아니다

그러나 W회장과 인연을 맺고 지내면서, 예측할 수 없었던 지난날의 그의 행동에 어떤 특별한 기준 혹은 특정한 패턴이 있다는 것을 발견하게 되었다. 우선 그는 '큰돈'에는 너그러웠지만 '작은 돈'에는 냉정하고 단호했다. 예를 들어 W회장의 운전기사가 B사의 최고급 세단 M모델을 몰고 가다 주차 차단봉을 들이받는 사고를 낸 적이 있었다. 차에는 W회장과 내가 타고 있었는데, 차량의 중량이 있는지라 살짝 들이받은 듯했으나 범퍼 전체를 교체하고 밀려들어간 주변부까지 수리를 해야 한다고 했다. 대략적인 견적과 대차 비용만 2천여만 원이 훌쩍 넘어가는 사고였다. 그러나 그는 "운전하다 보면 사고야 늘 있는 거고, 주차하다 그런 거라 사람은 안 상했으니 됐다"며 기사에게 아무런 타박도, 질책도 하지 않았다.

그러나 얼마 뒤, 또다시 W회장의 차를 타고 함께 이동할 일이 있

있는데, 기사가 휘발유를 미리 충분하게 넣어두지 않아서 중간에 주유소를 들를 일이 있었다. 리터당 휘발유 가격을 살펴본 W회장이 불같이 화를 내는 것이었다. 출발지였던 W회장의 회사 서울사무소 건물 바로 옆에 있는 주유소에서는 당시 리터당 1,598원이었는데, 우리가 들른 곳은 같은 정유사의 주유소였음에도 불구하고 가격이 1,670원이었다. B사 M모델의 연료통 용량이 96리터였으므로 연료통이 텅텅 빈 상태에서 완전히 채운다고 해봐야 그 가격 차는 불과 7천 원 정도에 불과했다. 그럼에도 불구하고 W회장은 기사를 심하게 질책했다. 그날 이외에도 W회장은 몇만 원, 심지어 몇백 원 수준의 잔돈, 거스름돈 등을 챙기고 따지는 데에는 조금의 양보가 없었다.

두 번째는 예측할 수 없는 '서프라이즈(Surprise)'를 거의 병적으로 싫어하는 것이었다. 늘 모든 일을 계획대로 할 수는 없는 노릇이고, W회장 역시 일과 중에 발생하는 일의 상당수가 계획에 없던 갑작스럽게 일어난 일들이었지만, 그럼에도 불구하고 돌발상황이나 깜짝쇼를 무척이나 싫어했다. 심지어 그러한 상황 덕분에 큰 이득을 보았거나 자신에게 유리한 방향으로 일이 흘러간다고 하더라도 예외는 없었다. 그는 좋은 일이건 싫은 일이건 자신이 예측하고 통제할 수 있는 범위 내에서 움직이기를 원했다. 본인은 남들에게 종잡을 수 없는 생각과 행동으로 대하면서 참 이해가 안 되는 노릇이었다.

세 번째로는 그럼에도 불구하고 본인은 상대방의 예측과 다르게 움직이거나 반대로 판단하고 행동하는 것을 즐겼다. "내 인생이 워낙 변화무쌍해서, 한곳에 꽂히면 확 갔다가 자칫하면 망하기도 하고, 다른 쪽에 꽂히면 훅하고 바람 타고 활활 일어나기도 해서…"라는 말을 늘 습관처럼 사용했다. 상대방의 놀라거나 어이없어하는 표정을 보면서 자신이 상황의 주도권을 잡고 있다고 생각하는 듯했다. 어떠한 상대, 어떠한 상황에서건 반드시 자신이 주도권을 쥐어야 한다고 생각했고, 늘 판세를 뒤집거나 최근까지 합의해온 상황을 거부함으로써 모든 논의와 의사결정이 W회장 자신을 중심으로 이뤄질 수 있도록 묘한 분위기를 조성해왔다. 그 모습이 W회장을 처음 만나거나 잘 모르는 사람들의 눈에는 '종잡을 수 없는 사람', '제멋대로인 사람'으로 보이거나 그를 넘어 '갑질을 하는 것'으로 느껴질 수도 있었지만, W회장은 자신의 태도와 행동을 바꿀 생각이 없는 듯했다.

　결론적으로 책은 출간되지 않았다. 원고는 출시일, 아니 출판기념회 일정에 맞춰 순조롭게 집필이 되었지만 W회장은 또 뭔 생각이 들었는지 자서전 겸 지역 발전 비전 제안서 겸 출마 선언서였던 책의 출간을 백지화시켜버렸다. 물론, 갑질은 아닌 것이 나와 출판사에 치르기로 한 대가는 사과의 의미까지 담아서 두둑하게 지불해주었다. 대신, 그와는 그간 작업을 함께한 대부분의 원저자들과 마찬가지로 좋은 선후배 간으로 남게 되었다.

이 책을 쓰기로 마음먹고 나서 다른 사람의 사례는 몰라도 W회장의 이야기만큼은 꼭 담아야겠다고 생각하게 된 계기가 있다. 코로나 바이러스가 창궐하고 사태가 심각해지면서 미래에 대한 불안감을 느낀 2~30대 젊은 세대들이 재테크에 급격히 관심을 갖기 시작했다. 여기저기서 '코인으로 얼마를 벌었다'느니, '공모주 청약에 들어갔는데 첫날 바로 떡상을 했다'느니 하는 소리들을 어렵지 않게 들을 수가 있었다. 그 와중에 가까이 지내던 후배(라고는 하지만, 대학 졸업반 시절 과외를 했던 중학생 꼬맹이를 커서 만난 거니까 정확히는 제자)가 돈을 좀 빌려달라고 연락을 해온 것이다. 모 대학병원에서 펠로우(전임의)로 근무하는 친구였다. 풍족하지 않을 수는 있겠지만 부족해서 남에게 손 벌릴 생활을 할 만한 친구는 아니었다. 만나서 들어보니, 개업을 하기 위해 모아오던 돈을 털어서 투자를 했는데 투자를 하는 족족 다 망해서 있던 돈은 몽땅 털어먹고 오히려 큰 빚까지 지게 되었다는 것이었다. 오죽이나 급했으면 과외 선생이었던 나에게까지 연락을 했을까 싶어 일단 수중에 있는 돈을 보태주며 그간 투자한 자초지종을 물었다. 그러자 그의 답이 가관이었다.

"선생님, 신문 보고 지난 2년간 잘나간다고 소문났던 투자 종목들을 쭉 나열해보시면 돼요. 제가 그걸 다 했거든요. 주식, 채권, 선물, 코인, 부동산… 못 할 거를 한 거는 단 하나도 없어요. 문제는 맨날 남들 다 먹고 난 끝물, 먹다 뱉은 상한 물, 안 먹고 남긴 썩은 물만 빨아서 그렇지…"

들어보니 직접 살피고 챙길 시간은 부족하고, 귀는 얇아도 한없이 얇았던지라 누군가에게 "(그 종목이) 괜찮다"는 말을 듣거나 동기들이 "(그 분야에서) 재미를 봤다"는 말을 들으면 솔깃해서 투자에 나섰지만 번번이 남 좋은 일만 시킨 것이었다.

룰을 어기거나, 아니면 부수거나

그런데 본격적으로 살펴보니 이런 사례를 경험한 이는 나의 과외 제자만이 아니었다. '어떤 분야가 잘나간다', '어디에 돈을 넣어서 목돈을 벌었다'라는 소식을 듣고 투자에 나섰다가 손실을 보는 경우는 너무나도 흔해서 따로 이슈조차 되지 못했다. 그런 상황에 대해 W회장의 답은 다음과 같았다.

"내가 제일 싫어하는 말이 뭔지 알아요? '돈놀이'라는 말이에요. 돈놀이. 그다음 싫어하는 말이 어디에 투자해서 '재미 봤다'라는 말. 돈을 어떻게 갖고 놀아요. 그리고 놀이가 아닌데 어떻게 재미가 있어요. 그건 다 헛말이에요. 돈을 갖고 놀아서는 아무것도 할 수 없어요. 재미만 추구해서는 이룰 수 있는 것이 없어요. 돈벌이는 처절한 싸움이에요. 돈을 두고 하는, 돈을 위해 하는, 돈 때문에 하는 싸움. 그리고 그 싸움에서 이기면 살아남는 것이고, 지면 죽는 거예요. 재미있고, 없고의 문제가 아니라고."

조금 심한 말이 아닌가 했지만, W회장의 생각은 확고했다.

그에게 돈벌이는 피비린내 나는 전장이요, 사람이 죽고 사는 처절한 현장이었다. 이어진 그의 설명에 따르면 놀이는 끝나면 그만이다. 즐겁고 유익했거나 아쉽게도 그러지 못했거나 할 수는 있지만, 그렇다 해도 즐겁게 못 놀아서 뭔가 큰일이 나지는 않는다. 그러나 싸움은 다르다. 끝나면 반드시 승자와 패자가 있고, 승자에게는 승리의 영광과 전리품이, 패자에게는 쓰라린 아픔과 빼앗긴 상실감만이 남는다.

또한, 놀이는 규칙과 방식이 있다. 그를 어기면 다툼이 일어나고 놀이가 재미없어진다. 그러나 싸움은 다르다. 물론, 법이라는 지켜야 할 것이 있지만 그 법의 테두리 안에서는 얼마든지 다른 방식, 때로는 규칙을 어겨서라도 처절하게 경쟁자를 부수고 이기고 쟁취해야 끝나는 싸움이다. 이 지점에 W회장의 행동을 이해할 수 있는 포인트가 있고, 내가 이 책에 그의 이야기를 꼭 담아야겠다는 생각을 하게 된 이유가 있다.

　많은 사람들이 '다수의 경제 활동 결과', '시장의 선택'이라고 알고 있는 것들의 상당수는 돈을 가진 이들이 그려놓은 계획의 일부, 그들이 펼쳐놓은 말판에 지나지 않음을 깨달은 30대 중반 무렵부터 W회장은 변칙 플레이에 매달려왔다. 아예 삶 자체도 본인의 패턴에 맞춰 세상에게 변할 건지 말 건지를 묻는 괴짜가 되었다. 자기 기준에 맞춰 판단하고, 그 기준에 맞으면 많은 것을 내어주지만 그렇지 않으면 십 원 한 푼도 아까워했다. 모든 것의 기준은 자신의 계획과 생각이었다. 상대는 '변칙'이라고 부를지 모르겠지만, W회장에게는 그것이 '원칙'이었다.

　수많은 사람들이 2008년 세계 금융위기가 닥치자 1997년 아시아 금융위기 무렵을 떠올리며 달러를 사들이고 주식을 내다 팔았지만 그는 다르게 판단했다. 위기의 본질이 다르고 시작점이 다르다면 그 여파 역시 다르게 올 거라 예측했다. 달러를 내다 파는 정도는 아니었지만 그렇다고 적극적으로 사들이지도 않았다. 주식은 하락세일 것은 분명하지만 1997년처럼 폭락 장세가 아니라 외부 여건에 따라 당분간 널뛰기를 계속할 거라 판단했다. W회장의 변칙 플레이는 주효했다. 그는 다른 이들보다 한발 앞선 치고 빠지기를 통해 절망과 공포가 가득했던 2008년 장에서 역대 최고의 수익을 거둘 수가 있었다.

경매나 공매시장에서도 마찬가지다. W회장은 같은 물건을 노리는 입찰 경쟁자들과의 승부에서 그들의 허를 찌르는 변칙 플레이에 능했다. 물건의 가치를 잘 모르는 것처럼 행동하는 허허실실 전법부터, 관심 없는 물건임에도 과감히 배팅해 정작 자신이 사들이려는 물건에는 상대가 신경 쓰지 못하도록 하는 성동격서(聲東擊西) 전술까지 그의 변화무쌍한 경매 기법은 사람들의 혀를 내두르게 만들었다.

인터뷰를 마치고 사무실을 나서며 W회장은 내게 "타고 온 차는 여기에 두고 자신의 차를 타고 가서 술이나 한잔 더 하자"고 말했다. 역시, 예정에 없던 일이었고, 결국의 그의 제안대로 할 수밖에 없었다. 그때 이동하는 차량 뒷좌석에서 그가 한 이야기가 이후로도 두고 두고 머릿속에 맴돈다.

"돈을 두고 하는 싸움은 다 부자들의 계획된 패턴 플레이대로 흘러가게 돼 있어요. 세상의 룰 자체가 권력이 있는 사람들, 부자들에게 유리하도록 되어 있단 말이지. 그 룰에 따라서 재미있는 게임만 즐겨서는 평생을 그저 그렇게 늘 발 동동거리고 쪼들리며 살 수밖에 없어요. 그걸 나에게 유리한 형국으로 바꿔놓으려면 어쩌겠어? 룰을 어기거나, 부수거나 하는 식의 변칙 플레이로 맞서는 수밖에."

"자산가가 될 수 있었던 남다른 비결을 딱 한 마디로 요약해주신다면…"

"부자는 패턴 플레이보다 변칙 플레이에 능합니다. 가뜩이나 부족한 자원에, 원칙대로 승부를 겨뤄서는 그들을 도저히 이길 수 없습니다. 내 패턴에 상대가 당황해야 그때 돈이 벌리죠. 내가 상대의 패턴에 말리면 대책이 없어요. 그래서 내 패턴을 양보하면 안 되는 거고, 조금은 내 멋대로 해야 승산이 있다는 겁니다. 멋대로, 멋지게 한번 해보세요."

남들과 다른 가치를 발견해내
거부가 된 C고문

남들이 안 먹는 걸 먹다 보니
알게 된 것들

첫 번째 질문

고문님의 현재 자산은 얼마입니까?

"예전에는 주식도 좀 하고, 채권도 좀 하고, 달러(대출)도 좀 놓고, 별의별 거를 다 했는데, 나이를 많이 먹으니까 감도 떨어지고, 무엇보다 귀찮아서 다 팔아버렸어. 시장이라는 것이 움직이면 바로 반응을 해야 하는데, 늙으니까 그게 잘 되나? 다 팔고 이제는 건물에 세놓고 먹고, 용돈 조금 은행에 넣어두고 살지."

저자 주_____ 강남·서초 일대에서 주로 병원용 건물을 임대하는 빌딩관리 업체의 오너인 C고문은 극구 자신은 현역에서 은퇴한 상태임을 강조했다. 자신은 실권이 없는 고문 직함을 달고 소일거리 삼아 사무실을 나가고 있으며, 실질적인 기업 운영은 처남이 담당하고 있다고 했다. 그러나 주위에 알아본 바에 따르면 은퇴했다는 그의 말과 달리 C고문은 매주 세 차례 이상 사무실에 출근해서 투자 결정이나 수리 및 보수해야 할 굵직한 건 등을 챙기고 있었다. 다만 실제로 주식과 채권 등에서는 손을 거의 뗀 상태로, 자산의 거의 대부분이 부동산과 손쉽게 넣다 뺐다 할 수 있는 일반 예금에 집중되어 있었다. 성형외과와 치과 병원들이 주로 입점해 있는 강남 일대 건물을 포함해 서울에 5동 이상, 인천과 경기도에도 각 한 동 이상의 부동산을 보유하고 있는 것

으로 파악되었다. 몇몇 건물은 정확한 주소를 알려주지 않아 시가를 알아보

지 못했지만, 알려진 것만 하더라도 1천 4백에서 2천억 원대 이상의 부동산

자산을 보유하고 있는 것으로 추정된다.

|●─<◇>─●|

처음 시작할 때 수중에 얼마가 있었습니까?

"내가 서울 올라왔을 때 처음 전세로 들어간 집이 말죽거리에

있는 20평짜리 단층 가옥이었어. 그 대문 옆에 부엌 딸린 문

간방 형태의 그런 방 있잖아. 그때만 하더라도 말죽거리가 완

전 시골이었거든. 근데, 하루가 다르게 길이 뚫리고 건물이 올

라가는 폼이 이거 예사롭지가 않더라고. 그 당시에 내가 회사

택시를 몰고 있었는데, 내 꿈이 개인택시를 하는 거였어요, 개

인면허 받고 내 택시를 사려고 적금을 붓고 있었지. 몇 년 뒤에

개인면허를 취득하고 적금도 만기가 돼서 꿈에 그리던 황금색

대우 로얄 택시를 뽑으려고 그랬는데, 주인집 아주머니가 말

리는 거야. 뒷집이 싸게 나왔는데, 택시를 뽑지 말고 융자를 받

아서 그 집을 사라고. 그때 그 집이 큰길이랑 붙어 있어 소음이

심하다고 골목에 있는 다른 집보다 조금 쌌거든. 엄청 고민했지. 그 집 앞에 한 번 갔다가, 대우차 대리점에 한 번 갔다가 사흘 밤낮을 꼬박 새우며 고민한 끝에 엄청나게 대출을 받아서 그 집을 샀지. 융자 포함 6천만 원 줬나? 그 집을 2층 집으로, 다시 6층짜리 빌딩으로 두 번 헐고 두 번 다시 지으면서 내 인생이 시작됐지."

세 번째 질문

|•-‹◉›-•|

어떻게 자산가가 될 수 있었습니까?

막장 드라마의 결정적 장면 같았던 첫 만남

잘못 알려졌거나 낭설일 수도 있지만, (벌써 수십 년 전이지만) 전해 듣기로는 한때 병원에서 전공을 정할 때 가장 성적이 좋은 의대생들이 일반 외과나 내과를 지망하고 비교적 성적이 떨어지는 학생들이 성형외과나 비뇨기과, 피부과를 지망했다고 한다. 때문에, 흔히 일반 외과를 영어 단어 제너럴 서전(General Surgeon)의 앞 글자를 따서 'GS'라고 부르는데, 의사들 사이에서는 그 'GS'가 제너럴 서전이 아니라 그레이트 서전(Great Surgeon)의 앞 글자를 따서 만들었다는 얘기가 돌 정도로 그들의 자부심은 대단한 것이었다.

그러나 시대가 바뀌어, 어려운 수술 한 번 들어가면 열몇 시간씩 꼬박 수술실에 있어야 하고, 개업하기도 만만치 않은 일반 외과 대신에 각종 클리닉을 개업해 환자를 끌어모을 수 있고, 수술이나 진료 난도도 외과에 비해 크게 부담스럽지 않은 성형외과, 비뇨기과, 피부과 등이 새롭게 인기 있는 전공으로 치솟아 올랐다고 한다.

그러다 보니 성형외과, 피부과 병원도 급속도로 늘어나 지하철 3호선 신사역에서 내려서 남쪽으로 뻗은 강남대로를 따라 쭉 내려가다 보면 처음에는 한 건물 건너 한 건물씩 성형외과나 피부과 간판이 걸려 있다가 어느새 한 건물에 대여섯 군데의 성형외과 또는 피부과가 입주해 있는 놀라운 광경을 목격하게 된다.

압구정, 논현동, 신사동 일대에 건물을 보유하고 있고, 특히 주식 투자의 달인으로 아는 사람들 사이에서는 거의 '사부' 혹은 '구루'로 여겨진다는 C고문을 알게 된 것도 강남에서 분전 중이던 L피부과 의원 L원장을 통해서였다.

내 지인의 남편이기도 했던 L원장은 성형외과 전공의로 지방 U의대에서 학위를 마치고 A병원에서 근무하다가 논현동 인근에 막 자신의 이름을 단 병원을 낸 초보 개원의였다. 나름 선후배들 사이에서 실력은 출중하다고 인정받는 것 같았으나 아직 모든 것에 서툰

(특히, 돈 버는 것에 서툰) 초보 원장이 경쟁을 벌이기엔 강남 성형타운의 경쟁은 치열해도 너무 치열했다. 수술과 시술 등은 잘할 자신이 있었지만, 우선 경쟁 병원에 시선을 안 빼앗기고 L원장의 병원까지 환자가 오도록 하는 것이 관건이었다. 그를 위해서는 마케팅, 그중에서도 스토리텔링 측면에서 무언가 환자들을 끌 수 있는 매력적인 이야기가 필요했다. 지인의 부탁으로 바이럴 마케팅을 담당할 친구들과 함께 난생처럼 책 대필이 아닌 광고 대행을 하게 되었다.

평일 저녁 6시 반쯤 L원장의 병원으로 찾아갔다. 문을 닫는 7시가 가까운 시간이어서 그런지 대기실에 환자는 단 두 명뿐이었다. 한 사람은 퇴근 후에 뛰어서 가까스로 병원문이 닫기 전에 진료를 받을 수 있게 된 여성 직장인 같았고, 다른 한 사람은 어찌 보면 60대 후반으로도 보이고, 자세히 보면 50대 중반으로도 보이는 묘한 이미지의 남성 환자였다. 잠시 후, 여성 직장인이 먼저 진료실에 들어갔고 남성 환자 한 사람만 대기실에 남게 되었다. 그런데, 여성 직장인이 진료를 마치고 수납까지 하고 나간 뒤에도 그 남성 환자는 대기실에 그대로 앉아 있었다. 아니, 별다르게 진료를 받을 마음이 없는 듯했다. 도수를 가늠할 수 없는 안경을 코끝까지 아슬아슬하게 밀어 쓴 채 소파에 놓인 잡지들을 이것저것 펼쳐 읽고 있었다.
잠시 후 진료실 정리를 마친 L원장이 가운을 벗고 대기실로 나왔다. 우리 일행은 일어나서 반갑게 아는 척을 했다. (병원에서 그 병원 원장이나 의사와 개인적으로 아는 척을 하면 으쓱한 기분과 함께 묘한 쾌감이 들곤 한다, 난 그 쾌감을 미치도록 좋아하는 속물이고.) 그러나 L원장은 우리를 본체만체하더니 소파에 앉아 있는 남성에게 허리를 깊이 숙여 인사를 했다. 마치 드라마의 한 장면 같았다. (L원장: 주인공을 괴롭히는 부잣집 도련님, 우리: L원장에게 잘 보이려 노력하며 함께 주인공을 괴롭히던 패거리, 의문의 남성: 엄청나게 성공해서 부잣집 도련님을 능가하는 부자가 돼 돌아온 주인공)

그때 소파에 앉아 있던 의문의 남성이 바로 C고문이었다.

메뉴판에 없는 소고기

쉽게 예상할 수 있듯 C고문은 L원장의 병원이 입주한 건물의 건물주였다. 주로 병원들이 입주한 건물들 여러 채를 보유한 C고문은 이날 L원장을 포함한 입주민들과 임대료를 협의하기 위해 방문했다고 했다. 세련된 외모와 달리 그의 입에서 튀어나온 것은 구수한 경상도 사투리였다.

"L원장, 마 이야기가 길어질 듯하이, 우리 어디 가서 밥이나 무

(먹으)며 이야기를 하입시다."

C고문의 제안에 L원장은 당황하는 기색이 역력했다. 저녁시간 동안 우리와 홍보 스토리 구성 등에 대해 회의를 하기로 했는데, 건물주가 밥을 먹으러 가자고 하니 이러지도 못하고 저러지도 못하는 모습이었다. 기사에게 전화해 차를 대라고 한 뒤 먼저 성큼성큼 나가려던 C고문은 주춤거리는 L원장과 당황스러워하는 우리를 보더니 껄껄 웃으며 말했다.

"아니, 선약이 있었고만. 일행이 있으면 말을 허지. 뭘 우물쭈물하고 있노? 다 같이 가입시다. 어차피 저녁들을 먹어야 할 거 아잉교."

그렇게 두 대의 차를 나눠 타고 인근에 있는 고기집으로 향했다. C고문은 거침이 없었다. 자리에 앉자마자 급하게 주문을 하더니, 주문한 고기가 나오자마자 집게를 쥐고 자리를 파할 때까지 한 번도 놓지 않고 앉아 있는 모든 사람에게 고기를 구워 먹였다. 술잔이 여러 번 돌고 다들 어느 정도 배가 불러오자, C고문은 "맛있는 것을 먹여주겠다"며 종업원을 불러 '메뉴판에 없는 그것'을 달라고 했다.

나는 소 한 마리에서 몇백 그램 나오지 않는다고 알려진 진귀한 특수부위가 나오기를 내심 기대하며 주방 쪽을 바라보고 있었다. 그러나 사장이 직접 들고나온 것은 내가 기대하던 비주얼과 너무나도 다른 것이었다. 시뻘건 양념에 무쳐져 프라이팬에 듬뿍 담긴 '그것'은 한마디로 너덜너덜한 모습이었다.

"이거 이름이 뭔지들 알아요? 젊은 사람들은 잘 모를기야. 이 게 수구레라 카는 거요, 수구레."

C고문은 숯불 위에 프라이팬을 얹어놓고 직접 조리를 하며 수구레에 대한 설명을 시작했다. 수구레는 소의 가죽과 살코기 사이에 붙은 부위로 다른 나라에서는 거의 먹지 않는 부위이다. 자칫 잘못 손질하면 질기고 냄새가 나서 먹을 수가 없지만, 잘만 다루면 쫄깃하고 고소한 맛이 나기도 해 우리나라에서는 예로부터 고기를 못 사 먹던 이들을 중심으로 알음알음 인기를 끌어왔다. 그러나 '군화 재료로 들여온 소가죽을 물에 불려서 만든 수구레가 유통되어 문제가 되고 있다'던 신문 기사[5]에서도 볼 수 있듯이, 수구레는 먹을 수 있는 고기와 먹지 못하는 동물성 소재의 사이에서 절묘하게 줄타기를 계속해온 서민들의 식재료였다.

"자, 다 익었다. 한번 무(먹어) 봐요. 맛이 아주 나쁘지는 않아요.

----

5   1969년 7월 15일자 경향신문 '군화용(軍靴用) 가죽의 폐품(廢品) 쇠고기 식용(食用)으로 팔아'

이 집이 생갈비 1인분에 6만 4천 원을 받는 집이라서 이런 거
(수구레) 팔면 남지가 않지. 나 같은 단골만 맛보라고 서비스로
주는 거예요. 나중에 당신들끼리 와서 찾으면 없다고 할기라."

그렇게 한참 수구레 안주에 소주를 비웠을 때였다. C고문이 수
구레 한 점을 젓가락으로 집어 들더니 의미심장한 얘기를 하는 것
이었다.

"이 수구레 한 점이 갱상도 깡촌 출신 빈털터리를 이렇게 의사
양반이랑, 작가 양반이랑, 영화감독 양반이랑 술 마시는 대~단
한 사람으로 만들어준 거 알.아.요?"

이후 그로부터 그렇게 얘기한 이유에 대해 들었던 것 같은데, 그
내용이 정확하게 기억이 나지 않았다. 내가 듣고도 만취해서 잊어버
렸거나, C고문이 취해서 횡설수설 엉뚱한 이야기를 했거나 둘 중에
하나인데 어느 것인지 확실하지는 않다. 아무튼 그날 C고문과 우리
둘 다 L원장과 하기로 한 일들은 하나도 하지 못하고, 3차까지 이어
지는 술자리를 하며 절친(?) 사이가 됐다.

빌딩이 된 수구레

이 책을 쓰기 위해 노트를 뒤적이다 문득, 그날 수구레를 볶으며 C고문이 했던 이야기가 궁금해졌다. '과연, C고문은 수구레 한 점이 어떻게 자신을 부유한 자산가로 만들어줬는지 이야기한 걸까?' 4년 반 만에 그날의 그 이야기가 궁금했다. 오랜만에 다시 전화를 걸어 '그날의 그 고깃집'에서 C고문을 만나게 되었다.

안창살과 살치살을 섞어 일단 급한 대로 배를 채운 뒤, 식당 사장님께 '문제의' 그 수구레 볶음을 부탁드렸다. 그때 그 맛과 똑같은 수구레 볶음이 앞에 놓이자 C고문은 부탁하지도 않았는데, 그에 얽힌 자신의 이야기를 털어놓기 시작했다.

"열 살 때인가 열한 살 때인가, 인근 마을 창녕장에 놀러 갔는데 장터에서 어른들이 국밥 한 그릇을 시켜놓고 탁주를 맛나게 잡숫는 기라. 하도 맛나게 잡수시길래 '아재, 그게 뭐예요?'라고 물었지. 그러니까 어른들이 '수구레'라고 하시면서 '와, 니도 함 무볼래?'라고 하시길래 얼른 한 점 얻어먹었제. 내 그때 그 맛을 잊지 못해요."

그런데, 가만히 생각해보니 신기했다. C고문의 고향마을에서는 소를 잡으면(그때는 큰 잔치가 있으면 도축장이 아닌 폐가 같은 곳에서 동네 청년들이 모여 소를 잡았다고 한다) 수구레는 버렸다. 간혹 가져다가 끓여 먹겠다는 사람이 있으면 "그걸 어떻게 먹는다고…"라며 고개를 절레절레 젓고는 했다. 그런데, 그 수구레가 창녕장에서는 돈을 받고 팔리고 있었다. 비싼 값은 아니었지만 식당 주인은 제법 쏠쏠하게 돈을 버는 듯했다. '아무리 가치 없는 것이라도, 그 가치를 알아줄 만한 때와 장소로 옮기기만 하면 새로운 가치를 만들어낼 수 있다'는 그의 돈벌이 철학은 그때 어렴풋이 만들어지기 시작했다고 했다. 그는 갑자기 물었다.

"이봐요 작가 양반, 소고기 부위 중에 지난 50년간 가장 많이 오른 부위가 어딘 줄 알아요?"

분명, 수구레가 답인 듯한데 선뜻 답을 하지는 못했다. 그러자, 그는 답답하다는 듯 또박또박 글로 적듯 말했다.

"곱창, 대창, 양 같은 내장이 1번, 소머리가 2번, 그리고 수구레가 3번이에요."

셋 다 과거 (일부 지역에서는) 못 먹고 버리는 부위 또는 다른 먹을 것이 있을 때는 굳이 먹지 않는 부위라는 공통점이 있다. 그랬던 것들이 곱창구이 전문점, 소머리국밥집, 수구레볶음 또는 해장국집이 인기를 끌게 되면서 그 가치가 수직상승했다. C고문 역시 자신의 고향마을에서의 수구레 같은 취급을 받던 것들에 투자해서 그를 창녕장 국밥집의 수구레처럼 만들어 큰돈을 벌기 시작했다.

원래 회사택시 기사였던 그는 개인택시를 모는 것이 꿈이었으나, 우연한 기회에 주변 시세보다 싼 집 하나를 알게 되었다. 바로 자신이 세 들어 살던 집의 뒷집이었다. 가뜩이나 주변보다 싼 편이었는데, 주인이 급한 사정이 생겨 더 싸게 내놓았다고 했다. '평생 소원이던 대우 로얄 택시를 뽑을 것인가', '이 기회에 집을 살 것인가' 몇 날 며칠을 고민하던 그의 머릿속에 창녕장의 수구레국밥이 떠올랐다. 큰길과 붙어 있어 밤새 지나다니는 차 소리에 밤잠을 이루기 힘든 집이었다. 주변 인도 구조도 특이해서 밤낮없이 몰래 주정차하는 차들로 골머리를 썩혀야 했다. 이래저래 적합하지 않았다. 그러나 그건 '살기에' 적합하지 않다는 것이었다. 그 자리에 '장사하기에', '영업하기에', '출근하기에'로 바꾸어보면 이야기가 달라졌다.

대출을 받아 집을 산 뒤 원래 있던 대문 쪽을 막고 큰길 쪽으로 난 창문을 더 크게 뚫어 새로운 출입구를 만들었더니 그럴듯한 가게 자리가 두 개가 나왔다. 그 당시만 해도 어렵지 않았던 증축 허가를 받아 위로 한 층을 더 올려 살림집으로 쓰고 1층의 가게 두 개는 세를

줬다. 큰길가에 면하고 있어 시끄러웠던 집이 목 좋은 상가주택으로 변하게 된 순간이었다. 그에게는 그 집이 수구레였다. 남들이 알지 못하던 가치를 알아내 새로운 가치를 부여하게 된…. 몇 년 뒤에는 그 집을 헐고 같은 자리에 6층짜리 건물을 올리게 되었는데, 그 건물은 이후로 꽤 오랫동안 C고문의 든든한 종잣돈 노릇을 해줬다.

·

나만의 수구레를 어떻게 찾아낼 것인가?

그렇다면 남들이 알아채지 못하는 가치를 지닌 자산을 어떻게 찾아낼 것인가? C고문 같은 이들의 사례는 극히 일부분이 아닐까? 그저 C고문은 운이 좋았던 것은 아닐까? 그런 물음에 C고문은 고개를 가로저었다. 당장 50년 전 창녕장에서 어르신들로부터 수구레를 얻어먹은 동기들만 해도 C고문을 포함해 네 명이나 되었다. 그럼에도 불구하고 오직 C고문만이 그로부터 삶에 도움이 될 만한 '가치'를 발견해냈고, 이후로도 수십, 수백 차례 여러 가지 상황 속에서 '수구레'와 같은 것들이 등장했지만 그럴 때마다 그 감춰진 가치를 발굴해내서 그로부터 큰 이익을 거둔 것은 C고문을 포함한 극소수에 불과하다고 했다.

그렇다면 어떻게 남들과 다르게 새로운 가치를 찾아내고 활용해서 나만의 자산을 만들어내고 불려나갈 수 있을까? C고문과의 여러 차례 만남에서 그가 반복적으로 들려준 이야기들을 종합해보면 크게 네 가지 방법이 있었다.

첫 번째 방법은 남들이 알아채지 못하는 가치를 알아채는 방법이다.

과거 곱창, 대창이나 수구레의 경우 소를 잡거나 소고기를 파는 사람 정도를 제외하면 그 가치에 대해 제대로 아는 사람이 드물었다. 자산 역시 마찬가지다. 관련된 사업을 하거나 경험이 있는 사람을 제외하면 해당 자산의 제대로 된 가치를 잘 아는 사람이 드문 것들을 찾아내서 그곳에 집중적으로 투자하는 방식이다. C고문은 신도시 지역에 상가 건물로 지어졌지만 장기간 임대가 안 된 건물들을 찾아내서 싸게 구입하거나 전 층을 임차하여 리모델링을 한 뒤 병원[6]전문빌딩으로 재임대하는 방식으로 큰돈을 벌었다. 그가 택한 건물은 병원들이 주로 위치한 대로변이 아닌 뒤로 한두 블록쯤 물러난 곳에 있지만, 여유 있는 주차공간 또는 공영주차장을 끼고 있는 건물이었다. 과거와 달리 요즘 환자(보호자)들은 길을 가다 눈에 띈 간판의 병원을 방문하는 것이 아니라 미리 인터넷으로 충분히 정보를 검색한 뒤 방문하기에 대로변 위치가 큰 의미가 없으며, 대신 신도시에서 인기 있는 진료 과목의 대다수가 차를 갖고 방문하는 환자, 보호자들이

---

6 통상 입원환자용 병상 수가 30개가 넘으면 병원, 그 이하면 의원이라고 부른다. 대부분의 동네 의료시설은 입원시설 자체가 없는 곳이 많으므로 의원이라고 부르는 것이 옳으나 익숙한 관례상 '병원'으로 통일했다.

선호하는 과목(소아과)이었기에 주차공간이 필수적임을 간파했기 때문이다. C고문은 자신의 건물에 입주한 병원장들과 교류하며 이런저런 이야기를 듣는 것을 수십 년째 날마다 지속해왔는데, 실제 환자를 맞는 의사들이 알려준 '수구레'인 셈이었다.

두 번째 방법은 남들이 아는 가치에 더해 새로운 가치, 추가적인 가치를 알아내는 것이다.

병원 임대용 건물은 다른 상가 건물에 비해 안정적인 수익, 깨끗한 환경 유지에 장점이 있다. 그에 더해 야간과 휴일에는 대부분의 병원들이 문을 닫기에 그 시간대에는 건물의 부대시설을 다른 목적으로 사용할 수가 있다. 넓은 공간은 아니었지만, 건물 부속 주차공간을 야간과 휴일에는 인근 식당가의 발렛파킹 주차장으로 활용하도록 해서 추가 수익을 냈고, 공용공간 역시 야간에는 실내포차 부지로, 휴일에는 플리마켓 공간으로 임대를 했다. 간단한 사례가 이 정도이고, C고문은 사소한 무엇 하나도 그냥 넘기지 않고 늘 '1+1'을 만들어내기 위해 뒤지고 살피기를 마다하지 않았다.

세 번째 방법은 남들과는 다른 시각으로 가치를 발견해내는 것이다.

앞서, 병원 임대용 건물을 사들이면 C고문은 무조건 건축법이 허가하는 범위 내에서 건물의 1층 벽체를 허물어 통으로 뚫려 있는 시원한 공간을 만들었다. 그리고는 유리한(반년치 임대료를 면제해주는 파격적인) 조건으로 약국을 유치했다. 때로는 간판도 무료로 달아줬는데, 대신 조건이 있었다. 건물의 이름과 똑같은 이름으로 약국 이름을 짓는 것이었다. 또한 가능한 경우에는 건물 옥상에 옥외 광고판을 세우거나 통신사 중계기를 유치하는 식으로 건물에 추가적인 가치를 계속 더해나가는 데 능했다. 보통 건물 옥상은 엘리베이터 기계실, 공조용 냉각탑, 물탱크 등이 올라가 있어 반쯤 방치된 창고 같은 느낌이거나 건물에 입주한 이들의 흡연공간으로 사용되는 것이 일반적이었다. 그러나, 그는 그곳조차 가만 놔두지 않았다. 한번은 모 신도시에 매입한 건물의 이름이 H빌딩이어서 약국을 입주시켜 H약국이라고 간판을 달아줬는데, 마침 옥외 광고판에 2년간 광고를 유치한 기업이 H중공업이어서 한동안 이 건물 'H빌딩'은 인근 동네에서 랜드마크이자 이정표 역할을 톡톡히 하며 건물 가치 또한 수직 상승했던 적이 있다.

마지막으로 네 번째 방법은 남들보다 긴 호흡과 폭넓은 시각으로 훨씬 큰 가치를 발굴해내는 것이다.

C고문을 만날 무렵 한창 불고 있던 '코인 열풍'에 대해 물었던 적이 있다. 긍정 혹은 부정 둘 중 하나로 답하리라는 생각이었다. 내 예

상은 (아무래도 부동산을 중심으로 많은 자산을 보유하고 있는 분이니) 부정적으로 볼 것이라는 쪽이었다. 그러나 긍정도 부정도 아니었다. 그의 대답은 '신뢰와 신용'이었다. 곡식과 고기로 거래를 하다가 조개껍데기와 같은 상호 신뢰를 통해 인정한 거래 수단으로, 다시 금화나 은화로 거래를 하다가 동전과 지폐 같은 국가에서 신용을 담보한 거래 수단으로, 그런 현금으로 거래를 하다가 신용카드나 수표, 어음과 같은 거래 수단으로, 인류의 역사는 이전의 거래 방식이 어느 정도 성숙하면 또 다른 신뢰와 신용체계에 기반한 보다 편리한 거래 수단과 방식을 선택해왔다고 했다. 그 사이에서 곡식, 고기, 금화, 은화 같은 실물 거래 수단만 살아남지도, (조개껍데기는 사라졌지만) 지폐, 수표, 신용카드 등과 같은 높은 신뢰 수준을 기반으로 한 거래 수단만 살아남지도 않았다. C고문이 주목하는 것은 바로 그 지점이었다. 코인에 투자를 할 것이냐, 하지 않을 것이냐는 OX 퀴즈를 풀기 위해 노력하기보다는 인류 역사 내내 이어온 거래 수단의 변화에 집중하고, 그 사이에서 기회 요소를 포착하기 위해 노력한다고 했다.

그래서 결론은? 코인으로 대표되는 가상화폐는 우리 인류의 '가치'와 '신뢰'에 대한 철학이 금화, 은화에서 지폐로 옮겨가는 수준의 큰 변화를 겪고 있는 와중에 발생한 과도기적 현상으로, 코인이 목적이 되면 안 되고 그다음에 올 변화를 준비해야 한다고 했다. 따라서 본인은 학습 목적으로 몇 푼(그게 몇 억이었다…) 넣었다 뺐다 하며 추이를 살핀다고 했다.

이후로도 C고문과는 수구레를 볶아 먹으며 수구레 같은 돈 얘기를 나누곤 한다.

그럴 때마다 '이런 이야기들이 70세가 다 되어가는 건물주 입에서 술술 나오니 나 같은 사람은 참, 점점 더 돈 벌기가 힘들어질 것 같다'는 생각이 든다.

"자산가가 될 수 있었던 남다른 비결을 딱 한 마디로 요약해주신다면…"

"새로운 가치를 만들어내는 것, 그것이 부자가 되는 만고 불변의 길입니다. 그러나 모두가 가치를 창조해낼 필요는 없습니다. 남들이 미처 발견하지 못한 가치를 찾아내거나, 남들이 아는 가치에 조금 더 추가하거나, 남들과 다른 시각에서 새로운 가치를 찾아내거나, 남들보다 조금 더 긴 호흡으로 더 큰 가치를 발견하거나… 그 정도로만 해도 충분합니다."

축구팀 감독하듯 자산관리를 해
부를 축적한 R회장

공을 갖고 있지 않을 때의 활동량이
골을 만든다

첫 번째 질문

회장님의 현재 자산은 얼마입니까?

"나는 내가 가진 것을 두 부류로 나눠서 생각해요. 한쪽은 끊임없이 이곳저곳을 쫓아다니며 돈을 물고 와야 하는 자산, 다른 한쪽은 지긋이 자리를 지키면서 가능하면 몸집을 불리면 좋지만, 그게 안 되면 안정적으로 제자리만 지켜줘도 되는 자산. 전자에 속하는 자산은 주로 주식, 채권 같은 데 투자한 거랑, 수익형 부동산이라고 생각해서 몇 군데 투자한 것들. 후자는 가장 대표적인 것이 내가 지금 살고 있는 집이랑 고향에 한 번씩 내려갈 때 자고 오려고 사놓은 집, 그리고 우리 회사 주식 같은 거죠. 살아온 시기마다 전자와 후자의 비율이 조금씩 달라졌는데, 당연한 얘기지만, 젊을 때는 전자의 비율이 압도적으로 높고 후자의 비율이 낮았는데, 점점 전자는 낮아지고 후자는 높아져서 이제는 한 7대 3이나, 6대 4 정도가 될 거예요."

저자 주_____ 빌딩 임대 및 관리업, 유통업, 요식업 등을 두루 경영하는 사업가이면서 탄탄한 재력가로 알려진 R회장의 자산은 본인의 이야기처럼 크게 두 부류로 나뉘는데, 전자에 속하는 아파트형 공장과 오피스텔 빌딩 등 수익형 부동산으로 보유 중인 자산이 약 8백에서 1천억 원 정도 수준이고, 주식 및 채권을 약 150억 원에서 2백억 원 정도 보유하고 있다. 평상시 생활비 및 소액의 급한 투자용으로 보유하고 있는 현금 예금은 상황에 따라 적게는 수천만 원에서 많게는 수십억 원까지 변동되므로 계산에서 제외하였다. 후자의 경우에는 본인이 거주 중인 서초구 잠원동의 아파트와 경남 진영의 단감 과수원이 딸린 농가주택을 합쳐 부동산이 약 55억 원 수준에 소유한 회사의 지분이 약 2백억 원대 수준인 것으로 알려져 있다.

두 번째 질문

|●◅◦◐◦▻●|

처음 시작할 때 수중에 얼마가 있었습니까?

"평범한 직장생활 하다가 사업도 하고, 투자도 하고 그랬으니까. 뭐 내 또래 평범한 직장인 정도 갖고 있었지. 그래도 우리 때는 좋았어요. 대학 졸업하면 좋고 나쁜 차이야 있지만 그래도 갈 직장들이 있었고, 월급 착실히 잘 모으면 두 자릿수 금리에 집값은 아직 지금처럼 미치기 전이었으니까. 조금만 무리해서 빚을 지면 아주 좋은 동네는 모르겠지만 변두리 조그마한 아파트라도 한 칸 내 앞으로 사둘 수 있었고, 사놓으면 매년 알아서 (집값은) 착착 올라가주었으니까. 내 나이 서른다섯에 IMF를 맞았는데, 그때 다니던 회사 때려치우고 내 사업을 시작했죠. 그때 내 앞으로 있던 재산이 노원구 창동에 있던 아파트 한 채랑 부모님 고향 경남 진영에 사놓은 땅 조금, 그리고 주식, 채권, 예·적금 다 해서 한 2천 5백만 원 정도? 그거 갖고 시작한 거지 뭐."

세 번째 질문

|●-<◉>-●|

어떻게 자산가가 될 수 있었습니까?

뜻하지 않게 이루어진 조기축구회의 용병 영입

대필 작업을 하다 보면 특이한 사람도 많이 만나게 되지만, 그에 못지않게 특이한 경험을 하게 될 때도 많다. 원고를 의뢰한, 책의 원저자가 될 사람의 입장이 되어 '나 자신의 이야기를 털어놓는다'는 생각으로 글을 쓰기 위해 최대한 그 사람이 좋아하는 것, 즐기는 생활을 함께 경험하며 글을 쓸 때가 많다. 예를 들어, 독일 생활을 오래 한 모 저명인사의 책을 쓰기 위해, 원고 작업을 하는 내내 그가 좋아한다는 브람스의 음악을 집 안에 흘러나오도록 한 적도 있고, 매일 새벽 3시 30분이면 일어나서 일간지들을 살펴보고 묵상과 메모를 하며 하루를 시작한다는 재력가의 책을 쓰기 위해 평상시 구독하지 않던 종이 신문을 세 종류나 구독해 비슷한 시간에 일어나 정독하기도 했다. 원저자가 좋아하는 장소를 찾아가 보거나, 그가 즐겨 먹는 음식을 나도 즐겨 먹는 것 정도는 대필 작업을 할 때마다 늘 하는, 특이하다고 할 수 없는 노력이다.

나는 이런 일을 '집필 환경 조성'이라고 해서 원고 작업을 하기 전 반드시 해야 할 단계로 여기고 있는데, 그러한 '집필 환경 조성' 작업 중에서도 가장 힘들었던(반면에 즐거웠던) 작업이 C씨 부친의 전기(傳記) 건이었다. 자산가였던 C씨의 요청으로 그의 부친에 대한 전기 작업을 하게 되었는데, 부친은 이미 작고한 지가 몇 년 된 터였다. 생전의 자료들은 아들인 C씨가 잘 모아놔서 그럭저럭 참고할 만한 것들이 제법 되었지만, 그것만으로는 제대로 된 원고가 나오기 힘들었다. 고인과 생전에 친하게 지낸 이들의 생생한 육성 인터뷰를 따고 싶었다. 이곳저곳에 문의하던 중 고인이 투병 생활에 들어가기 직전까지 왕성하게 활동했던 조기축구회가 있었다는 것을 고인의 따님이자 돌아가시기 전까지 모시고 살았던 C씨의 막내 여동생을 통해 알게 되었다.

그래서 본의 아니게 '숨이 헐떡거릴 만큼 뛰는 것'을 끊은 지 근

10여 년 만에 처음으로 운동복을 갖춰 입고 축구공을 찾게 되었다. 원래는 조기축구회를 찾아가서 고인의 생전 모습을 기억하는 멤버들과 안면을 트고, 약속 일자를 잡아 인터뷰를 진행해서, 그 내용을 책에 담으면 그만인 아주 쉬운 '집필 환경 조성' 작업이었는데, 그놈의 '안면을 트는' 과정에서 탈이 나고 말았다.

강남구 삼성동에 위치한 U중학교에서 매주 화요일과 목요일 아침 6시에 모여 2시간씩 연습경기를 갖고, 토요일마다 정식 시합을 하는 제법 체계를 갖추고 역사도 오래된 조기축구회였는데, 이 팀 역시 기존의 다른 조기축구회처럼 심각한 선수 수급난을 겪고 있었다. 젊은 회원들은 가입을 안 하고 나이든 회원들만 늘어가면서 시합 때 주전 멤버 열한 명을 다 채우기도 어려운 수준이라고 했다. 어느 화요일 아침, 연습 끝날 시간에 맞춰 인터뷰 요청을 드리기 위해 찾아갔을 때 회원들이 왜 그렇게 환대를 해줬는지는 그 주 토요일이 되어서야 알게 되었다. 연습을 마치고 각자 생업을 위해 가봐야 한다며 "이틀 뒤 연습 때 일찍 와서 우리랑 공이나 같이 차면서 이야기나눠 보자"라고 하여 목요일에는 운동복과 축구화를 챙겨서 U중학교로 찾아갔다. 그렇게 패스를 주고받고 슛 연습을 하며 원고 작업을 의뢰한 C씨 부친의 평상시 생활과 재미난 에피소드 등을 물었고, 흥미로운 쓸 거리들을 여러 건 얻을 수 있었다.

그리고, 그 주 토요일에 나는…

그 조기축구팀의 오른쪽 풀백으로 세 번의 연습경기를 뛰어야 했다.

그때, 센터백으로 나와 함께 굳건한 수비 라인을 구축했던 인물이
바로 R회장이었다. 50대 중반의 나이였지만 고령화가 심각하게 진
행된 조기축구회 내에서는 젊은 축에 속했던 그는 공용 장비도 챙기
고, 경기장 라인 긋는 작업도 자청하고 나서면서 본의 아니게 '용병'
신분으로 연습과 경기에 참가하게 된 나와 손발을 맞추게 되었다.

퍼스트클래스 승객은 펜을 빌리지 않는다, 왜?

이런 인연은 C씨 부친의 전기 대필 건이 끝나고도 계속 이어졌고,
이후 (소기의 목적을 이룬 내가) 조기축구회를 탈퇴하면서 만남은
다소 뜸해졌지만, 연말연시나 명절 무렵이면 늘 안부를 주고받는 '선
배님, 아우님' 사이로 지내게 되었다. (안타까운 것은 U중학교를 근
거지로 한 그 조기축구회도 몇 년 뒤 선수 부족으로 해체되고 말았
다고 한다.)

이 책 작업을 하면서 꽤 오랜만에 R회장을 다시 만나게 되었다.
그사이 그의 몸은 더 탄탄해져 있었다. 불과 몇 년 지나지 않았는데,
이제 조기축구회 용병은커녕 돈을 내고 뛴다고 해도 거절당할 몸매
로 변해버린 나와는 반대였다. 이런저런 안부를 묻고 근황을 주고받

은 뒤, 본격적으로 세 가지 질문을 던졌다. 그 질문들에 대해 R회장은 늘 그렇듯 시원시원하게 막힘없이 답해주었다. 그리고 가장 기대한 세 번째 질문을 던지기 전 갑자기 종업원을 불렀다. 그러더니 두둑한 팁과 함께 세팅지와 볼펜을 가져다 달라고 부탁했다.

  몇 년 전인가 '부자나 성공한 사람(책에서는 그를 비행기 퍼스트클래스에 탑승하는 손님으로 표현했다)은 펜을 빌리지 않는다'는 문구와 내용을 앞세워서 엄청난 베스트셀러가 된 책이 있다. 부자들은 항상 메모하는 습관 때문에 펜을 지니고 다니기에 절대로 비행기에서 승무원에게 펜을 빌리거나 하지는 않는다는 것이 그 책이 하고 싶은 말이었다. 그런 습관들 덕분에 그들이 돈을 벌고, 성공을 해 '그 비싼' 퍼스트클래스에 탑승하는 사람이 될 수 있었다고 했다. 동감한다. 그런데 (물론, 책으로 쓰다 보니 조금 과장을 하거나 확대해석을 한 것이겠지만) 내가 접한 수많은 부자나 성공한 사람들 중 항상 펜을 지니고 다니는 사람은 10% 미만이었다. (그럼에도 그들 역시 퍼스트클래스를 탑승하거나, 최소 비즈니스클래스 이상을 탑승한다.)

  비행기 안에서 승무원에게 펜을 빌려야 하는 경우는 특별하게 급히 메모해야 할 것이 생기지 않는 이상 주로 입국 시에 제출해야 할 각종 신고서류를 작성할 때인데, 사실 퍼스트클래스 승객이야 그 서류는 아마도 수속을 준비해준 여행사에서 미리 챙겨주었거나, 같은 비행기 이코노미석에 탑승하고 있는 수행 직원이 승무원의 펜을 빌리거나 본인의 펜으로 작성을 마쳐놓았을 것이다. 때문에 딱히 그들이 승무원에게 펜을 빌릴 일은 없다. 반면, 이코노미의 승객들은 그 모든 서류를 직접 작성해야 하고, 나 같은 경우 늘 볼펜을 지니고 다니지만 가장 안쪽인 창측 좌석에 앉았을 경우, 머리 위 선반에 있는 펜을 꺼내기 위해 옆과 그 옆에 앉은 이들에게 아쉬운 소리를 하며 펜을 꺼내느니 차라리 승무원에게 잠시 빌리고 되돌려주는 방법을 택하고는 한다.

즉, 부자나 성공한 사람이 평상시 할 법한 (검증되지 않은 그럴듯한) 습관을 정형화해서 쓴 책을 읽으며 '이대로만 따라 하면 나도 성공을 하거나 막대한 부를 모을 수 있겠지'라고 막연히 기대하는 것만큼 덧없는 일도 없다…는 이야기를 R회장과 나눴다. 종업원이 펜과 종이를 가져오는 동안이었다.

R회장은 자신도 비행기 안에서 펜을 써본 일이 거의 없다고 했다. 해외에 골프 치러 갈 때는 수행하는 가이드가 일괄 작성해서 입국 심사대 앞에서 손에 착 쥐여주고, 업무상 출장을 갈 때는 수행 직원 또는 비서가 미리 양식을 구해다가 작성해서 나중에 입국 심사 라인에 서서 편명과 날짜만 적어 넣으면 되게 챙겨준다고.

아무튼 그런 얘기를 주고받는 사이에 유명 사케회사 로고가 새겨진 검정색 볼펜 두 자루와 깨끗한 A4 용지 서너 장이 준비되었다. 일행이 더 와서 수저를 놓기 위해 테이블 세팅지를 달라고 한 것이 아니라 볼펜과 함께 달라고 하는 것을 보니 아무것도 인쇄가 안 된 세팅지 뒷면에 무언가 메모를 하리라는 것을 간파한 직원의 센스였다. R회장은 단골인 이 일식당을 방문할 때 콕 짚어 그 직원의 응접을 받으며, 그때마다 그에게 감탄할 수밖에 없는 까닭과 때론 음식값보다 훨씬 많은(그렇다고 음식값이 저렴한 것도 아니다) 팁을 그에게 주곤 하는 이유에 대해 한참 동안 설명했다. 내가 들어도 R회장이 탄복할 수밖에 없겠다 싶었다. 그 부분은 이후 다른 책을 쓸 때 꼭 넣어야겠다고 생각하며 '세 번째 질문'에 대한 본격적인 답을 구했다.

1997년의 기억

R회장은 자기만의 사업과 투자를 시작하기 전에는 모 대기업이 외국계 기업의 자본과 기술력을 유치해서 세운 엔터테인먼트기업인 T사의 재경팀 직원이었다. 원래 회계사가 되고 싶어 대학교 3학년 때부터 고시실에 들어가 준비를 했지만, 매번 아깝게 떨어졌다. 한두 해 정도만 더 하면 붙을 수 있을 것 같았지만 고향에 계신 연로한 부모님께 그 뒷바라지를 해달라고 말할 염치가 없었다. 결국 회계사 시험을 접고 몇 군데 기업에 원서를 제출했다.

"그때만 하더라도 88 올림픽 끝나고 나서 경기가 기가 막힐 때였어요. 과 사무실에 가면 원서가 그냥 쌓여 있었고, 서류만 내면 절반 이상은 면접을 보러 오라고 연락이 오고, 면접을 보면 그중 몇 군데는 어렵지 않게 들어갈 수 있었으니까."

그 역시 현대나 삼성 같은 곳은 아니었지만, 재계 30위권 내에 드는 중견 재벌 그룹의 계열사에 어렵지 않게 입사할 수 있었다. 그리고 8년간 열심히 일해 결혼도 하고, 크지 않지만 창동에 자신의 이름으로 아파트도 장만할 수 있었다. 보너스와 각종 수당을 모아 아버지 고향에 과수원도 하나 장만해드릴 수 있었다. 그랬던 그의 인생이 크게 변곡점을 맞이하게 된 것은 1997년, 당시를 살았던 우리나라 사람이라면 누구라도 잊을 수 없는 'IMF 구제금융 요청' 사태였다. 어제까지 멀쩡해 보이던 회사가 하루아침에 공중분해가 되고, 함께 일하던 직원 중 절반 이상이 짐을 싸야 하는 시기가 도래했다. 그 와중에 R회장은 충격적인 일을 겪게 되었다.

부진 사업 철수와 조직 통폐합, 잉여 인력 퇴출 등의 작업을 진행할 때였다. 논현동에 있는 회사로 출근을 하기 위해 동부간선도로로 접어들었는데, 꽉 막힌 도로의 한쪽 편에 눈에 익은 차 한 대가 서 있는 것이 보였다. D사에서 생산한 준중형 승용차였다. 아무리 서행을 하는 길이라지만, 그 차를 한눈에 알아본 것은 뒷유리창의 대학교 스티커와 뒷문짝의 스프레이 자국 때문이었다. 그를 떠나, 일단 자동차 번호판도 예전 그대로였다.

'3838'

'광땡'이 두 번 겹쳤다며 무척이나 좋아했던 번호였다. 그 차는 R회장이 결혼한 이듬해인 1990년에 구입해서 7년을 타고 다니다가 얼마 전 같은 회사 후배에게 30만 원 받고 넘긴 차였다. 뒷유리창에는 R회장이 졸업한 학교의 고유 문양이 그려진 스티커가 붙여져 있었고, 뒷문짝은 누군가 긁고 지나가서 그를 가린다고 같은 색상 스프레이를 뿌린다는 것이 너무 많이 뿌려서 오히려 더 티가 나게 되어 버린 것이었다. 덕분에 멀리서 봐도 그의 '옛' 차인지 쉽게 알아볼 수 있었다.

'근데, 쟤가 왜 저기에 차를 대고 서 있지?'

그 생각에 차선을 빠져나와 서 있는 그의 옛 애마이자, 현재 후배의 차 앞에 차를 세웠다. 그리고 이후 벌어진 일은 그의 인생에 있어 가장 쓰라린 기억으로 남아 있다. 후배는 다음 달에 결혼을 앞두고 있었다. 때문에 R회장으로부터 차도 싼값에 넘겨받았고 집도 계약을 앞두고 있었다. 그러나, 그 무렵 R회장이 다니던 T사의 사정은 최악을 향해가고 있었다. 대부분의 사업은 철수 또는 축소되었고, 관련

인원 중 핵심 인원들은 그룹 내 타 계열사로 이동 발령을 냈지만, 나이가 많은 최고참급 직원들과 입사한 지 얼마 되지 않은 어린 직원들 위주로 희망퇴직을 실시했다. 희망퇴직을 하지 않을 경우 곧바로 정리해고의 수순을 밟겠다는 통보도 동시에 이뤄졌다. R회장으로부터 차를 넘겨받은 후배 역시 그런 퇴직 대상이었다. 이미 청첩장까지 인쇄된 상황에서 회사로부터 다음 달까지 위로금을 받고 퇴직하라는 통보를 받은 후배는 몇 날 며칠을 고민하다, R회장이 차를 발견한 이날 새벽 2시경에 차를 몰고 어디론가 가다가 차를 세우고 극단적인 선택을 하고 만 것이었다. 그 사건의 목격자이자 최초 신고자이자 관련 증언자로 해당 사건에 대한 조사와 장례 절차가 끝날 무렵 그 역시 회사에 사표를 내고 그만두었다. 공교롭게도 1997년 12월의 마지막 날이었다.

돈이 없을 때의 활동량이 돈을 불러온다

이후 R회장은 부동산 경매시장에 뛰어들었다. 회계사 시험을 포기한 뒤 직장생활을 하며 틈틈이 공부해서 따놓은 공인중개사 자격증이 도움이 되었다. 보유한 자본이 많지 않았기에 다른 전문 투자자들처럼 과감한 베팅은 하기 힘들었다. 대신 부지런히 발품을 팔아 가치에 비해 저평가된 물건들을 발굴해내거나, 낮은 수익률이 예상되는 작은 물건이라도 따박따박 챙겨 먹는 방식을 택했다.

마침 운도 좋았다.

갑자기 발생한(사실, 그 전조현상은 수년 전부터 있어 왔지만…) 경제위기 속에서 사업에 실패하거나 직장을 잃은 이들, 급격히 늘어난 대출이자로 인해 대출을 떠안고 구매한 자산을 더 이상 보유하고 있을 수 없게 된 이들이 내놓은 매물들이 경매법원에 넘쳐났다. 반면 그를 사들이는 모험을 할 만한 이들은 잔뜩 움츠러들었다. 유찰이 거듭되면서 본래의 가치에 비해 반값까지 떨어진 보석 같은 물건들이 계속해서 등장했다. 그런 물건 중 개발 가능성이 풍부한 교외의 공장 부지와 대지 지분이 높은 오래된 빌라가 그의 주 타겟이었다.

다른 경매 투자자와 다른 점이 있다면 그는 단순히 매매 차익을 바라보고 투자에 나서지 않았다는 점이다. 저평가된 대지나 건물들을 사들여 다양한 방식을 통해 그 가치를 최대화한 뒤 매각하거나 계속 보유하며 활용하는 방식을 통해 부를 축적해나갔다. 그 대표적인 것이 경기도 오산시 외곽에 있는 공장 부지였다. 경매에 나온 이 땅은 두 차례 유찰되며 대략 시세의 65% 조금 위 언저리로 형성되어 있었다. 경매를 앞두고 매일 아침 영등포역에서 전철을 타고 오산역까지 가서 시내버스를 타고 공장 주변을 휘 한 바퀴 돌고 오는 버릇이 생겼다. 왕복 5시간이나 걸리는 여정이었다. 새벽 5시 40분에 집을 나서면 정오나 되어서야 집에 돌아올 수 있었다. 그렇게 해당 부지 근처를 배회하며 근처에 사람들은 얼마나 오가는지, 화물차들은 얼마나 자주 오고 가는지 등을 꼼꼼히 따졌다. 그 결과 해당 물건이 지닌 새로운 가치를 발견할 수 있었다. 지난 두 번의 유찰은 투자자들이 해당 부지를 그저 지금과 같은 공장 부지로만 생각하니 시세에 비해 저렴하지 않다고 판단한 것이라는 생각이 들었다.

다음번 경매에 그는 다른 경쟁자들보다 제법 차이가 나는 높은 금액을 써 넣어 해당 부지를 낙찰받았다. 많은 이들이 '현지 사정에 어두운' 뜨내기가 땅 욕심에 얼토당토않은 금액을 적어냈다며, 큰 손해를 볼 것이 틀림없다고 수군댔다. 그러나 그는 자신이 있었다. 그간 새벽같이 집을 나와 그 땅의 곳곳을 직접 밟고 다니며 살피고 챙겼던 터라 확신이 있었다. 결국, 그 땅은 불과 4개월 만에 그에게 엄청난 수익을 안겨주며 새 주인을 찾아 떠나갔고, 그때 벌어들인 돈 덕분에 R회장은 경매법인과 부동산 관리회사를 설립할 수 있었다.

R 회장은 "어떻게 자산가가 되셨습니까?"라고 묻는 내게 몇 번이고 같은 말을 반복했다.

"돈을 머릿속으로 버는 것은 누구나 할 수 있어요. 돈을 눈으로 버는 것은 조금 공부하면 할 수 있어요. 돈을 손으로 버는 것은 조금 부지런하면 할 수 있어요. 근데, 결국 진짜 큰돈을 버는 사람은 발로 버는 사람이에요. 발품을 팔지 않으면 큰돈을 벌 수 없어요."

발품을 팔아야 남들이 보지 못하는 물건, 남들이 발견하지 못한 기회, 남들이 제대로 평가하지 못한 가치가 눈에 들어오는데, 이러한 발품은 비단 자산을 매입하거나 투자를 결정해야 할 때에 다다라서 파는 것이 아니라, 평상시에 수시로 팔아야 한다고 강조했다. 이 이야기를, 그는 자신이 좋아하는 축구 경기에 빗대 몇 번이고 더 설명했다. 실력 차이가 크지 않음에도 다른 선수들보다 유독 골을 많이 넣는 선수들이 있는데, 그런 선수들의 공통된 특징이 자신에게 공이 없을 때에도 적진 곳곳을 누비며 위치를 확인하고 상대 수비수와 골키퍼의 반응을 살피는 이들이라고 했다. 그러한 활동을 통해 상대 수비진의 특성과 취약한 부분, 자신에게 공이 왔을 때 공략해야 하는 루트와 슈팅 타이밍 등을 미리 계산해놓은 선수들이 결국 찬스가 왔을 때 그 찬스를 자신의 것으로 만들어낸다고.

끊임없는 변칙적인 재테크와 다른 이들의 허를 찌르는 과감한 투자로 막대한 자산을 축적한 R회장이었지만, 결국 부지런히 돈 냄새를 맡으며 현장을 누빈 자신의 활동량이었다는 것이 그가 들려준 자산축적의 비결이었다.

"자산가가 될 수 있었던 남다른 비결을 딱 한 마디로 요약해주신다면…"

"머리로만 돈을 벌려고 하면 99%는 실패합니다. 손으로 돈을 벌려고 하면 50%는 실패하죠. 발품을 팔아 돈을 벌려고 해야 비로소 실패를 줄일 수 있습니다. 좋은 자산, 멋진 땅을 머릿속에 안 그려본 사람은 없습니다. 사려고 시도해보지 않은 사람도 없죠. 다만, 직접 가서 밟아보고, 만져보고, 흙냄새 맡아본 사람만이 그 진정한 가치를 알 수 있습니다. 돈이 살아 숨 쉬어야 멈추지 않고 불어납니다. 그러기 위해서는 내 스스로 살아 숨 쉬며 멈추지 말아야 합니다."

HIDD
EN
RICH

다섯 번째 부자 유형 : 보수형 부자

**갖고 있던 것들로,
물려받은 것들로
부자가 된 사람들**

부자들일수록 네 돈, 내 돈에 철저해요.

특히, 부모가 물려준 거랑

내가 잘해서 번 거랑은 철저하게 따지죠.

그거를 헷갈려 하는 순간… 한 방에 가거든요.

역삼동 H대표

아버지가 동전으로 일군 부를
거대한 부로 재편한 H대표

요즘 부자는 3대를 간다,
아니 더 간다

대표님의 현재 자산은 얼마입니까?

"저는 아버지의 재산을 토대로 사업을 해온 사람이고, 지금 역시 아버지와 공동으로 관리하고 있는 것들도 많기 때문에 제 자산이 얼마라고 말하기가 상당히 곤란합니다. 그저 일반적인 분들보다 조금 여유 있는 정도라고 해두시죠."

저자 주_____ 앞서 책의 첫머리에 등장했던 서울 서부 지역 일대의 유명한 땅 부자이자 채권 부자인 H회장의 장남인 H대표는 부잣집에서 자라나 미국 유학까지 마친 인물답지 않게 털털하고 소박한 모습이 인상적이었다. 다소 능구렁이 같은 면모의 수완 좋은 사업가 스타일인 아버지와는 정반대로 모르는 사람이 보면 대학교수님이나 공무원으로 착각할 만큼 차분하고 점잖은 분위기로 보인다.

그의 이야기대로 아직까지는 부친과 함께 자산을 일구고 있어 H대표 본인만의 자산을 정확히 분리해서 판단하기는 어렵지만, 부친인 H회장의 자산과 별개로 자신의 명의로 된 부동산이 서울과 지방에 제법 된다. 특히, 유통·창고업을 위주로 소유를 하거나 투자한 회사의 지분이 6백억 가량 되고, 현금 보유액은 많지 않으나 주식과 채권 등의 자산이 1백억 원 이상 되는 것으로 알려져 있다. H대표 역시 점잖은 척 묻는 말에 조목조목 답변은 하지만, 끝끝내 보유한 자산을 정확히 밝히지 않는 것은 부전자전이었다.

두 번째 질문

처음 시작할 때 수중에 얼마가 있었습니까?

"역시, 아버지께서 잘 일궈놓으신 재산을 바탕으로 저는 그저 관리를 도운 거에 지나지 않기 때문에, 제 수중에 얼마가 있었는지는 잘 모르고, 중요하지도 않을 것 같습니다. 다만, 아버지께서 옛날 분이시다 보니 다소 보수적으로 자산관리를 해오셨고, 투자도 중요하지만 그보다는 지키는 것을 더 중요하게 여기셨기 때문에 갖고 계신 자산에 비해 수익율이 좋지 못한 편이었는데, 저는 그보다는 젊은 세대이기 때문에 좀 더 공격적으로 투자를 할 수 있었습니다. 그때 아버지께 제 맘대로 투자해도 된다고 허락받은 돈이 10억 조금 안 되는 돈이었는데, 제가 결혼할 때 제 앞으로 아파트 해주실 돈이라고 했습니다. 그게 지금 얼마가 되었을까요?"

어떻게 자산가가 될 수 있었습니까?

엄친아도 너무 엄친아

우리가 어린 시절부터 귀가 아프도록 들어왔던 이야기 혹은 속설들이 있다.

"부자집에서 태어난 애들은 고생을 몰라서 쉽게 포기한다"는 말이나, "부모만 한 자식 없다(혹은, 형만 한 아우 없다)" 같은 말들이 대표적이다. 실제로, 큰 부를 일궜던 중견 기업이나 거부(巨富)들이 사후(심지어 살아생전에) 후손들의 잘못과 그릇된 판단으로 인해 큰 손해를 보거나 심지어 망해버리고 마는 일이 심심치 않게 일어난다. 특히, 부자들의 자손 중 부모에게 재산상의 손해만 끼치는 것이 아니라, 그릇된 일탈행위로 인해 도덕적인 상처까지 입히는 경우도 비일비재한 상황에서 H대표와의 만남은 내게 새로운 경험이었다.

저명한 문화예술인사의 자서전을 대필하며, 그 후원회장 자격으로 나와 인터뷰한 자산가 H회장의 아들인 H대표는 배움이 짧았던 아버지와 달리 명문 사립대인 Y대학교를 졸업하고 미국으로 유학해 MBA를 취득한 엘리트였다. 나와 처음 만난 것은 인터뷰 중이던 H

회장이 취기가 올라 "내가 자식 농사도 얼마나 잘 지었는데! 소개시켜줄게"라며 갑자기 전화로 아들인 H대표를 식당으로 불러들인 통에 다소 어색하고 짧은 만남을 했었고, 이후 H회장이 "비슷한 연배이니 친하게 지내면 서로 돕고 살 일이 있을 거다"라며 자리를 마련해준 통에 억지로 친분을 맺게 되었다.

물론, 관계의 시작은 다소 '억지로'였지만, H대표와는 이후 절친한 선후배로 지내게 되었다. (태어난 해는 같았지만, 내가 빠른(1월생) 생일이었기에 악착같이 선배라고 우겼다.)

사실 '절친한 선후배로 지내게 되었다'라고는 하지만, 첫 만남은 별로였다. H대표에게 문제가 있어서라기보다는 나의 강력한 자격지심이 작동한 영향이었다. 그는 그저 내게 '대필을 위해 만난 갑부의 금수저 아들'이었다. 빈틈 하나 보이지 않을 정도로 단정하고 정갈하게 차려입은 그의 복장은 내게 '저게 다 명품이겠지? 명품으로 도배를 했으니 멀끔해 보이는 것도 당연하지'라는 생각이 들게 했고, 예의 바르고 겸손한 태도는 '갑부인 부모 덕분에 어려움 모르고 자라난 부잣집 아들의 세상 물정 모르는 해맑음'으로 여겨졌으며, 우리 연배의 아들들 같지 않게 아버지에게 살갑게 대하는 모습은 '아버지 재산을 탐하는 아들의 알랑방귀'라 느껴지도록 만들었다.

그러나 그와 몇 차례 더 만나 술도 한잔하고 흉금을 터놓는 사이가 되면서, 내 선입관은 하나씩 둘씩 급속도로 허물어지기 시작했다.

그가 걸친 옷들은 대부분 나 역시 몇 벌 갖고 있는 대중적인 브랜드의 옷이었으며, 그마저도 경기도 여주와 김포의 아울렛에서 산 것이라고 했다. 그가 보여주는 예의와 겸손도 몇 해가 지나도록 변함없었다. 특히, 부친에 대해 애틋하게 생각하고 살뜰하게 챙기는 마음 역시 그의 본심인 것은 얼마 지나지 않아 알게 되었다. 그는 참 한결같았다.

그런 그에게 이번 책을 기획하며 꼭 묻고 싶은 분야가 있었다.

창업보다 수성이 더 어려운 일이 되어버린 시대에 어떻게 아버지가 일군 부에 도취되지 않고 그를 잘 가꿔 기존과 비할 수 없을 정도로 막대한 부를 창출해냈는지에 대해 묻고 싶었다. 이 책에 담긴 이야기 속 주인공들은 대부분 본인의 노력으로 본인 대에 엄청난 부를 쌓은 인물들이었다. 그들에게 들을 수 없는 다른 시작점에서 다른 형태의 노력을 통해 물려받은 부를 안정적으로 관리하고 그를 넘어서 더 큰 부로 성장시킨 이의 이야기를 들어보고 싶었다.

H대표는 익히 알고 있던 성격대로 "제가 뭐한 게 있나요? 어른이 다 해놓으신 걸 안 까먹은 게 다행이지요"라며 몇 번이고 사양하다가, 내가 아버지인 H회장에게 부탁해서 "아들더러 제 집필을 위한 인터뷰에 좀 응해주라고 얘기해주세요"라고 부탁하고 나서야 겨우 인터뷰에 응해왔다.

막상 인터뷰를 시작했지만, H대표가 거듭 "자신은 한 것이 없다"며 겸손해하는 바람에 초반에는 진도가 나가지를 않았다. 답답한 마음에 식당 벽에 걸린 TV를 보면서 술이나 같이 마시고 있는데, 마침 화면에는 그날 열린 프로야구 경기의 주요 장면이 방송되고 있었다. 고척돔에서 열린 경기의 수훈 선수는 이정후 선수였다. 그가 끝내기 결승타를 치는 모습을 여러 각도에서 찍은 영상과 경기 후 인터뷰 장면이 반복해서 방송되었다. 우리의 대화는 자연스럽게 이정후 선수와 아버지 이종범 선수 간의 비슷한 점과 차이점, 아버지가 더 나은 부분과 아들이 더 발전한 부분 등에 대한 이야기로 이어졌다. '아버지와 아들', '아버지의 성과와 아들의 도전'이 화두로 등장하자 꽉 막혀 있던 대화가 점차 술술 풀려나가기 시작했다.

"이정후 선수도 참 힘들겠어요. 사사건건 이종범 선수와 비교당할 테니 말이죠."

"대신, 아버지 덕도 많이 봤죠. 데뷔하자마자 이종범의 아들이라고 온갖 스포트라이트는 다 받았잖아요."

"그게 부담으로 작용하지 않았을까요?"

"그럴 수도 있지만, 역으로 다른 선수들이 받기 힘들었던 배려와 존중, 격려 등을 받은 건 인정해야죠."

주거니 받거니 나누던 대화는 어느새 H회장과 H대표 부자간의 관계, 실질적인 자산관리를 대부분 물려받은 H대표가 느끼는 어려움과 부담감, 그리고 다른 많은 부자와 자산가들이 겪는 가족 간의 문제 등에 대한 이야기로 흘러갔다. 기회는 이때다 싶어 H대표에게 단도직입적으로 물었다.

"당신은 어떻게 성공한 '자산가의 후계자'가 될 수 있었습니까?"라고.

수많은 부잣집 자식들이 부모가 일군 부를 안정적으로 관리하지 못하고 탕진해버리거나 심각한 도덕적 해이와 나태함에 빠져 스스로를 망쳐버리는 일이 비일비재한 가운데 H대표는 어떻게 H회장의 자산을 안정적으로 관리한 것은 물론, 남다른 능력을 발휘해 이전과 비교할 수 없을 정도로 규모를 증식시키는 성과까지 창출할 수 있었는지, 그 비결을 들려달라고 청했다.

몇 번이고 망설이던 H대표는 크게 세 가지 측면에서 자신이 "운이 좋았다"라는 말로 이야기를 시작했다. 그러나 그 '운'이라는 것은 결국 내가 지켜본 바에 따르면 H대표의 실력이요, 성공의 비결이었다.

첫째, H대표는 "시작 단계에서 냉철한 현실 인식을 한 것이 운이 참 좋았다"라고 말했다.

H대표는 어찌 되었건 간에 자신은 결국 다른 사람의 눈에는 '부

모 잘 만난 자식', '부잣집 금수저'로 보일 거라는 것을 알고 있었다. 또한, 아버지가 보유한 막대한 부가 본인의 소유가 아님을 한시도 잊은 적이 없다. 잠시 자신에게 관리와 운영의 책임이 주어진 것일 뿐, 아버지의 뜻에 따라 거래 관계가 끝나면 자신의 손에서 떠나갈 것임을 명확하게 인식했다. 그 덕분에 보다 냉정하게 현상을 바라보고, 이성적으로 판단할 수 있었다. 그를 토대로,

둘째 "내가 이룬 것과 내게 주어진 것의 분리 작업을 신속하게 한 것이 운이 좋았다"라고 했다.

보통 2세 혹은 3세들이 실패하는 많은 이유 중 하나가, 앞선 '명확한 현실 인식'의 부족으로 자신에게 주어진 부 혹은 자신을 둘러싼 부유한 환경이 본인의 노력으로 이룬 거라 착각하는 것이다. 그로 인한 자신의 능력에 대한 과신 등으로 그릇된 판단, 무모한 의사결정 등이 빈발하는 것이다. H대표는 시작부터 현재 자신의 상태에 대한 냉철한 인식을 토대로, 자신의 손에 막대한 부가 쥐어졌지만, 그것들이 자신의 힘이 아닌 아버지의 힘으로 이루어진 것임을 잘 알고 있었다.

H대표는 나와 만나서 자신이 보유하고 있는 자산과 형성해온 부에 대해 이야기할 때, 단 한 순간도 '나'라는 표현을 쓰지 않았다. 거의 대부분의 경우 '회장님(아버지를 지칭)'을 주어로 사용했고 꼭 필

요한 경우에 한해서는 '우리'라고 했다. 이는 아버지의 사업과 자산 관리를 도맡아 하기 시작하면서 몸에 밴, 아니 몸에 배도록 노력한 태도였다.

셋째, "아버지를 극복하기 위해 억지로 무리하지 않으면서도 현실에 안주하지 않은 것이 운으로 작용했다"라고 했다.

아버지라는 큰 산을 넘어서기 위해 무리수를 두거나, 넘지 못함을 부담으로 느껴 스트레스를 받기보다는 아버지가 이룬 것을 그대로 인정하되, 그를 기반으로 자신이 더 잘할 수 있는 것을 찾기 위해 노력한 것이 주효했다고 한다. H대표의 아버지는 배움은 짧았으나 돈에 대한 동물적인 감각과 집요함으로 큰 부를 일군 사람이었다. 그는 아버지의 방식을 인정하고 자신 역시 그를 배우기 위해 노력은 하되, 사업이나 투자의 의사결정을 할 때에는 철저히 배운 것을 토대로(그는 대대로 상과 계열이 강하기로 유명한 Y대 경영학과 출신이다) 과학적으로 분석하고 전략적으로 판단했다.

부자 3대를 못 간다? 하기 나름이다

우리가 흔히 하는 말로 '부자 3대를 못 간다'라는 말이 있다. 제아무리 막대한 부를 일군 큰 부자라 할지라도, 후손에게 물려주면 아들, 손자로 물려받은 부를 탕진하는 경우가 많아서 생긴 이야기리라. 실제로 일반인의 눈높이로는 가늠하기 어려울 정도로 많은 재산을 물려받았지만 그를 지켜내지 못하고 빈털터리가 된 사람들을 뉴스에서건 주변에서건 심심치 않게 만나볼 수 있다.

반면, '콩 심은 데 콩 나고, 팥 심은 데 팥 난다'라는 얘기가 있다. '서당개 3년이면 풍월을 읊는다'라는 얘기도 있다. 태어난 핏줄, 살아온 환경의 중요성을 이야기한 말이다. 대를 이어서 부모님의 자산을 잘 가꿔나가는 이들이나, 부모님으로부터 보고 들은 것들을 잘 실천해 대를 이어 부를 일궈나가고 있는 이들 역시 찾으려고만 하면 어렵지 않게 찾을 수 있다.

이 둘의 차이는 어디에서 기인하는 것일까?

앞서 H대표가 '운'으로 표현했던 것처럼 시작 단계에서 냉철하게 현실을 인식하고, 자신이 물려받은 것과 스스로 이룬 것을 신속하게 분리하여, 물려받은 것을 무조건 극복하려 하거나 반대로 현실에 안주하려 하지 않고 담담하게 가치를 더해가는 작업을 한 이들은 물려받은 것들을 잘 지키는 데 더해 더 큰 부를 일군 자산가가 될 수 있었다. 그를 한 단어로 축약해보자면 '집중', 즉 중심을 잃지 않은 생각과 태도가 아니었을까?

H대표를 만날 때마다 들었던 생각은 '참 담담하다'는 것이었다.

그는 큰돈을 벌게 되었을 무렵 만났을 때도 크게 들떠 있지 않았고, 반대로 적지 않은 손실을 보았을 무렵 식사를 할 때도 그리 큰 티를 내지 않았다. 물론, 우리 같은 사람보다 많은 돈을 갖고 있고 또 벌고 있기에 그럴 수 있는 거라 생각할 수도 있지만, 단순히 그런 이유라고만 하기에는 그는 참 안정적이었다. 중심을 단단히 잡고 있기에 자신만의 기준과 한계치가 분명할 것이고, 그렇기에 그 한계치 내에서 발생하는 일들에 대해서는 일희일비하지 않고 냉정하게 대응하는 것일 듯했다.

물론, 부모에게 혹은 그보다 더 윗대에게 물려받은 재산을 잘 지키거나 조금 불리기만 해도 막대한 자산가로 떵떵거리며 살 수 있는 이들은 극히 드물다. 나를 포함해 그렇지 않은 대부분의 일반인들에게 '물려받은 것을 잘 가꿔서 부자가 된 사람'인 보수형 자산가의 사례를 들려주는 것이 무슨 소용이냐고 반문하는 이들도 있을 수 있다. 그러나, 보수형 자산가들을 통해 듣고 싶은 이야기는 단순히 물려받은 재산을 잘 지키는 방법이 아니다. 그보다는 그 금액이 크건 작건 손에 돈을 쥐게 되었을 때 그에 현혹되지 않고 자신의 자산화를 시킬 수 있는지를 알고 싶어서이다.

또, 우리가 우리의 부모, 형제, 선배들에게 물려받을 수 있는 것은 돈에 국한되지 않는다. 뒤에 이야기하겠지만, 신체적 건강함, 사회적 경험, 알게 된 인맥 등 개인의 노력에 의해 얻게 된 것이 아닌 타고난 유전적 선물 또는 비금전적 유산들은 찾아보면 의외로 적지 않다. 그런 것들을 그냥 흘려보낼 것이 아니라 어떻게 잘 지키고 가꿔서 나만의 자산으로 만들 수 있을까?

그 해법을 H대표를 포함해 자산가 몇 사람을 더 만나서 청해 듣고자 했다.

"자산가가 될 수 있었던 남다른 비결을
딱 한 마디로 요약해주신다면…"

"물려받은 돈으로 자산을 일구려는 사람은 중심을 잃는 순

간 기준이 무너지고, 기준이 없으면 자신의 한계치가 어딘

지를 알 수 없게 됩니다. 손에 조금이라도 쥔 것이 있다면,

그것이 어쩌다 내 손에 쥐어진 것인지, 실력으로 만들어낸

것인지를 따지고, 그를 명확하게 분리하여 우연히 내 손에

쥐어진 것이거나 물려받은 것들은 있는 그대로 인정하고,

그에 내 실력으로 가치를 더해 더 큰, 더 나은 가치를 만들

어내야 합니다."

아버지가 남기고 간 수첩 한 권으로
막대한 부를 이룬 C대표

아버지의 이름으로

대표님의 현재 자산은 얼마입니까?

"허허, 뭘 그런 걸 묻고 그럽니까? 부끄럽게. 뭐 얼마 안 됩니다. 요즘 부자들이 얼마나 많은데, 제 나이에 이 정도 먹고사는 걸 같고. 아이고, 부끄럽습니다. 뭐 그냥 여윳돈 좀 갖고 어디 돈 좀 벌 데 없나 여기저기 들쑤시고 다니는 수준이죠. 한참 멀었습니다. 아이고, 부끄럽네. 하하."

저자 주_____ "부끄럽다"는 말을 입에 단 채로 연신 사람 좋은 웃음을 터트리던 C대표는 겉모습만 보아서는 수백억대 자산을 보유한 자산가라고 보이지 않을 정도로 소탈하고 어찌 보면 촌스럽기까지 한 외모의 소유자였다. 폴로 브이넥은 얼마나 오래 입었던지, 가슴팍의 브이존이 다 늘어나서 거의 유(U)자로 보일 지경이었으며, 캐주얼화도 등산화도 아닌 요상한 형태의 신발은 굽의 안쪽이 닳아서 걸을 때면 마치 안짱다리처럼 보일 정도였다. 처음 만나서 식사를 마치고 나올 때 집까지 태워다주겠다며 발렛파킹 직원으로부터 넘겨받은 키에 겹쳐 새겨진 'R'자를 보지 않았다면, 그가 젊은 자산가라는 사실을 잊을 뻔했다.

요식업 프랜차이즈와 육류 유통업, 냉동창고업 등을 여섯 개의 기업체를 직접 경영하거나 소유한 C대표는 40대 후반 미혼(정확히는 살짝, 아주 잠깐 한 번 다녀오기는 했다고 한다)의 자산가이다. 회사 지분 평가액이 3~4백억 정도라고 하고, 개인과 법인 소유로 각각 한 동씩의 빌딩을 보유하고 있는데, 개인 소유 빌딩이 약 2백억 정도이고 법인 소유 빌딩은 350억 정도의 가치가 있다고. 그 외에도 냉동창고 여러 개를 소유하고 있는데, 주로 운영하고 있는 회사에 장기간 임대해준 형태라서 그를 본인의 자산이라고 이야기하기에는 사정이 좀 복잡하다고 했다. 자신의 회사 외 개인적으로 투자한 주식, 채권, 예금과 적금 등은 모두 합해 80억에서 1백억 정도를 보유하고 있는 것으로 보인다.

두 번째 질문

처음 시작할 때 수중에 얼마가 있었습니까?

"군인 가족들이라면 대부분 공감할 텐데, 전역할 때의 계급이 높을수록 오히려 모아놓은 재산은 적은 경우가 많아요. 고위 장성으로 갈수록 의외로 집에 남아 있는 돈이 없거나 심지어 큰 빚을 지고 있는 경우도 많고요. 현역으로 군대에 있을 때야 나라에서 보호해주고, 울타리 안에서는 계급으로 어느 정도 커버가 되지만, 전역하고 사회에 나오면 그제서야 비로소 깨닫게 되죠. '아! 내가 사회에서는 할 줄 아는 게 하나도 없구나!' 하고요. 저희 아버지도 마찬가지였어요. 전역하고 한두 해는 이것저것 하겠다며 신나게 다니시다가, 연금을 일시금으로 받아서 홀랑 날려 먹으시고 화병이 나셨는지 어느 날 집 뒷산에 다녀오겠다고 집을 나섰다가 쓰러지셔서 한참을 병상에 계시다가 돌아가셨죠. 덕분에 남들은 장군 집안에서 태어나서 물려받은 게 많겠다며 부러워하지만, 정작 아버지 돌아가시고 3~4년 동안은 저랑 누나랑 둘이서 열심히 번 돈 대부분을 아버지 빚 갚는 데 써야 했어요. 그래도 원망 안 해요. 아버지로부터 이 보물 수첩을 물려받았으니…"

세 번째 질문

꽃

어떻게 자산가가 될 수 있었습니까?

죽은 자로부터의 대필 의뢰

친하게 지내던 출판사 편집자로부터 메일 한 통이 왔다. 퇴역 장성인데, 자서전을 내고 싶어 하는 사람이 있다는 것이었다. 써놓은 원고는 없지만 자료들은 많으니, 그걸 활용해서 '장교로 임관하기 이전 어린 시절의 추억', '군 생활의 경험', '부대 지휘 노하우', '장교에게 필요한 바람직한 리더십' 등을 잘 버무려, 적당히 띄워주면서도 또 적당히 읽는 재미가 있는 그런 책을 써줄 대필작가를 찾는다는 내용이었다.

코로나 창궐 이후 좀 자중하게 되었지만, 과거에는 출판사 편집자들과 술 마실 기회가 꽤나 많았다. 심지어 한창때는 일주일에 6일을 연속으로 술자리를 가졌는데, 그중 나흘이 편집자와 함께였던 때도 있었다. 그런데, 메일을 보내온 그 편집자와 함께 술을 마실 때 내가 "장교 출신이고 군 생활을 굉장히 열심히 했다(진짜다, 왠지는 모르겠지만 정말로 열심히 군 복무를 했다)"고 좀 너스레를 떨었나 보다. 퇴역 장성이 군생활을 중심으로 자서전을 내고 싶다는 얘기를 전해 듣자마자 대필작가로 자연스럽게 나를 1순위로 떠올렸다고 한다.

하지만 대필 의뢰가 들어왔다고 해서 덥석 받아 물 수는 없었다. 최소한 의뢰한 장성이 누구인지, 육군사관학교 출신인지, 학군장교 출신인지, 어떤 전공을 세웠고, 어떤 군 작전에 참가했는지, 혹시 비리로 불명예 제대를 했거나, 하나회 등과 같은 군대 내 사조직에 연루된 인물은 아닌지, 기본적인 사항은 살펴봐야 했다.

편집자에게 물어 이름과 출신, 기수 등을 파악했다. 그리고 그 정보들을 구글 검색창에 입력하고 검색을 시작한 순간! 나는 앉아 있던 책상에서 뒤로 넘어질 뻔했다. 해당 장군은 이미 20여 년 전에 사망해서 대전 국립 현충원에 묻힌 지 오래된 인물이었다. 혹시라도 동명이인을 검색한 것은 아닌지 육사 출신 기수와 상훈 내역 등을 꼼꼼하게 살펴보았지만 틀림이 없었다. 옛날에 술 한잔 걸치고 시골길을 걸어가다가 "씨름이나 한판 하자"고 시비를 걸어오는 사내를 만나서, 서로의 허리춤을 잡고 밤새 힘을 쓰다가 날이 밝아 술이 깨고 나서 보니 피 묻은 빗자루 하나밖에 없었다던 옛 도깨비 설화의 주인공이라도 된 듯했다.

'죽은 사람으로부터의 대필 의뢰라….'

몇 날 며칠을 찝찝한 기분에 사로잡혀 있다가 조심스럽게 대필을 의뢰한 편집자에게 연락을 해 그간 있었던 사정을 설명하니 수화기 건너편에서 숨이 넘어가도록 웃는 소리가 들려왔다. 그러더니 자초지종을 설명해주었다. 책의 주인공이 될 장군이 수십 년 전에 사망한 것이 맞다고. 다만, 책 출간 작업을 의뢰한 것은 사망한 장군이 아니라 그의 아들이라고 했다. 즉, 성공한 사업가인 아들이 자기 아버지의 업적을 기리는 책을 출간하고 싶어서 출판사에 의뢰한 것이었고, 편집자는 앞뒤 자르고 책의 주인공이 될 장군의 이름만 내게 전달하면서 불거진 오해였다.

오해가 풀린 나는 '죽은 장군의 아들'과 출판사와 함께 대필 계약을 맺고 작업을 진행하게 되었다. 그러나 간단하게 결론부터 이야기하자면, 원고는 완성되지 못했고, 당연히 책도 출간되지 못했다. 출간을 의뢰한 아들이 원하는 방향으로 원고가 작성되려면 장군이 살아생전 지휘했던 주요 부대 훈련과 당시 투입됐던 작전에 대한 상세한 자료가 필요했지만, 그를 갖고 있는 국방부의 협조를 구하는 데 실패했기 때문이다. 아들이 그간 제법 많은 자료들을 모아두었으나, 그것만으로는 충분치 않았다. 물론, 다른 방향에서 에세이 성격을 띠는 책으로 방향을 틀어 집필할 수도 있었지만, 출간을 의뢰한 아들이 그를 원치 않았다. 결국, 계약서를 작성한 지 4개월 만에 대필 작업을 접어야만 했다. 문제는 작업 대가였다. 계약금을 받고 작업에 착수해 몇 달간 열심히 자료도 검색하고 생존해 있는 장군의 옛 상관이나 부하들과 인터뷰도 하며 들인 시간이 있는데, 정작 원고는 완성하지 못했으니, 잔금을 받기도 안 받기도 애매했다. 계약서상에 계약을 파기하게 된 귀책 사유가 있는 쪽이 비용을 책임진다는 조항이 있었지만, 그를 쓰여진 글자 그대로 고집하자니 출판사의 입장이 난처해질 수 있었다.

그러나 그런 고민은 나만의 공연한 헛수고였다. 나, 의뢰자, 출판사 3자가 합의해 집필 작업을 중지하기로 한 다음 날 계약금이 들어왔던 통장으로 잔금 전액이 입금되었다. '작가님이 수고가 많으셨는데, 결실을 보지 못하게 되어서 아쉽다'는 장군의 아들이 보낸 SNS

메시지와 함께. 나 역시 그 돈을 받고 그냥 있을 수는 없었다. 그렇다고 돈을 되돌려주기도 그렇고 해서 출판사 편집자와 장군의 아들에게 제안을 했다. '책도 출간하지 못했는데 집필료 전액을 받는 것은 좀 찜찜하니, 받은 잔금의 절반을 떼어내 함께 술이나 마시자'고. 나의 제안에 두 사람 모두 흔쾌히 응했고, 제법 비싼 안주에 많은 술을 퍼마셨음에도 불구하고, 대여섯 번을 연속으로 만나서 술자리를 갖고 나서야 겨우 그 돈을 탕진(?)할 수 있었다.

아버지의 육군 수첩

덕분에 '돌아가신 장군의 아들' C대표와는 절친한 사이가 되었다. 40대 후반의 미혼 남성이었던 그는 운동부터 문화예술 관련 활동까지 다양한 취미를 향유하고 있었는데, 덕분에 그와 이야기를 나눌 때는 늘 화제가 끊이지가 않았고, 매번 배우는 것이 많았다.

대필 작업을 진행하며 그리고 이후 그와 개인적인 친분을 나누며 그가 엄청난 부자라는 사실을 알게 되었지만, 그와는 단 한 번도 '부', '재테크', '자산' 등에 대한 이야기를 나누지 않았다. 1970~80년대 고위 군 장성을 아버지로 둔 이였으니, 물려받은 재산이 상당했을 거라는 생각이 들었고, 별다른 어려움이나 고민 없이 물려받은 재산으로 호의호식하며 여유로운 취미생활을 즐기는 '팔자 좋은 사람'일 거라는 생각에서였다.

그러나 그와 친분을 나누면 나눌수록, 그런 나의 생각이 그릇된 선입관이었다는 것을 깨닫게 되었다. C대표의 부친은 우리나라에서 유독 말 많고 탈 많은 육군 투 스타(소장)까지 지낸 인물인데, 가족들을 이끌고 강원도 화천, 철원, 경기도 양평, 대구광역시로 해서 전라북도 완주까지 전국 팔도를 돌아다니며 살았지만, 워낙에 강직한 인물이라 부대 내 관사 생활은 늘 소박하고 수수했다. 육사 출신으로 군내 요직을 두루 거친 것은 사실이었지만, 의외로 돈을 모으고 재산을 불리는 데에는 영 재주가 없었다고 한다. 그나마 조금 모아둔 돈과 연금을 일시불로 수령한 돈마저도 군 동기가 포함된 사기 사건에 휘말려 홀랑 날려 먹었고, 그 충격에 뇌졸중으로 쓰러져 오랜 병상 생활을 하다가 별세하고 말았다. 덕분에 C대표와 그의 동업자인 친누나는 유산은커녕 병수발로 쌓여버린 빚을 갚느라 3~4년간의 수입을 몽땅 쏟아부어야 했다. (그리고 그때 짧은 결혼생활에도 종지부를 찍어야 했다고…)

"사실, 그때만 하더라도 술만 마셨다 하면 아버지 원망으로 밤을 새웠죠. '남들 보기에만 번드르했지 이게 뭐냐'고, '왜 아버지는 다른 군대 동기들처럼 한몫 잡지도 못하고 빚만 남겨주고 갔냐'고…"

그 무렵 C대표는 누나와 함께 고깃집을 운영하고 있었는데, 단골은 꽤 확보하고 있었지만 상권이 시원치 않아 그런지 임대료, 인건비, 재료비를 제하고 나면 겨우 현상 유지나 하는 수준이었다. 실제로 그와 누이의 인건비를 고려하면 적자라고 하는 편이 맞았다.

　아버지가 남긴 빚을 갚으며 힘겹게 장사를 이어나가고 있던 무렵 부친의 부하였다고 하는 사람이 찾아왔다. C대표도 어렴풋이 기억나는 사람이었다. 아버지가 중대장이었던 시절에 중대 인사계(현재의 행정보급관)이었던 분이셨는데, 군납품을 빼돌리다 걸려서 군복을 벗을 위기에 처했던 것을 아버지가 도와준 덕분에 무사할 수 있었다고. 이후 몇 년간 군 생활을 더 하다 전역하고 사업을 했는데 꽤 성공했다는 이야기를 생전의 아버지로부터 들은 기억이 있었다. 실제로 그는 육가공업체와 냉동창고업을 하고 있었는데, 부친에게 못 갚은 은혜를 아들인 C대표에게라도 갚고 싶다고 했다. 그로부터 돼지고기 유통에 대한 기본부터 배울 수 있었다. 이제까지 수지타산과 손님들의 입맛 사이에서 답을 찾지 못하고 이도 저도 아닌 재료들로 장사를 해왔는데, 아버지 부하의 조언 덕분에 해답을 찾을 수가 있었다. 해답은 '칠레'와 '스페인'이었다. 국산에 비해 훨씬 저렴하면서도 냉동육으로 비교했을 때는 그 맛이 크게 떨어지지 않는 칠레산 돼지고기로 식당의 수익구조가 확연하게 개선되기 시작했다. 마침 칠레산 와인이 큰 인기를 얻고 있었기에 소주, 맥주로 단순했던 식당의 주류 메뉴에 중저가 칠레 와인을 대거 반영하고, 프로모션 메뉴까지 개발하였다. 입소문이 나면서 식당에 손님이 몰리기 시작했다. 그렇게 되자, 운영하던 식당을 누나에게 맡겨둔 뒤 그는 방목하며 도토리를 먹여 키워 값은 비싸지만 세계적으로 그 맛을 인정받고 있었던 스페인 이베리코 돼지고기 전문점의 문을 열어 사업을 확장시켜나 갔다. 그뿐만 아니라, 해당 육류를 수입 유통하는 업체를 세웠고, 그 가운데 필요한 냉장 및 냉동창고 운영업체도 세우게 되었다.

"그때, 아버지가 절묘하게 도와주셨지요."

중저가 삼겹살집을 근근이 운영하던 그가 불과 3~4년 만에 그럴 듯한 사업가의 반열에 올라서게 된 과정을 이야기하는 가운데 갑작 스럽게 "돌아가신 아버지가 도와주었다"는 이야기를 꺼내는 바람에 잠시 어안이 벙벙해졌다가 이어지는 그의 설명을 듣고 나서 고개를 끄덕이게 되었다.

별다른 자본도, 기술도, 정보도 없었던 그가 사업을 벌여나갈 수 있었던 것은 행정보급관 출신의 유통업자가 여러모로 조언을 해주고 지원도 해주었기 때문이지만, 그 외에도 다른 아버지 지인들의 도움 역시 주효했다. 아버지가 남긴 몇 안 되는 유품 중에는 군 시절부터 사용해온 수첩 한 권이 있었다. 생사고락을 함께해온 선후배 동료들과 부하들의 연락처, 기념일, 전역 후 근황 등이 빼곡하게 적혀진 장교용 육군 수첩이었다.

　상당수의 분들이 작고하셨지만, 전역을 한 뒤 여러 분야로 진출하여 일가를 이룬 분들의 이름도 제법 보였다. 아버지가 중대장이었던 시절 행정병이었던 병사는 전역 후 학교를 마친 뒤 은행에 들어가 지점장이 되어 있었고, 연대장 시절에 부하로 있었던 ROTC 출신 인사장교는 전역 후 북유럽 지역 국가와 주로 거래하는 무역업을 하고 있었다. 아버지가 전역 전 사단장으로 근무했던 부대의 본부행정관은 전역 후 아들과 함께 부동산 중개업 및 소규모 상가 건축사업을 하고 있었다. 그들은 C장군의 아들이라는 말에 기꺼이 조언과 실질적인 도움을 제공하거나, 여건이 안 되면 응원의 메시지라도 보내주었다. 모든 것이 현역 시절 아버지가 베풀어놓았던 인심 덕분이었다.

　인맥뿐 아니라, 기업을 세우고 사업을 꾸려나가는 데 있어서도 아버지의 도움이 컸다. 소규모로 장사를 할 때도 그렇지만, 제법 규모를 갖춘 기업을 경영하는 데 있어서는 단순히 돈벌이 능력만으로는 부족했다. 사람과 조직을 어떻게 꾸리고 운영해나갈지에 대한 철학과 종합적인 계획이 필요했다. 그런 점에 있어, 아버지의 임지를 따라다니며 보고 배우고 느낀 것이 은연중에 큰 도움이 되었다. 부대 훈련을 실시할 때나 인사고과 평정을 할 때나 아버지가 사람과 조직 운영을 두고 고심하고 여러 가지 의사결정을 내리시던 모습을 곁에서 간접적으로라도 경험한 것이 그토록 큰 도움이 될 줄은 몰랐다.

C대표는 책의 대필을 부탁할 때도 들고나왔던 아버지의 장교용 육군 수첩을 평상시 어디를 가건 자신의 가방 속에 꼭 넣고 나와 필요할 때마다 사전을 찾아보듯 아버지의 메모를 읽으면서 다시금 힘을 얻고 필요한 지혜를 구한다고 했다.

물려받은 것이 없는 사람은 없다

나 역시 이와 비슷한 사례를 목격했던 적이 있다. 그것도 해외에서. 내가 예전에 다니던 회사는 한국의 모 중견 그룹과 해외의 투자 전문 기업이 합작을 해서 설립한 회사였다. 지분은 정확히 50대 50이었지만, 딱 한 주를 우리나라 기업이 보유해서 경영권을 발휘하는 구조였다. 그러나 사업상 중요한 의사결정을 할 때나 큰 규모의 투자를 할 때, 그리고 1년간의 경영 성과를 결산할 때는 반드시 뉴욕에 있는 회사를 방문해서 논의 또는 보고를 해야 했다.

한번은 임원을 모시고 뉴욕으로 가서 이사회 멤버들과 회의를 할 일이 있었는데, 장소가 사무실이 아니라 대주주 중 한 분의 롱아일랜드 자택이었다. 내가 지금 살고 있는 아파트가 통째로 들어갈 정도로

넓은 그의 서재에서 보고 및 회의가 진행되었는데, 두 가지 놀라운 광경을 목격하게 되었다.

먼저, 첫 번째 놀라웠던 것은 그 집의 주인이었던 대주주가 열두 살 먹은 자신의 아들을 우리에게 인사를 시킨 것이었다. "그게 뭐 놀랄 일이냐" 할 수도 있다. 우리나라에서도 집에 손님이 오시면 자녀들을 줄 세워서 인사드리라 하니까…. 그러나, 그런 차원의 인사가 아니었다. 그 집 아들은 우리 일행과 일대일로 악수를 하며 정식으로 인사를 나누었다.

더 놀라운 것은 그다음 장면이었다. 인사를 나눈 열두 살 소년은 자리를 뜨지 않고 우리가 비즈니스 미팅을 하는 동안 곁에서 자리를 지키고 있었다. 그냥 앉아 있는 정도가 아니라, 우리가 출력해서 가져간 자료집을 뒤적거리고, 무슨 내용인지는 알 수 없지만, 나름 꼼꼼하게 메모까지 해가면서 함께한 것이다.

그 모습이 하도 인상적이어서, 미팅이 끝난 뒤 이어진 식사 자리에서 그날 미팅을 마련한 상대 회사의 실무 팀장에게 슬며시 물었다. 그러자, 그는 별로 특별할 것 없다는 투로 자신들의 회사 주요 주주를 포함해 미국의 갑부, 특히 유대계 부자들은 종종 '저렇게' 한다는 것이었다. 심지어 자녀들을 파트너 취급하며 주요한 의사결정을 할 때마다 그들의 의견과 견해를 묻는 부자들도 수두룩하다고 했다.

"재테크 교육 차원이냐"고 물었더니, 그럴 수도 있겠지만, 그보다는 '부라는 것이 무엇이고', '부를 어떻게 다뤄야 하며', '부를 지키고, 키워나가기 위해서는 어떻게 살아야 하는지'에 대해 어릴 때부터 몸으로 익히고 살아 있는 내용을 반복적으로 습득할 수 있도록 하기 위함이라고 했다.

그런 대화를 나누는 중에도 식탁의 맨 끝에 앉은 열두 살 소년은 아버지의 비즈니스 파트너들이 나누는 대화를 듣고, 자신이 궁금하게 생각한 것들을 거침없이 질문하며 식사 자리에 완벽하게 동화되고 있었다. 그때 마지막 들었던 느낌은 소름 돋도록 오싹한 공포였다. 어린 시절부터 이런 분위기에 녹아들어서 머리만이 아니라 몸과 맘으로 생생하게 익히고, 습득한 이들이 성장해서 비즈니스에 뛰어들었을 때, 그때 교섭과 거래를 위해 이들을 만나면 과연 우리가 그들과 어떤 승부를 겨룰 수 있을까? 아마도 이기기 어렵거나, 이기더라도 무척이나 어려운 승부를 겨뤄야 할 거라는 생각이 들었다. 그러나, 이후 오랜 기간 동안 수많은 자산가들이나 사회적으로 성공한 이들을 만나오며, 그리고 그들의 아버지와 어머니에 대한 이야기를 들어오며 나의 그런 생각이 잘못된 거라는 것을 알게 되었다.

흔히 "나는 부모님께 물려받은 것이 하나도 없어"라고 푸념하는 이들이 있다. 앞서 예를 든 뉴욕에서 만난 대주주의 아들처럼 부자, 자산가로서의 지혜와 경험을 어려서부터 물려주지 못한 일반인 부모에 대해 아쉬워하는 이들이 있다. 예전의 나 역시 그랬었다. 크게는 아버지의 사업을 물려받은 동기를 보며, 작게는 결혼할 때 대출 하나 안 끼고 부모님이 해주신 아파트에서 신혼을 시작하는 후배를 보며 알 수 없는 자괴감을 느꼈던 적도 있었다. 그러나 그것은 '현금'이나 '부동산' 등 눈에 보이고 손에 잡히는, 혹은 다른 많은 이들이 '부모님께서 물려주신 (대단한) 것'이라고 인정하는 것만을 물려받았다고 생각하다 보니 그런 푸념을 하게 된 것이다. 하지만 가만히 잘 살펴보면 우리는 생각한 것보다 굉장히 다양하면서도 많은 것들을 물려받았다는 것을 알 수 있다.

사실, 수많은 보수형 자산가들 중에는 부모님으로부터 대단한 유산을 물려받아 그를 잘 지키고 가꿔서 자신 역시 부자에 자산가로 살고 있는 이들도 있지만, 변변한 것을 물려받지 못한 이들도 많다. 심지어 부모에게 받은 유산과 함께 막대한 빚까지 떠안게 된 이들도 있고, 아예 빚과 병든 가족에 대한 책임만 고스란히 물려받은 이들도 많다. 그럼에도 불구하고 그들을 보수형 자산가라고 부르는 것은, 그런 현실을 거부하거나 부정하지 않고, 오히려 자신이 가꿔가야 할 소중한 자산으로 여기고, 실제로 그를 자신에게 유리한 방향으로 활용해나간 자세와 태도 때문이다.

결국, 잘나가는 자산가들에게 공통적으로 발견되는 모습은 자신이 지켜야 할 것들을 찾아내고, 그를 토대로 자신에게 유리한 국면을 만들어나가는 삶의 관점과 자세들이었다. C대표 역시 외부의 경험에 의해서이긴 하지만, '아버지로부터 물려받은 것'에 대한 관점을 바꾸는 순간 자신이 얼마나 물려받은 것이 많은 부자이고, 그를 토대로 할 수 있는 일이 얼마나 많은지를 깨닫게 되었다고 했다.

"자산가가 될 수 있었던 남다른 비결을 딱 한 마디로 요약해주신다면…"

"당대에 처음부터 끝까지 모든 것을 만들어낼 수 있는 사람은 많지 않습니다. 물려받은 것 중 지켜야 할 것은 지키고 가꿔야 할 것은 가꾸는 가운데 무언가 대단한 것들이 만들어지죠. 때문에 당신이 관점을 바꾸는 순간, 당신은 대단한 것을 물려받은 이가 될 수도 있고, 아무것도 물려받지 못한 외톨이가 될 수도 있습니다. 그러나 선택의 여지는 없습니다. 이미 현실에 존재하는 당신 자체가 '많은 것을 물려받았음'을 증명하니까요."

물려받은 돌덩이를
옥으로 만들어낸 N대표

옥도 돌이고, 금도 쇠붙이고,
돈도 종이다

대표님의 현재 자산은 얼마입니까?

"나야 대부분의 자산이 땅으로 묶여 있어서, 그다지 영양가 있는 게 별로 없어. 덩치는 제법 되지만, 쉽게 팔거나 할 수 있는 것들이 아니니까. 게다가 그중에는 경기를 타는 것들도 꽤 있어서 딱히 '얼마다'라고 말하기가 쉽지 않네. 대충 땅이 한 2백억 정도 될 거고, 건물은 그 절반쯤 될 거야. 실제 현금처럼 쓸 수 있는 돈은 얼마 안 돼."

저자 주_____ 나와는 고등학교 같은 반 친구였던 N대표는 원래 작곡가가 되고 싶어 음대 대중음악과 진학을 지망하던 친구였다. 한동안 친하게 지내다가 각자의 진로를 위해 입시 준비에 매진하면서 자연스럽게 연락이 뜸하게 되었고, 한동안은 아예 연락이 끊겼다가 우연히 다시 만나게 됐었다. 원래부터 동네에서 유명한 부잣집 아들이었지만, 우여곡절 끝에 재산관리를 맡게 된 N대표는 아버지 때보다 훨씬 큰 부를 일군 상태였다.

친구 사이에 상대가 주눅 들지 않도록 배려해서인지는 모르겠지만, N대표는 한 번도 자신이 보유한 자산을 구체적으로 이야기하지는 않았다. 다만, 중간중간 튀어나온 이야기와 근황을 물었을 때 들려준 얘기들을 종합했을 때, 강북 지역 전통시장 내에 있는 상가주택이 꽤 여러 채인 듯하고, 직영점 형태로 운영하는 식당 역시 대여섯 곳은 넘는 듯했다. '코로나 사태로 힘들긴 하지만, 식당 임대료를 한 푼도 내지 않아서 그래도 괜찮다'는 이야기로 추정해보면, 해당 식당이 입주한 건물들 역시 N대표의 소유인 듯하며, 원래 아버지 소유여서 담보 대출한 빚까지 함께 물려받은 땅이 제법 되는 듯하다. 대략적으로 추산한다면 대지, 임야 등 땅으로만 250억 이상의 자산을 보유한 것으로 보이며, 상가 소유권, 식당 운영권, 기타 투자한 사업 지분 및 현금 자산 등등을 포함하면 5백억을 훌쩍 뛰어넘는 자산을 보유했을 것으로 추정된다.

두 번째 질문

처음 시작할 때 수중에 얼마가 있었습니까?

"아버지가 돌아가시고 내 앞으로 남긴 땅이 꽤 됐어. 상가 건물들도 제법 됐고. 근데, 문제는 그게 죄다 저당이 잡혀 있거나 무슨 온갖 설정이 다 되어 있어서 내 맘대로 사고팔 수 있는 게 거의 없더라고. 게다가 유산을 물려받으면서 부채도 함께 물려받아야 했는데, 뭐가 단단히 잘못되었는지 유산이 많기는 한데 처분하기 어려운 것들이 대부분이고, 부채는 높은 이자에 상환

시기가 급박한 악성 채무가 상당수였고. 플러스 마이너스하면 분명 받은 유산이 더 많았지만, 일단 빚부터 틀어막느라 정신이 하나도 없을 정도였어."

세 번째 질문

어떻게 자산가가 될 수 있었습니까?

수상한 종업원

결혼 이후 아직 아이가 태어나지 않았을 때였다. 우리 부부는 매주 주말이 되면 동이 트기 무섭게 집을 뛰쳐나가 여기저기 다니며 실컷 놀다가 일요일 저녁이 되어서야 집에 들어오곤 했다. 때로는 지방 원정 여행을 가기도 했지만, 대부분의 경우에는 살고 있는 서울 곳곳을 샅샅이 훑고 다니는 것이 일이었다. 하루에 미술관 서너 개 이상 옮겨 다니며 종일 미술품 감상에 빠지기도 했고, 카페를 여러 군데 옮겨 다니며 커피만 너댓 잔씩 거푸 마시며 그 맛과 향을 음미하기도 했다. 그러나 뭐니 뭐니 해도 우리 부부가 가장 즐겼던 것은 새로 생긴 핫플레이스나 미식가들만 안다는 간판도 없는 노포를 찾아가 식도락을 즐기는 것이었다.

특히, 당시 내가 푹 빠졌던 것은 직접 불을 피워 음식을 조리하는 '직화' 형태의 음식점들이었다. 대필 작업을 의뢰했던 사업가가 일본을 다녀오며 선물한 이시카와현의 장인이 직접 손으로 빚어 구운 1인용 화로인 시치린(七輪)과 '세계 최고 품질의 숯'이라고 칭송을 받는 기슈(紀州)산 비장탄(備長炭)으로 아파트 베란다에서 눈물 콧물 다 빼며 숯불구이를 경험해보고 난 뒤 숯불구이에 푹 빠져들고 말았다.

그 무렵 어느 토요일 저녁 역시, 나와 와이프는 숯불구이를 잘한다고 알려진 고깃집을 찾아 모 식당을 방문하고 있었다. 입구에서 테이블로 안내해줄 종업원을 기다리고 있었는데, 한 남자 직원이 성큼성큼 걸어나와 우리 부부를 안쪽 자리로 안내했다. 메뉴판을 가져다주고 기본 세팅을 해주는데, 손놀림이 여간 야무진 것이 아니었다. 나이는 내 또래로 보이는데 식당 주인 같아 보이지는 않았고, 아르바이트 종업원은 더더욱 아닌 것 같아 보였다. 그런데 내가 주문하기만을 기다리고 있던 그 남자가 나를 물끄러미 바라보며 빙긋이 웃고 있는 것 아닌가. 기분이 묘해서(그 왜 알 것이다. 남자끼리 노골적으로 눈이 마주쳤을 때 느껴지는 그 알 듯 모를 듯한 불쾌함과 팽팽한 긴장감) 나 역시 그를 물끄러미 바라보고 있으려니 그가 내게 묻는 것이었다.

"너 ○○이 맞지? 나 모르겠냐?"

그 물음에 나는 머릿속에 떠오르는 이름을 외쳤다. 나도 모르게 가게 안에 다 들리도록 큰 소리로 외치고 말았다. 그 종업원은 나와 고등학교 2~3학년 때 연속으로 같은 반이었던 친구 N군이었다. 당시 그의 집은 우리 동네에서 유명한 부잣집이었다. 시장 한복판에 있는 집에 살았는데, 구조가 좀 특이했다. 1층에 가게가 여덟 칸이 붙어 있는 건물의 위층 전체가 N군의 집이었는데, 그러다 보니 집이 정사각형이 아니라 굉장히 긴 직사각형의 형태였다. 오죽했으면 우리 친구들은 그 집을 나라가 좁고 길기로 유명한 칠레의 이름을 따서 '칠레 하우스'라고 부를 정도였다.

우리가 그렇게 부르거나 말거나, N군 집의 내부는 호화롭기 그지없었다. 집안은 온통 원목과 대리석으로 장식되어 있었고, 곳곳에 희귀한 동물의 박제와 거대한 불상이 전시되어 있었다. 모두가 사업을 하는 N군의 아버지가 세계 곳곳으로 출장을 다녀오던 길에 사 온 것이라 했다. 비행기 한번 타는 것이 인생 최고의 이벤트 중 하나로 여겨지던 시기였다. 특히, 인상적이었던 것은 그의 집 안 대형 수족관에서 길러지던 애완용 소형 악어와 두 개나 있던 대형 금고였다. 하나하나 모든 것이 예사롭지 않은 집이었다. 나중에 들어보니 시장 안의 상가 중 상당수가 N군 아버지의 것이라고 했다.

N군과는 고등학교 재학 중에는 상당히 친했지만, 대학을 진학하면서 연락이 끊어진 지 오래였다. 그런데 이날 십수 년 만에 만난 것이었다. 그간 어떻게 살았는지가 궁금했다. 아까 보니 식당 주인은 아닌 것 같던데, 그토록 부잣집 아들이었던 그가 어쩌다가 고깃집 종업원으로 일하게 되었는지 묻지도 못하고 궁금해서 미칠 지경이었다. 그러나 그 궁금증은 얼마 뒤 저절로 풀리게 되었다.

부잣집 후손들에게도 배워야 할 것들이 있다?

일단, 반가운 마음은 접어두고 숯불을 피워 한참 고기를 구워 먹고 있는데, N군이 소주잔과 수저를 들고 와서는 와이프에게 양해를 구하더니 아예 우리 테이블에 자리를 잡고 앉아버렸다. 그즈음 해서 모든 의문은 풀리게 되는데, N군은 조만간 강남에 고깃집을 오픈할 예정이라고 했다. 그 전에 고깃집 운영 노하우를 배우기 위해 오래전부터 잘 알던 선배가 하는 고깃집에서 무보수로 일을 하면서 배우기로 했는데 바로 이날 우리가 갔던 그 고깃집이었다. N군의 첫인상이 주인 같으면서도 주인은 아니고, 아르바이트 학생 같으면서도 그렇지 않았던 것이 비로소 이해가 됐다.

그날 와이프의 눈에서 발사되는 레이저 광선을 온몸에 맞으면서 나와 친구 N군은 만취할 때까지 술잔을 주고받았다. 이후로도 그와는 1년에 한두 번씩 만나서 근황을 묻고 술잔을 기울이는 사이로 지내고 있다. 그런데 내 근황은 몇 달 만에 만나도 그다지 업데이트될 것이 없었다. 몇 년에 한 번 회사에서 진급하는 것과 업무가 바뀌는 것, 딸아이의 출산과 유치원 진학 정도? 그러나 그의 근황은 몇 달은 커녕 몇 주가 멀다 하게 업데이트가 되고 있었다.

반포에 고깃집을 오픈하더니 불과 반년 만에 그 분점 격인(하지만 규모는 훨씬 큰) 식당을 압구정동에 문을 열었다. 오픈 기념으로 매상을 올려줄 겸 방문한 뒤 몇 달 뒤 다시 방문했을 때는 이미 주인이 바뀌어 있었다. 가격을 잘 받아 다른 이에게 넘긴 뒤 빌라 건축 및 중소형 상가 임대업을 주로 하고 있다고 했다. 그러더니 다시 연락해서 만날 무렵에는 기존 사업에 더해 특정 산업용 보안 솔루션 전문업체 창업을 준비 중이라고 했고, 그 얼마 뒤에는 태양광 발전 사업을 시작했다고 전해왔다. 그간 몇몇 사업은 대차게 말아먹은 듯했으나 나머지 사업은 꽤 짭짤한 수익을 내고 있는듯했고, 주식 등에 대한 직접 투자와 오랫동안 해 온 임대업 등에서는 안정적인 수익을 거두고 있는 듯했다.

그런 그에게 이 책을 쓰고 있음을 알리고 내용을 한번 살펴봐줄 것을 요청했다. 작가의 시선이 아닌 부자, 자산가의 시선에서 살펴보고 (가난뱅이) 작가가 잘못 이해하고 적은 부분이나 제대로 된 의미

전달을 위해 수정, 보완해야 할 부분은 없는지 살펴봐달라고 했다. 부탁을 받은 그가 2주 만에 추가해달라며 A4 용지 2장에 적어온 것은 자신이 자산을 축적해온 스토리였다. 아버지로부터 물려받은 자산으로 현재와 같은 자산을 일군 자신과 같은 사람의 이야기가 추가되면 좋겠다는 의견과 함께. 현실상 우리나라 자산가 중 상당수가 자신처럼 유산이건 빚이건 부모로부터 물려받은 것을 토대로 더 잘하거나 말아먹은 사람들인데, 그런 사람들에 대한 이야기가 너무 빠져있다는 것이 그의 생각이었다.

그러나, 정성스러운 의견은 고마웠지만, 그의 말대로 물려받은 것들을 잘 지키고 가꿔서 부자가 된 사람들의 이야기를 추가하는 것이 과연 바람직할까라는 생각이 들었다. 사실 다소 회의적이었다. 앞서도 몇 차례 이야기했지만, 우리나라에서 부모로부터 이렇다 할 재산을 물려받는 사람이 얼마나 되겠는가? '물려줄 게 없으니 제힘으로 먹고살 거 찾을 수 있게 공부라도 있는 힘껏 시키겠다'가 대대로 우리나라 부모님들의 전통적인 마인드가 아니었던가?

그러나 N군의 생각은 달랐다. 부모님으로부터 비슷한 재산을 물려받았지만 어떤 사람은 대를 이어 자산가로 부유하게 살아가는 반면 다른 이는 가산을 탕진한 패가망신의 주범으로 비참하게 살아가는 경우가 있다. 두 사람의 차이는 물려받은(혹은 보유하고 있는) 재산을 냉철하게 분석해서 가치가 있는 것과 없는 것으로 분리하고, 버려야 할 것들(가치가 없는 것들)은 빨리 버리고 지켜야 할 것들은 목숨을 걸고서라도 지키는 삶의 태도와 부를 관리하는 능력인데, 이는 비단 2세, 3세 자산가들에게만 국한된 문제가 아니라 일반적인 사람들이 자산가로 성장하는 데 있어서도 꼭 잊지 말아야 할 부분이라고 했다.

때문에, 대를 이은 자산가인 자신의 사례가 꼭 2세, 3세 자산가들만이 아닌 일반인들에게도 전해줄 수 있는 교훈과 반면교사의 포인트가 있을 거라 자신했다.

덜어내고, 지워내야 비로소 보이는 것들

아버지가 심장마비(급성심근경색)로 갑자기 돌아가신 뒤 이듬해 말 어머니마저 사고로 눈을 감으셨고, 갑자기 부모님의 재산을 물려받게 된 N군은 말 그대로 '경황이 없었다.' 아버지가 물려주신 재산은 그 규모가 상당했다. 그를 수습해서 자신의 앞으로 돌려놓고 관련된 세금을 챙기는 것만 해도 정신이 없었다. 문제는 사업을 하시는 분이다 보니 아버지가 이곳저곳 투자를 해놓은 것들도 수두룩했고, 갖가지 대출이 엮이지 않은 것이 없었다. 어떤 상가는 임대료 수입의 배 이상을 은행 이자로 내도록 되어 있었는데, 아버지가 무슨 의도로 이런 막대한 대출을 끼고 상가를 구입했는지 그 의중을 알 수가 없었다. 아버지도 팔고자 하셨는데 미처 못 파신 것인지, 아니면 다른 방안이 있어 투자 차원에서 다른 곳에서 번 돈으로 이자를 내고 계셨던 것인지 돌아가셨으니 물어볼 수도 없었다.

땅들마다 권리 관계가 복잡하게 엮여 있었는데, 그게 유리한지 불리한지, 어떤 식으로 풀어가야 할지를 알 수가 없었다. 땅 역시 어떤 땅이 가치 있는 땅인지, 그렇지 않은 땅인지 도통 알 수 없었다. 아버지와 사업 관계로 엮인 사람들이 하루에도 열두 명씩 찾아와서 "아드님도 우리와 잘해보자"고 했지만 다들 자기 입장에서 설명하려 들 뿐 믿음이 가는 이야기를 해주는 사람은 없었다.

머리가 복잡해서 어디론가 도망치고 싶었을 때 그의 눈에 들어온 것이 반포에 있는 작은 건물이었다. 1층은 동네 작은 백반집이었고 2~3층은 개인 사무실, 4층은 주인집으로 쓰고 있던 상가주택인데 아버지가 생전에 사두신 건물 중 하나였다. N군은 대충 재산과 빚을 정리한 뒤 그 건물 1층과 2층에 고깃집을 차리고 위에는 살림집을 들여 자신이 살면 되겠다는 생각을 했다. 고깃집 운영의 노하우를 배우기 위해 선배가 하던 고깃집에서 아르바이트 아닌 아르바이트생 생활을 했고, 그때 우연히 십수 년 만에 나를 다시 만나게 된 것이었다. 그런데 자기 이름으로 고깃집을 내려는 준비를 하는 과정에서 잊을 수 없는 몇 가지 경험을 하게 되었다. 상권에 대한 분석 작업을 하는 과정에서 돈이 될 만한 땅과 그렇지 않은 땅이 조금씩 눈에 보이기 시작한 것이다.

원래 고깃집 자리로 염두에 둔 것은 강북 쪽에 위치한 먹자골목 한복판에 위치한 상가였다. 그 역시 아버지 소유였는데, 상권은 좋은 대신 주위에 경쟁자가 많은 것이 흠이었다. 또한 지역이 지역이니만큼 메뉴 단가가 낮게 형성되어 있었다. 반면, 반포의 건물은 상권이 형성된 거리로부터 뒤로 물러앉은 위치였고, 1층의 백반집 역시 손님이 많은 집이라기보다는 동네 토박이들이나 인근 소규모 사무실의 회사원들이 점심을 해결하는 집이었다. 그럼에도 불구하고 발품을 팔아 잘되는 식당들을 다니다 보니 반포 건물의 식당이 훨씬 더 가능성이 있어 보였다. 결과는 예상과 마찬가지였다. 인근에 비슷한 메뉴를 취급하는 고기집이 없다 보니 개업과 동시에 입소문을 타고 N군의 고깃집은 유명세를 떨쳤고 손님을 쓸어 담기 시작했다. 그 여세를 몰아 강남 지역에만 세 곳을 더 낼 수 있었다.

고깃집의 성공을 발판으로 아버지의 주종목이었던 상가 임대와 소규모 건물 건축 분양 사업에도 뛰어들었다. 그러는 가운데, 아버지의 자산에 끼어 있던 거품을 제거하고, 규모가 커서 숫자상으로는 그럴듯해 보이지만 알맹이는 없는 자산들, 아버지 세대에는 유망한지 모르겠지만 실제로는 장래 성장 가능성이 별로 없어 보이는 자산들을 깔끔하게 정리했다. 불량 대출을 싹 거둬내고 보니 아버지가 물려주신 자산은 반의반 토막이 나버렸지만, N군은 과감하게 정리해나갔다. 기준은 자신이 이해하고 있고, 감당할 수 있느냐였다.

N군은 이후 나와 만날 때마다 몇 차례고 다음과 같은 이야기를 했다.

"재산을 물려받는 것은 내 맘대로 할 수가 없어. 주는 사람 마음대로지. 많이 물려받거나, 한 푼도 못 물려받거나, 빚만 잔뜩 짊어지게 되거나… 그런데, 일단 물려받은 이후부터 그를 어떻게 하느냐는 오롯이 물려받은 사람의 책임이야. 변명의 여지가 없어. 냉정하게 현실을 인식하고, 단호하게 의사결정을 한 뒤, 과감하고 신속하게 정리해나가야 해. 자산이건 빚이건…"

물려받은 재산의 정리 과정에서 본인 스스로 다짐하듯 되뇌다 보니 요즘에도 술 한잔만 하면 똑같은 얘기를 반복한다고 미안해했다.

부모님이 물려주신 혹은 내게 주어진 것들이 보잘것없이 보이거나 가치가 없어 보이는 가장 큰 이유 중 하나는 실제로 그것들이 보잘것없거나 가치가 없어서가 아니라 가치 있는 것과 없는 것이 뒤섞여 있고, 괜찮은 것들과 보잘것없는 것들이 한데 뭉쳐 있기 때문인 경우가 많다.

극단적으로 N군의 사례처럼 자산과 부채가 한데 뭉쳐서 분간이 잘 안 되는 상황이거나, 아직 이렇다 할 수익 모델이 불분명한 땅을 물려받았는데 막대한 세금을 내야 하는 상황이거나, 대출을 끼고 산 주식이 등락을 거듭하면서 지금 파는 것이 이득인지 아닌지를 판단하기 힘든 상황이거나… 이럴 때 가장 중요한 것은 일단 그것들이 내게 맞는 것인지 아닌지부터 명확하게 파악하는 것이다. '아니, 물려받은 꽁돈인데, 나한테 맞는지 아닌지를 왜 따져?'라고 되물을 수 있지만, 반드시 물어야 한다. 주 5일을 꼬박 회사에 출근해야 하는 직장인에게 날마다 시세를 따져서 관리해야 하는 재산은 자산이 아니라 족쇄가 될 수 있다. 관리를 하는 데 있어 전문 지식이 있어야 하거나 따로 전문 인력을 고용해야 하는 자산들도 한 번쯤은 고민을 해봐야 한다.

그러한 현실 인식을 토대로 자신에게 맞춰 과감한 포트폴리오 정리를 해야 한다는 것이 N군의 생각이었다. 그런데 가장 어려운 것 역시 그 부분이라고. 물려받았기 때문에 그 자산의 내용에 대해 잘 모르거나, '내가 지금 가치를 제대로 평가하고 있는지?'에 대한 확신 역시 갖기 어려운 경우가 대부분이다.

인터뷰 말미에 N군은 다음과 같은 이야기를 했다. 이 이야기 역시 이후로 수차례 N군과 술자리를 할 때마다 듣게 된 걸로 봐서, 그가 나름의 신조로 삼기 위해 의도적으로 반복하는 이야기인 듯하다.

"알고 보면 옥도 돌이고, 금도 쇠붙이지. 게다가, 돈은 그냥 종이에 인쇄를 해놓은 거잖아? 그것들이 가치가 있고 의미가 있으려면 불순물을 거둬내고, 잘 다듬거나 정교하게 인쇄해서 귀하게 대접하고 모셔야만 옥이 되고, 금이 되고, 돈이 되는 거지. 결국, 모으거나 불리는 것보다 더 중요한 건 불필요한 것들을 덜어내고, 잘 정리해서 내가 관리할 수 있는 범위 내에 두는 거라고 봐."

마지막 질문

"자산가가 될 수 있었던 남다른 비결을
딱 한 마디로 요약해주신다면…"

"가치라는 것이 때로는 더하고, 불려야 더 늘어나는 것이
아니라 갈라서 덜어내고 지워야 더 늘어나는 경우가 있습
니다. 특히, 내가 스스로 번 것이 아닌 경우가 그렇죠. 그 점
만 잊지 않으면 됩니다."

남이 못 본 것만
절로 보여
부자가 된 사람들

뱀을 제일 잘 발견하는 사람이 누구인 줄 알아요?

땅꾼? 아니에요. 뱀을 제일 무서워하는 사람이에요.

그럼 돈을 제일 잘 보는 사람은? 부자들이에요.

부자들은 돈 무서운 줄 알기 때문에 잘 보이는 거예요.

난 지금도 돈이 제일 좋으면서 무서워요.

해운대 N변호사

남다른 감과 촉으로 손댄 것마다
대박이 난 P대표

느끼면 늘고,
만지면 터지더라

대표님의 현재 자산은 얼마입니까?

"저요? 저 돈 많아요. 놀랐죠? 저보다 훨씬 돈 많은 부자들도 '나 돈 없어' 그러면서 겸손해하는데. 하하, 전 근데 누가 물어보면 '저 돈 많아요' 그래요. 내가 먹고 쓰고 살아가기에 충분한 돈이 있고, 계속 벌어들일 자신도 있으니까. 숨길 게 뭐 있나요? 나쁜 일 해서 번 돈도 아니고, 세금도 내라는 대로 꼬박꼬박 다 내고 있는데. 분명히 제가 일반의 다른 사람보다 돈이 많은 것은 틀림이 없죠. 저 돈 많아요. 많죠."

저자 주_____ 이전에 인터뷰를 했던 어느 부자보다 훨씬 더 솔직하게 이야기를 시작한 P대표는, 그러나… 이후로도 끝까지 '돈이 많다'는 말 빼고, 자신의 자산을 직접적으로 이야기하지 않았다. 이제는 스타트업이나 벤처기업 수준을 뛰어넘은 중견 IT 전문기업과 부동산 관리 기업을 운영하고 있는 P대표의 자산은 자신이 보유하거나 경영하고 있는 기업의 지분이 약 550억 원 정도에, 기타 여러 경로로 다른 기업에 투자한 금액이 약 330억 원 정도가 된다. 의외로 일반적인 주식투자는 '재미가 없다'며 2015년 이후로 일체 하지 않고 있다. 이외에 개인적인 자산은 자택인 한티역 인근의 178㎡(54평)의 아파트와 용산구 이태원동에 있는 상가주택, 마포구 용강동의 상가 건물 등이 있고, 딸과 함께 지분을 반씩 소유하고 있는 죽전의 상가 건물 등이 있다. '편하게' 쓸 수 있는 현금 3억 정도를 통장에 넣어두고 수시로 입출금 하며 용돈처럼 사용하고 있는데, 지금 얼마나 남았는지는 잘 모른다고.

두 번째 질문

(°)Ⅺꑊ(°)

처음 시작할 때 수중에 얼마가 있었습니까?

"제가 카이스트 박사과정 할 때 결혼을 했는데, 결혼하고 나서도 부모님과 함께 살며 학위를 마쳤기 때문에 부모님한테 생활비랑 용돈을 받아가며 살았어요. 와이프도 결혼 직후 바로 임신해서 직장생활을 못 했거든. 그래서, 돈을 벌어야겠다고 마음먹었을 때 수중에 있던 돈은 1백만 원이 채 안 될 텐데, 그게 또 단돈 1백만 원이라고 하기에는 그 당시 우리 부모님이 그래도 좀 살만하셨거든요. 회사는 선배형 사무실에 집에서 쓰던 PC 한 대 가져다놓고 시작한 거라서 거의 무일푼으로 시작한 거고. 대충 1백만 원이라고 해둡시다."

어떻게 자산가가 될 수 있었습니까?

술집 안에 울려 퍼진 중국어 회화

P대표는 내게 대필 의뢰를 해온 모 정당 소속 정치이었던 P지역 위원장의 동생이었다. 삼 형제 중 막내였던 P대표는 어릴 때부터 주먹으로 한 주먹 했던 큰형, 대학생 때는 전대협 핵심 간부로, 졸업하고 나서는 시민운동을 한다고 감옥을 제집 드나들 듯 들락날락했던 작은형과 달리 어릴 때부터 공부로 유명했던 사람이었다. (이제는 너무 진부한 수식어지만) 초등학교, 중학교 시절에는 과외 한 번 받지 않고도 전교 1등을 놓친 적이 없었으며, 과학고에 진학하고 나서도 나쁘지 않은 성적을 거둬 카이스트에 진학할 수 있었다. 세칭 엄친아의 전형이라고 할 만한 사람이었다.

P대표를 자주 만나게 된 것은 대필을 의뢰한 그의 둘째 형 P위원장이 매번 P대표의 자택 인근에 있는 한티역 먹자골목 내 B바(bar)에서 만나자고 해서였다. P위원장이 대필 작업을 위한 인터뷰를 초저녁에 하자고 해서 B바에 가 있으면 여지없이 '지역구 일정이 늦게 끝나서 1시간 정도 늦겠다'는 문자와 함께 P대표가 대신 나타나 나와 술친구가 되어주었다. 늦은 저녁에 만나자고 할 때도 마찬가지였다.

만나기로 한 시간에 B바에 가보면, P위원장은 이미 만취해서 혀 꼬라진 소리로 알 수 없는 이야기만 늘어놓기 일쑤였다. 그러면 인터뷰는 중단되고 나와 P대표는 술에 취해 쓰러진 P위원장을 옆에 앉혀둔 채 둘이서 남은 술을 비우고는 했다.

P대표는 전공부터 현재 하고 있는 일까지 봐서는 뼛속까지 이공계 스타일에 수식과 논리로 세상을 바라보고 판단하는 사람일 거라 생각하기 쉬운데, 그런 예상과는 정반대에 있는 사람이었다. B바에서 처음 만났을 때의 일이다. 초면에 인사를 나누고 이런저런 통성명과 이력을 주고받으며 탐색전을 벌이는 와중에 갑자기 그가 나에게 갖고 다니는 스마트폰을 좀 달라고 했다.

"작가님, 폰에 노래 넣어 다니죠? 그거 좀 틀어달라고 합시다."

그러더니 내 대답도 마저 듣지 않고, 스마트폰을 뺏듯이 낚아채 웨이터에게 줘버렸다. 15초 뒤, B바의 실내에는 내 폰 뮤직 폴더에 들어 있던 곡들이 흘러나오기 시작했다. 간혹, 모교 응원가와 해커스 중국어 회화가 흘러나오는 바람에 다른 곡을 찾느라 바텐더가 혼비백산해서 당황하는 장면이 한두 차례 나온 것 빼고는 대체적으로 무난한 곡들이었다.

놀라운 것은 P대표가 홀 안에 흐르는 내 폰 속의 모든 곡들의 곡조를 따라서 흥얼거리거나, 제목을 맞추고, 더 신기한 것은 어떤 앨범인지 혹은 몇 년도에 누가 연주한 버전인지까지 맞췄다는 것이다. 그는 나 말고도 처음 만난 사람과 자신의 단골집인 B바에 오면 항상 들고 다니는 스마트폰을 달라고 해 그 안에 담긴 음악을 함께 듣는다고 했다. 그를 통해 말로 나눈 인사, 눈으로 보이는 외모로는 알 수 없는 상대의 깊은 내면과 취향, 생각들을 읽을 수 있다고 했다.

조금은 당황스러웠지만, 내가 만나기로 한 사람은 이미 만취해서 코까지 골면서 잠들어 있었기에 서로 초면이었던 나와 P대표는 내 스마트폰에 들어 있는 곡들을 들으며 양주 두 병을 깨끗이 비울 때까지 많은 이야기를 나눌 수 있었다.

실제로 P대표는 이제까지 만나본 수많은 거물들, 대단한 인물들, 기업 대표들, 학자들과 비교해봐도 전혀 밀리지 않는 대단한 내공의 인물이었다. 아니, 오히려 어떤 측면에서는 그들을 능가하는 엄청난 능력을 보유하고 있었다. 옆에 여전히 잠들어 있는 그의 둘째 형이자 정치 지망생인 P위원장과 P대표를 번갈아 쳐다보면서 '과연 내가 써야 할 책은 누구의 책일까?'라는 고민을 잠깐이나마 해야 할 정도였다.

이후로 P위원장의 공천 신청일 직전까지 대필 작업은 계속되었고, 선거 준비를 위해 바쁜 그 대신 그의 동생 P대표가 주 인터뷰 상대가 되어줬다. P위원장은 하루 종일 바쁜 일정을 소화한 뒤 뒤늦게 합류해서 폭탄주 석 잔을 내리 따라 마시고는 편안하게 소파에 드러 누워 잠을 청하는 일이 많았고, 남은 대화는 나와 P대표의 몫이었다. 그렇게 요상한 대필 작업은 약 3개월간 계속 이어졌고, 공천 신청 및 출마 선언식 나흘 전에 책은 완성되었다. 완성된 책을 보며 P위원장 은 자신이 다른 정치 선배들이나 기존 출마자들이 낸 책들을 봤는데, 그런 책들과는 비교할 수 없을 만큼 솔직한 이야기가 담긴(대부분 동생 P대표가 해준 얘기였다) 멋진 책이 나왔다며 대만족했다. 그가 출마를 예고한 지역구 내 모 웨딩홀에서 열린 출판기념회를 겸한 출 마 선언식은 대성황을 이뤘고… P위원장은 공천에서 탈락했다. 그리 고 P대표와 나는 형님 동생 하는 사이가 되었다.

돈의 촉감을 느끼는 남자

만나면 만날수록, 알면 알수록 P대표는 우리가 흔히 말하는 '수 재'가 아닌 '천재'형에 가까운 인물이었다. 알고 있는 것도 많았지만, 알게 되는 과정이 신기했고, 한 번에 알아내거나 습득하는 정보의 양 도 우리 일반인들과는 차원이 달랐다.

예를 들어 B바에서 P위원장의 소개로 그의 열성 지지자와 후원 회장이라는 이들과 함께 합석을 하게 된 적이 있었다. P대표와 나까지 다섯 명이 2시간 남짓한 시간 동안 술을 마시며 대화를 나눴다. (P위원장은 역시나 중간에 술에 취해 잠들어버렸으니, 정확히는 네 명이서 대화를 나눈 셈이다.)

P위원장과 일행들이 먼저 자리를 뜬 뒤 남은 술을 P대표와 나눠 마시게 되었는데, P대표가 전혀 엉뚱한 이야기를 하는 것이었다. 형님께 이야기해서 후원회장이라는 사람을 교체하든지, 그게 안 된다면 최소한 멀리하라고 말해야겠다는 것이었다. 대화에서 내가 빠진 것은 화장실에 가기 위해 5분 남짓 자리를 비웠던 것이 전부였다. 그 외의 시간 동안에는 나 역시 계속 대화에 참여했지만 그런 낌새는 전혀 알아채지 못했다 그간 혹시 나 몰래 형인 P위원장의 주변 인물에 대한 뒷조사를 한 것은 아닌가 해서 물었더니 그건 아니라고 했다.

이유를 묻자 그는 내가 미처 눈치채지 못한 수많은 단서들(입고 있는 옷, 알고 있다고 언급한 인물들의 공통점, 말을 할 때 습관처럼 보이는 행동, 지니고 있는 특정한 소품 등)을 거론하면서 그를 하나의 스토리로 꿰어서 후원회장이라는 사람이 (정치인인) 형님의 앞날에 문제가 될 수밖에 없는 이유에 대해 설명했다. 그 이유들이 어느 것 하나 억지스럽지 않고 합리적이고 타당했다. P대표와 같은 방식으로 자신의 생각에 대해 이야기하는 사람을 이후로도 현실 세계에서는 본 적이 없었고, 가공의 세계까지 그 영역을 넓힌다면 영화와 드라마 〈셜록〉의 주인공 홈즈가 그나마 그와 가장 비슷한 유형이었다.

이후, 이 책을 쓰게 되면서 그와 연락을 해서 다시 만나게 되었다. 짧은 설 명절 연휴 기간 중이었다. 이번에도 역시 그는 자신의 단골인 B바로 오라고 했다. 몇 년 만에 모처럼 형님인 정치인 P위원장 없이 단 둘이서만 만나는 자리였다. 반가이 인사를 나눈 뒤, 단도직입적으로 세 가지 질문을 던졌다. P대표는 평상시 알고 있던 성격대로 내가 던진 질문에 시원시원하게 답해주었다. (단, 자신의 보유 자산은 끝까지 정확하게 말해주지 않았다.)

이왕 시원시원하게 이야기를 들은 김에, '어떻게 부자(자산가)가 되었는지?'에 대해서도 솔직하게 얘기해달라고 졸랐다. 그 질문에 대한 답은 생각보다 흔쾌히 그리고 순순히 들려주었다. P대표는 붓글씨를 쓰듯 컵에 담긴 물을 찍어 테이블에 한자 두 글자를 적었다.

'촉(觸)'자와 '감(感)'자였다.

"촉감이요? 돈을 잘 매만져서 부자가 되셨다는 건가요? 아니면 손기술이 좋아서? 도대체 '촉감'과 부자, 자산가가 되는 것이 무슨 상관이 있나요?"

나의 물음에 P대표는 처음 만났을 때와 마찬가지로 머릿속에 떠오른 생각을 마치 입으로 그려내듯 말해주었다.

P대표는 일반적인 인간관계에서 혹은 업무 때문에 필요에 의해

서 수많은 부자들을 만나왔는데, 아무리 살펴봐도 공통점을 찾아내기가 상당히 어려웠다고 한다. '다들 머리가 좋으니 부자가 됐겠지?'라고 살펴보면 이건 머리가 나빠도 이렇게 나쁠 수 있을까 싶은 빌딩 부자가 등장을 하고, '말 잘하는 거지 굶는 일 없다 하니 부자라면 다들 언변이 좋겠지?'라며 살펴보면 이건 언어장애가 아닐지 의심이 갈 정도로 심하게 말을 더듬는 부자가 등장하거나, 말은 청산유수인데 알맹이가 없는 엄한 소리만 하는 준재벌급 부자들이 등장했다고. '하다못해 돈을 벌려면 체력은 좋아야겠지? 아니, 부자니까 몸에 돈을 써서라도 건강하겠지?'라며 이제야 공통점을 찾았다 하고 방심하고 있을라치면 혼자서는 걸음도 제대로 못 걸을 정도로 병약한 갑부가 어디선가 조용히 등장하고는 했다.

그런데 어느 날 문득 유독 부자, 자산가들만 보유한 혹은 특출나게 많이 가진 남다른 공통점 하나가 P대표의 눈에 띄었다고 한다. 그것이 바로 '촉'과 '감'이었다.

돈에 대한 촉감을 높이는 네 가지 비결

나야 당연히 느껴본 적이 없지만, P대표에 따르면 돈에는 만져지는 촉(觸)과 느껴지는 감(感)이 있다고 했다. 부자들은 공통적으로 어떠한 상황과 일을 대할 때 거기서 '돈이 만져지는가'와 '돈을 벌 수 있을지'에 대해 일반인보다 훨씬 더 민감하게 감지해내는 능력이 있어 남들이 못 보는 것, 멀리 있는 것을 보고 돈을 번 사람들이었다. 가상의 인물 중에서는 〈허생전〉의 주인공 허생원, 실존 인물 중에서는 현대 창업주 고 정주영 회장, 일반인에게는 많이 알려져 있지는 않지만 '현금왕'으로 불렸던 해성그룹 고 단사천 회장 그리고 은행 지점장 출신으로 최근까지도 명동 사채시장을 주름잡고 있는 I실업 L회장 같은 이가 대표적인 인물이라고 했다.

그렇다면 어떤 이들이 돈에 대한 촉과 감이 좋은 사람들이고 어떻게 하면 그런 사람이 될 수 있을까?

우선 첫 번째로는 '타고난 감각이 좋은 사람'이다.

이 사람들은 어쩔 수 없다. 그저 진심을 다 해 부러워할 수밖에…. 그들과 친하게 지내고 그들이 투자와 사업을 할 때 귀동냥이라도 얻어 콩고물이라도 얻어먹는 것에 만족할 수밖에 없다. 정확한 통계치는 없지만 대략 몇백만 명 중에 많아야 한두 명 정도라고 한다. 배운다고 배울 수도 없는 것이고 따라 한다고 따라 할 수도 없는 노릇이다. 앞서 언급한 인물들 중에서 가상의 인물인 허생원을 제외한 나머지 세 사람이 이 부류에 속한다고 할 수 있다. P대표에 따르면 다른 두 사람은 언론매체나 지인들을 통해 일화를 전해 들은 반면, I실업 L회장의 경우 P대표가 사업을 시작하던 무렵 지인의 소개로 만나서 이야기를 나눌 기회가 있었다고 한다. 짧은 대화만으로도 '이 사람은 돈에 대해서만큼은 가히 초능력 수준에 가까운 감각을 지니고 있다'는 느낌이 들 정도였다고 한다.

두 번째로는 '꾸준한 학습과 훈련을 통해 촉과 감을 키운 사람'이다.

P대표에 따르면 학습 의지를 갖고 발품을 팔거나 반복적인 학습 노력을 통해 원하는 수준의 능력을 키워낸 이들은 우리 주변에서 어렵지 않게 만나볼 수 있다고 했다. 자신이 만나본 자수성가한 대부분의 사업가와 성공한 전업투자자 중 상당수가 돈에 대해 '타고난 감각이 좋은' 사람이 아니라 '꾸준한 학습과 훈련을 한' 사람이었다고.

그들이 학습과 훈련을 한 방법은 간단했다. 촉과 감으로 투자에 대한 가설을 세운 뒤, 실제 시장이 어떻게 움직이는지를 살펴보는 것이다. 가설이 얼마나 들어맞았는지를 평가한 뒤 촉과 감을 계속 보완하여 수정해나가는 식으로 반복하는데, 처음에는 예측률이 채 1%도 되지 않는 것이 일반적이다. 그러나 복기를 반복하는 과정에서 촉은 더욱 날카로워지고 감은 더 많이 예민해져서 어느 시기가 지나면 몰라볼 정도로 도드라지기 시작한다. 그들이 결국 시장의 가장 윗자리에 남게 되는 것이다.

세 번째로는 '그런 사람들을 곁에 두고 촉과 감을 관리한 사람'이다.

일반적으로 본인 스스로는 돈에 대한 촉도 감도 없지만 확고한 비전과 계획이 있고 인간적인 매력이 넘치는 이들이, 돈에 대해 타고난 감각이 좋은 이들이나 꾸준하게 학습하고 훈련해 갈고 닦은 이들을 발굴하여 그들을 고용해 그 능력을 빌려 쓰는 경우를 말한다.

P대표는 자신이 아는 사람 중에서는 국책기관 연구원 출신으로 투자는 잘 모르지만, 주변에 돈이 드나드는 길을 볼 줄 아는 사람들을 잘 둬서 자산을 크게 늘린 대학 동기가 있고, 누구나 알만한 유명한 사람 중에서는 '상(商)나라 사람'을 뜻하는 '상인(商人)'이라는 단어가 '물건을 사고파는 업에 종사하는 이'를 뜻하는 말이 되도록 한 중국 역사 속 위대한 비즈니스맨이자 행정관료였던 왕해(王亥) 같은 인물들을 예로 들었다. 이들은 돈이 아니라 사람을 보는 촉과 감이 대단히 뛰어난 사람으로 어찌 보면 이들이 더 대단한 사람일 수도 있다.

마지막으로 '자신만의 시스템 혹은 도구를 마련해 촉과 감을 유지하는 사람'이다.

이 부류는 과거에는 보기 힘들었던 이들로 과학기술이 발달하고 금융 시스템이 발전하면서 급격하게 늘어나고 있는 이들이다. 각종 IT 기기와 관련 소프트웨어 등을 활용하여 시장의 동향과 앞으로의 변화 추이 등에 대해 실시간으로 예측하고 그를 토대로 투자 전략을 세우는 이들이 대표적이다. 일반인도 이들의 시스템이나 도구만 이용할 수 있으면 얼마든지 비슷한 수준의 촉과 감을 갖고 돈을 벌어들일 가능성이 크다는 장점이 있으나, 반대로 초기 투자 여력이 낮고 이후 관리(업그레이드) 역량이 떨어지는 개인은 시스템과 도구에만 의존해서는 절대로 제대로 된 시스템과 도구를 기반으로 운영되는 기관을 이길 수 없다는 점에서 주의가 필요하다.

P대표는 자신이 당연히 첫 번째부터 네 번째까지 모두에 해당되는 사람이라고 했다.

잊지 마라, 순서가 가장 중요하다

마지막으로 그가 강조한 것은 '촉과 감을 실행하는 순서'였다.

그의 마지막 충고에 따르면 돈을 벌기 위해서는 '촉과 감' 모두가 중요한데 반드시 잊지 말아야 할 것이 '촉과 감' 간의 균형을 맞추는 것. 그리고 그보다 더 중요한 것은 그 둘을 발휘하는 순서라고 했다. 많은 사람들이 돈에 대해 먼저 느끼고(감) 판단한 뒤 자신의 판단이 맞는지 틀리는지 따져보는(촉) 순서를 선택하는데, 그러면 자칫 선입견 탓에 객관적인 의사결정을 그르칠 우려가 있다고 했다. 이미 감정적으로 확신이 선 다음에는 아무리 촉을 세워봐야 결정 내린 사항의 근거를 더 강화하는 역할만을 하게 될 거라고. 반대의 순서로 먼저 철저하고 꼼꼼하게 살피고 만지고 따져보고, 그를 검증하기 위해 느끼고 공감하는 방식으로 순서를 가져가는 것이 중요하다. 감촉으로 판단하기보다는 촉감으로 결정해야 한다는 것이었다.

몇 차례 감이 좋아서 들어갔던 투자가 우연히 대박을 친 개인투자자가 행운을 자신의 실력이라 믿고, 촉을 갈고닦아야 할 단계를 포기하고 계속 감만을 활용하여 투자하는 경우가 많다고 한다. 하지만 이렇게 투자를 이어가다가는 결국 쪽박을 차고 마는 경우가 많다. 이것이 전형적으로 촉과 감의 순서를 뒤바꾼 이들이 경험하게 되는 재앙이라고 했다.

투자나 사업의 기회가 포착되었으면 촉을 가동해서 실질적인 것이 만져지는지 생각해봐야 한다. '촉'을 작동시키는 가장 대표적인 방법은 기존에 보유하고 있던 지식이나 경험과 비교하여 결과를 살피거나, 나보다 먼저 비슷한 기회를 가졌었던 이의 조언을 구하는 방식이 있다. 또는 (P대표가 가장 자주 사용하는 방식인데) 본인과 정반대의 성향을 가진 이들이나 이번에 하려는 의사결정과 비슷한 선택을 해서 뼈아픈 실패를 경험한 이들을 찾아 그들의 의견(주로 반대의견)을 청해 들으며 그들을 설득해 봄으로써 그 과정 속에서 촉을 살리는 방법도 있다.

그리고 반드시 그다음 순서로 가져가야 하는 것이 '감'의 단계이다. 감은 다양한 형태로 발휘된다. 단순히 그냥 '대박의 기운'이나 '께

름칙한 기분'처럼 나타나거나 다수가 느끼는 분위기나 여론 등으로 나타날 때도 있다. 공통점은 촉에 비해 과학적으로 증명하기도, 다른 이들을 설득하기 위해 설명하기도 어렵다는 것이다. 그러다 보니 흔히 감은 '막무가내', '내키는 대로', '아무튼' 등과 같은 단어들과 한데 섞여 사용되기도 한다.

그렇기 때문에 더더욱 촉을 먼저 발휘하고 그 뒤에 감으로 검증하는 단계를 거쳐야 한다고 강조했다.

"남들은 저더러 '돈이 되는 것에 대한 촉이 좋다'거나 '돈벌이에 감이 있다'라고 쉽게 이야기합니다. 저도 동의하죠. 그러나 이후 그들은 그런 촉과 감이 아무 노력 없이 하늘에서 뚝 떨어진 무슨 초능력인 것처럼 여기죠. 가끔 촉과 감을 뒤바꿔서 이야기하기도 하고요. 하지만 돈에 대한 촉과 감은 치밀한 노력을 통해 얻을 수 있고, 갈고닦을 수 있습니다."

인터뷰를 마치고 나가면서 P대표는 굳이, 입에 손을 갖다 대고 목소리를 낮춰, 한마디를 덧붙였다.

"물론, 저처럼 촉과 감을 초능력의 경지로 활용하는 사람이 있어서 가끔 혼동이 되기는 하겠지만요."

마지막 질문

"자산가가 될 수 있었던 남다른 비결을
딱 한 마디로 요약해주신다면…"

"남들보다 훨씬 멀리 보고, 남들이 보지 못하는 것을 보는 이들에게는 일반인들은 없는, 혹은 약한 촉과 감을 보는 능력이 있습니다. 촉과 감은 학습과 훈련을 통해 충분히 발달시킬 수 있습니다. 다만, 다른 모든 것들이 다 그러하듯 엄청난 노력이 필요하죠. 그리고… 반드시 잊지 말아야 할 것 한 가지는 둘 사이의 순서를 절대 바꿔서는 안 된다는 점이고요."

피나는 노력으로 주어진 모든 것을 바꿔낸,
가정주부 Y씨

운칠기삼이 아니라
노칠기삼이다

사모님의 현재 자산은 얼마입니까?

"남들은 교수님 집이니까 풍족하고, 연금이 있으니 노후도 든든할 거라고 생각들 하시지만, 그렇지 않아요. 말이 좋아 교수지 남편이 마흔 될 때까지 집에 가져다준 돈을 다 합쳐봐야 제가 처녀적에 다니던 회사 1년 연봉에도 못 미쳐요. 그때까지는 줄곧 마이너스 가계부였죠. 노후도 마찬가지예요. 연금이 있기는 하지만, 유학하고 박사 공부하느라 남편이 결혼을 늦게 해서 애들이 아직 어려요. 둘째 공부 마치고, 큰애랑 둘 다 시집 장가 보내려면 앞으로 돈 들 일만 남았죠. 그냥 죽을 때까지 살 집이랑 필요할 때 요긴하게 쓸 수 있는 돈 조금, 세 좀 받아먹는 자그마한 상가, 그게 다예요."

저자 주＿＿＿＿＿＿ 수도권 사립대 교수를 남편으로 둔 전업주부인 Y씨는 남편과 결혼 뒤 뒤늦게 재테크 대열에 동참해서 짧은 시간에 큰 성공을 거둔 케이스다. 부동산은 구기동에 있는 자택을 포함해 삼선교에 4층짜리 상가 건물을 보유하고 있다. 다른 자산가들에 비해 부동산 자산은 많지 않으나 Y씨가 강점을 보이는 분야는 의외로 외환예금, 해외 상장지수펀드(ETF), 해외 주가연

계증권(ELS) 등과 같은 외환투자와 해외상품투자이다. 일찌감치부터 해당 분야에 눈을 떠서 집중적으로 투자를 해왔고, 그렇게 보유한 자산이 약 80~100억 원대가 된다고 한다.

두 번째 질문

(๑•̀ㅂ•́) و✧

처음 시작할 때 수중에 얼마가 있었습니까?

"결혼할 때 친정 아버지께서 '살림하다가 힘들면 쌈짓돈처럼 쓰라고 엄마 몰래, 남편도 모르게 해주신 돈이 5백만 원 정도 있었어요. 그거에 큰애 돌반지랑 남편 교수 임용 기념으로 동창들이 해준 한 냥짜리 순금 열쇠를 팔아서 630만 원인가, 660만 원인가 갖고 시작했죠."

세 번째 질문

(๑•̀ㅂ•́) و✧

어떻게 자산가가 될 수 있었습니까?

한때 '교수와 거지의 공통점'이라는 농담이 있었다. 출처도 불분명하고 그 공통점도 적게는 다섯 개에서 많게는 서른 개에 이르렀다. 대표적으로 기억나는 것이 '출퇴근이 일정치 않다', '입만 가지고 산다', '수입이 일정치 않다', '되기는 어렵지만 일단 되고 나면 밥은 먹고 산다' 등인데, 웃기려고 만든 말이겠지만 묘하게도 수긍이 가는 부분이 많았던 농담이었다. 이외에도 교수를 주제로 한 유머나 농담, 심한 경우 조롱과 비아냥은 생각보다 많은 편이다. 그러나 사실 한국 사회만큼 '교수'라는 직업에 대해 높이 평가하고 존경하는 곳은 거의 없다. 위의 유머 역시 잘 살펴보면 우리나라에서 '교수'라는 직업이 얼마나 대단한 대우를 받고 있으며, 그들에게 일반인들이 갖고 있는 존중과 경외심이 얼마나 큰지를 역설적으로 보여주고 있다.

그러다 보니, 교수들이 보유한 소중한 학문적 지식이 그들만의 세상 속에 갇혀 일반인들에게 잘 전해지지 못하고 필요한 곳에서 활용되지 못하는 경우도 빈번하다. 그럴 때 필요한 이들 중 하나가 나와 같은 작업을 해줄 수 있는 대필작가들과 출판사의 기획자들이다. 이런 이들이 학술자료와 전문 용어를 활용해 같은 분야의 학자나 전공을 하는 학생들과의 소통에만 익숙한 대학교수들을 도와, 그들이 보유한 학문적 지식을 보다 많은 사람들이 쉽게 이해하고 즐겁게 접할 수 있도록 해줄 수 있다. 실제로 구미 각국에서는 저명한 대학교수와 전문 작가들의 협업이 굉장히 활발하게 이뤄지고 있으며, 그를 통해 세계적인 베스트셀러도 심심치 않게 탄생하고 있다. 그런 차원에서 2000년대 후반에 한 출판사가 야심 차게 진행했던 프로젝트를 통해 만난 분이 모 국립대 경영학과 교수로 재직 중이던 C교수였다.

한때 '경영학과 교수에는 두 부류가 있는데, 하나는 경영학 교수이고 다른 하나는 경영학자이다'와 같은 농담이 있었다. 경영학 교수들이 학교 수업에 집중하지 않고 외부 활동에 더 열심히 참여하는 모습을 비꼰 것으로 보이는데, 실제로 경영학 교수 중 상당수는 대학 교수라기보다는 기업 경영자와 같은 모습을 보이곤 한다. 그런 차원에서 보자면 C교수는 전형적인 '대학', '경영학과', '교수'였다. 약속 장소에 단종된 지 오래된 국산 준중형 승용차를 몰고 온 C교수는 방금 전까지 강의를 하고 온 듯, 검지와 중지 사이가 보드마카에서 묻어난 잉크로 새카맸다. 출판사의 적극적인 제안과 강력한 권유로 대필작가까지 낀 대규모 프로젝트에 나서게 되었지만, C교수는 여전히 '그래도 되나?' 반신반의하는 것 같았다. 미팅을 하는 내내 "교수는 논문으로 말하는 건데…", "그냥 공저라고 하고 작가님 이름도 밝히면 안 되는 겁니까?", "아무리 작가님이 쉽게, 잘 써주신다고 해도 일반 대중들이 내 얘기를 재미있어 할까요?" 등등의 질문을 던지며 고개를 갸웃했다.

그러나 결과부터 말하자면 C교수의 책 프로젝트는 대성공이었다. 초기에는 작업에 다소 머뭇거리던 C교수가 막상 책 작업이 시작되자 사흘이 멀다 하고 연락해서 원고 진척 상황을 묻고, 필요한 자료를 꼼꼼하게 챙겨서 보내주었다. 자신이 직접 인터뷰를 한 뒤 상당한 분량의 녹취록을 작성해서 보내줬고, 시간이 맞지 않아 직접 인터뷰를 하지 못할 때는 나라도 인터뷰를 할 수 있도록 만남을 주선해주었다. 덕분에 전직 국무총리, 중견 그룹 총수, 모 국립대 경영대 학장 등을 만날 수 있었다. 평상시 '유령이 아닐 때의 나'라면 전화 연락조차 쉽지 않을 사람들이었다. 그런 노력과 협의의 기반 위에서 C교수의 진지한 학문 지식과 인사이트가 나의 다소 저렴한 컨셉과 잘 어우러져 모처럼 읽기 쉽고 이해하기 좋은 대중 교양서로 탄생하였다.

책이 대성공을 거두자 C교수는 감사의 의미로 출판사 사장과 담당 편집자 그리고 대필작가인 나를 집으로 불러 식사를 겸한 술자리를 마련했다. 세상 모든 진지함과 성실함을 똘똘 뭉쳐 만든 사람 같은 C교수와 달리 부인 Y여사는 배포 크고 시원시원한 여장부 그 자체였다. 보통 손님들을 초대하면 음식만 차려놓고 자리를 비켜주는 일반적인 안주인들과 달리 Y여사는 자신도 우리와 같은 테이블에 앉아 식사를 하고 술잔을 기울였다(라고는 하지만 술자리를 주도하셨다). 워낙에 술을 좋아하는 스타일이다 보니, 주변에 술 꽤나 마신다는 남녀노소가 포진하고 있는데, Y여사는 이제까지 내가 알고 지낸 여성 애주가 중에서도 최상위권에 속하는 주량이었다.

조금 부끄러운 얘기지만, 술에 취했다가 눈을 떠보니 못 보던 공간이었고 꿈이라 잘못 본 거라 생각하고 '잠이나 더 자자' 하고 눈을 붙였다가 깨보니 C교수의 서재였다. 술에 취해 집에 못 가고 서재에 쓰러져 잠에 든 것이다. (다행인 것은 바로 옆에 C교수와 그 옆에는 출판사 사장도 잠들어 있었다는 점이었다.) 아침에 일어나 Y여사가 차려준 밥을 먹는 둥 마는 둥 하고 도망치듯 그 집을 빠져나왔던 기억이 난다. '비밀을 공유하면 동지가 되고, 부끄러움을 공유하면 친구가 된다'라던가? 그날의 기억은 무척이나 부끄러웠지만, 덕분에 C교수와는 원저자와 대필작가가 아닌 선배와 후배로 지내게 되었고, Y여사는? 형수님이라 부르기로 했다.

한국판 와타나베 부인의 탄생

형수님, 아니 C교수의 부인인 Y여사는 고등학교를 졸업하고 지금은 사라진 모 상사기업에 취직하며 열아홉 살에 곧바로 직장생활에 뛰어들었다. 몇 년 뒤, 같은 회사 선배가 주선한 맞선에서 C교수를 만났는데, 다른 면은 하나도 안 보이고 "고려대학교에서 학사, 석사를 마치고 박사 하러 유학 갈 사람이다"라는 선배의 소개말만 귓가에 뱅뱅 맴돌았다. Y여사 자신이 학력에 대한 콤플렉스와 상급학교 진학에 대한 꿈이 있었기에 '명문대', '박사' 두 단어만 듣고 덜컥 교제를 시작해서 열 살 가까운 나이차를 극복하고 결혼까지 이르게 되었다고 한다. 그러나…

"제가 우리 애아빠와 결혼하고 깜짝 놀란 것이 두 개가 있는데 요, 나이 서른 살 가까이 먹고 명색이 박사, 교수까지 하겠다는 사람이 수중에 돈이 거의 한 푼도 없다는 거랑, 그럼에도 불구하고 돈에 대해 아무런 관심이 없다는 점이었어요. 애들 유치원 다닐 때까지 계속 그랬어요. 남들 서너 개씩 보낸다는 학원을 우리는 하나도 제대로 못 보내겠는 거예요. 자존심 때문에 남들한테 그 얘기를 못하니까, 모르는 사람들은 아빠가 박사에 대학교수고 엄마가 산업미술로 석사까지 받았으니 집에서 홈스쿨링으로 잘 가르친다고 생각했겠지."

공부를 더 하겠다고 덜컥 유학길에 오른 남편을 따라 생후 11개월 된 큰딸을 등에 업고 미국으로 가서, Y여사는 있는 고생 없는 고생을 다 했다고 한다. 당시 남편의 학교 정문 건너편에 1달러 50센트짜리 핫도그를 팔았는데, 가끔 아이를 안고 그 앞을 지날 때면 냄새가 기가 막혔다고. 그러나 달러 한 장이 아까워서 귀국할 때까지 그 핫도 그를 못 사 먹었다고 한다. 그때 달러 한 장이 얼마나 절실했고, 지갑 속 달러가 줄어드는 것이 얼마나 두려웠던지, 한국에 돌아온 지 수십 년이 지난 요즘도 만 원짜리는 서슴없이 쓰면서도 한국 돈으로 천 원이 조금 넘는 1달러짜리 지폐는 손이 떨려서 함부로 쓰지를 못할 정도라고 한다.

그런 가운데에서도 학업에 욕심을 부려, 어학원 수강, 커뮤니티칼리지 입학, 주립대 편입으로 이어지는 학업의 끈을 놓치지 않았고, 결국, 남편의 박사 취득과 함께 Y여사 역시 학사를 취득했고, 귀국해서는 내친김에 대학원까지 마저 마치고 석사를 취득했다.

하지만, 살림살이는 여전했다. 공부가 좋아 학계에 남은 C교수는 Y여사가 본 첫인상 그대로 '돈벌이'와는 거리가 한참 먼 사람이었다. 오히려, 수중에 조금이라도 돈이 생기면 가난한 대학원생들 생활비를 지원해주던지, 술 사주고 고기 사줘서 그날로 다 써버려야 직성이 풀리는 사람이었다.

결국, Y여사가 나서는 수밖에 없었다.

그러나 나서겠다고 마음은 먹었지만 뾰족한 방법도, 종잣돈도, 아는 사람도 없었다. 무언가 해야 했지만, 딱히 뭘 해야 할지도 몰랐다. 일단 문구점에 가서 흔히 '대학노트'라고 불리던 두꺼운 스프링 제본

노트 세 권을 구입했다. 그리고 날마다 신문의 경제면을 보고 노트에 그대로 베껴 적었다. 평상시라면 절대로 안 보던 TV나 라디오의 경제 뉴스도 유심히 보고 들으며 귀에 들리는 단어만이라도 노트에 받아 적었다. 적긴 적었지만 무슨 말인지도 몰랐고, '이렇게 한다고 해서 아줌마인 내가 돈을 모을 수 있을까?'라는 회의가 들기도 했다. '그래도 일단 뭐라도 하자'는 생각에 꾸준히 '경제 정보 필사' 작업을 해갔다. 그렇게 그 두꺼운 노트 한 권을 거의 다 썼을 무렵이었다. 우연히 한 주간 경제지의 기사 한 편을 보게 되었다. 일본의 신조어인 '미세스 와타나베(ミセス·ワタナベ)', 즉 '와타나베 부인'에 대한 기획 기사였다.

와타나베 부인은 1990년대 말 이후 마이너스 금리를 걱정해야 할 정도로 일본의 저금리 기조가 계속되자 낮은 이자로 일본 엔화를 빌려 고이율의 수익을 얻을 수 있는 외국의 자산을 구매하여 차익을 실현하는 이른바 '엔 캐리 트레이드(Yen carry trade)'에 참여했던 이들을 가리키는 일반명사였다. 당시 일반적인 자본시장의 참가자들은 남성이었던 반면 유독 '엔 캐리 트레이드' 시장은 3~40대 중년 여성들이 많이 참여하고 있다는 소식이 알려지면서 일본에서 가장 흔한 '와타나베'라는 성을 붙여 일반화시킨 것이다.

재테크에 대한 자신감이 떨어질 때로 떨어져서 바닥을 기고 있을 때 알게 된 와타나베 부인에 대한 뉴스는 다시금 Y여사에게 힘을 불어넣어주었다. 그는 무작정 집에서 가장 가까운 (합병 전) 외환은행 지점으로 찾아갔다. 그리고는 상담직원에게 와타나베 부인에 대한 주간 경제지 기사를 펼쳐보이며, "나도 이것 좀 하고 싶은데, 어떻게 하면 할 수 있을지 가르쳐줄 수 있겠냐"고 물었다. Y여사는 지금도 그 직원의 황당해하던 표정을 잊을 수가 없다 했다.

다섯 가지 공부로 부자 되기

곡절은 어찌 되었건 Y여사는 본격적인 투자자의 길로 들어서게 되었다. 외환투자로 큰돈을 벌지는 못했지만, 무작정 찾아갔을 때 황당한 표정을 지었던 외환은행의 행원은 이후 합병으로 인해 타 은행 지점으로 옮겨간 이후에도 Y여사의 든든한 투자 파트너가 되어 주었다. 결혼할 무렵 부친이 '가방끈 긴 사위'에게 시집가는 딸이 주눅이 들까 봐 친정 엄마 몰래 챙겨준 현금을 예금통장에 그대로 묻어둔 것이 있었는데, 그 돈이 유용한 종잣돈이 되어주었다.

그러나 이후 Y여사가 투자의 이익을 내고, 자산을 축적해간 모습은 사실 크게 임팩트가 없다. 일반적으로 알려진 자산가들과 크게 다르지 않았다. 그러나 그가 조금 다른 부분이 있다면 투자를 함에 있어 실패율이 지극히 낮고, 결과론적인 얘기지만, 전문가들도 놀랄 정도로 절묘한 시기에 적재적소에 유연하게 투자를 해서 수익을 냈다는 점이다. 나 역시 그 부분에 관심이 쏠렸다. 평범한 가정주부였던 Y여사는 어떻게 길지 않은 기간 만에 전문 투자자 뺨치는 식견을 갖춘 인사이트 넘치는 투자자로 변모할 수 있었을까? 나는 그 이유를 Y여사의 남다른 '학습 의지와 노력'에서 찾을 수 있었다.

그간 Y여사가 해온 학습의 과정을 살펴보면 크게 다섯 가지 원칙 혹은 비법이 있었다.

첫 번째는 '적자생존'이다.

영국의 철학자 스펜서(Herbert Spencer)가 '사회 혹은 자연환경에 가장 적합한 생물만이 살아남는다'는 뜻으로 한 말인 '적자생존(適者生存, Survival of the fittest)'!… 과는 아무런 상관이 없는 말이다. 모든 것을 종이에 '적는 자'만이 이 험난한 자본주의의 전장에서 '살아남는다'는 뜻에서 Y여사가 애용하는 말이다. Y여사는 처음 재테크에 나섰을 때는 대학노트를 쓰다가 한동안은 프랑스산 로디아(Rhodia) 노트를 사용해 경제 지식이나 투자 정보를 적고, 신문을 스크랩했다. 현재는 아이패드 프로를 사용해 보다 쉽게 적자생존을 추구하고 있다. 길을 걷다가, 누군가와 대화를 하다가, 책이나 TV를 보다가도 경제 지식이나 투자 등과 관련한 정보가 나오거나 생각이 떠오르면 Y여사는 즉시 아이패드를 꺼내 메모를 시작한다.

두 번째는 '삼은행 필유아사'이다.

'삼인행, 필유아사언(三人行, 必有師焉)'. 세 사람이 길을 가면 그중에는 반드시 내 스승이 될 만한 사람이 있다는 〈논어〉의 문구를 약간 비틀어서 '세 번만 은행(객장)에 가면 그곳에서 반드시 재테크에 도움이 될 만한 이를 만날 수 있다'라는 Y여사만의 굳건한 믿음이다. Y여사는 또래에 비해 IT 기기 사용과 각종 어플리케이션 활용에 능한 편이었다. 그럼에도 불구하고 아날로그를 고집하고 있는 것이 있었으니 바로 객장 거래였다. 그는 온라인 거래가 보편화된 현재까지도 은행 업무와 증권사 업무를 볼 때면 반드시 객장에 나가 창구 직원부터 점장까지 직접 만나보고, 이야기를 나눈 뒤 볼일을 보는 패턴을 유지해오고 있다. 심지어 객장에서 처음 본 다른 손님들에게도 스스럼없이 말을 걸고 대화를 이어나간다. 그를 통해 인터넷이나 대중 매체 등을 통해 습득할 수 없는 생생한 투자 정보를 얻을 수 있다고 믿었고, 의외로 상당히 여러 번 그 믿음은 주효했다.

세 번째는 '구문 읽기'다

Y여사가 꼽는 최고의 투자 학습서는 역시 '신문'이었다. 단, Y여사가 신문을 읽는(활용하는) 방법은 다소 독특했는데, 신문이 발행된 제날짜에 읽는 것이 아니라, 매주 월요일(과거에는 매주 월요일마다 모든 일간지가 휴간을 했다. 그때 생긴 습관이다) 아침 지난 한

주간 발행된 여섯 부의 신문을 모아서 보는 것이다. 단순히 그냥 읽는 것이 아니라, 과거에 발생했던 어떠한 원인이 어떤 방식으로 전개가 되었고, 그것이 거시경제와 투자 여건, 금융 조건 등의 변화에 어떠한 영향을 미쳤는지에 대해 스토리를 만들어가며 읽는 것이다. 그를 통해 특정한 사안(정부의 정책 발표, 금융권의 움직임, 세계 경제의 변화 등)이 이후 개개인의 재테크 조건에 어떠한 영향을 미치는지를 통시적(通時的)으로 학습할 수 있고, 그를 통해 유사한 사안이 벌어지면 어떻게 판단하고 대응해야 할지를 미리 준비할 수 있다고 했다.

네 번째는 '구경꾼 놀이'이다.

Y여사는 시장을 따라가지 않는다. 특정 주식이 좋다고 해서, 어떤 투자 상품이 좋다고 해서 곧바로 시장에 따라 뛰어드는 스타일은 아니다. 그렇다고 선제적으로 투자처를 발굴해서 먼저 선도적으로 움직이지도 않는다. 자신과 같은 개인투자자들이 획득할 수 있는 정보의 수준에는 한계가 있고, 자신 정도 규모의 자산으로는 분위기를 만들어낼 수 없으리라는 것을 잘 알고 있기 때문이다. 대신 그는 시간이 날 때마다 '구경'에 나선다.

급하지 않게 마음을 먹고, 가족과 교외로 바람 쐬러 나갈 때면 인근에 미리 봐둔 택지개발지구나 개발 예정인 공단 부지들을 휘 둘러보고 오는 식이다. 마트나 백화점에 나갈 일이 있으면 투자를 고려하는 업종의 매장에 가서 최신 트렌드가 어떻고, 제일 잘나가는 물건들이 어떤 것들이며, 실제 판매를 하는 매장 직원들의 의견은 어떤지 슬쩍 묻고, 둘러보는 것이 그의 소일거리 중 하나가 된 지 오래다. (당연히, 그를 통해 알게 된 정보와 느낀 점 등은 그의 아이패드에 고스란히 기록이 된다.) 투자에 대한 부담이나 강박 없이 마음 편하게 구경하며 습득한 그런 정보들이 여러 차례 Y여사에게 큰 이익을 가져다주었다.

　마지막으로 다섯 번째는 '스승 되기'다.

　Y여사는 '어떻게 자산가가 되었는지'를 물었을 때 가장 친절하고 소상히 자신의 얘기를 들려준 이 중 한 사람이다. 이는 나와의 개인적 친분이 깊었던 탓도 있지만, 그런 이야기들을 주변과 나누기를 서슴지 않았던 평상시 그의 성향 탓이 크다. 그는 주변 사람 중 재테크에 관심이 있거나, 어느 정도 친분이 생기면 스스럼없이 자신이 돈을 모은 방법이나, 이익을 본 상품에 대해 이야기하는 것을 마다하지 않았다. 이는 잘난 체 하려거나 있는 체하려고 그런 것이 아니다.

　본인 스스로 초보 투자자일 때 고전을 면치 못하다가 몇몇 은인을 만나서 투자에 눈을 뜬 경험이 있어서이기도 하거니와 '가르치면서 가장 크게 배운다'는 평상시 지론 탓이기도 하다. 다른 이들에게 경험과 지식을 나눔으로써 혼자 투자할 때는 보지 못했던 것을 새롭게 발견할 수 있을 뿐만 아니라, 미처 챙기지 못했던 것들을 학습할 수 있었다. 또한, 그렇게 가르친 이들이 저마다 투자를 하며 알게 된 정보를 Y여사에게 역으로 가르쳐줌으로써 일종의 투자자 네트워크가 형성되기도 하는 등 여러 가지 장점이 있었다.

Y여사는 이 다섯 가지 원칙 또는 방식을 꾸준히 지키며 학습해왔고, 덕분에 '거의(꼭 이 단어를 붙여달라고 했다, 그러나 내가 알기로는 '단 한 번도')' 손해 본 적 없이 안정적으로 큰 부를 이뤄올 수 있었다. 물론, 일부는 기발하거나 특별한 것도 있지만, 또 일부는 '에이, 별거 아니네' 싶은 것들도 있다. 그러나 Y여사의 자산관리 및 투자에 숨겨진 비법은 '꾸준하게'였다. Y여사는 말한다.

"내가 하는 것보다 훨씬 더 독특한, 획기적인 방식으로 공부하는 사람은 많이 봤어요. 하지만, 나처럼 꾸준히, 즐겁게 한 사람은 못 봤지요. 많은 이들이 부자들은 운이 7할이요, 기술이 3할이라고 '운칠기삼'이라고 한다지요? 아니에요. 노칠기삼(勞七技三). 노력이 7할이고, 기술이 3할이에요. 노력하는 사람한테 운이나 요행 따위는 끼어들 틈이 없어요."

마지막 질문

"자산가가 될 수 있었던 남다른 비결을
딱 한 마디로 요약해주신다면…"

"태어날 때부터 부자는 없어요. 부자가 되고 싶다면 배워야

합니다. 끊임없이 메모하고, 잘 아는 사람을 찾아다니고, 정

보를 엮어 흐름을 읽어내고, 단번에 들어가지 말고 주위를

어슬렁거리며 샅샅이 살펴, 그렇게 내 것이 된 것들을 주위

와 나눠 네트워크를 형성해보세요."

얇은 귀로 끊임없이 묻고 배워
부를 이룬 C사장

공부하니 알게 되고 알면 보이느니,
그때 보이는 것은 전과 같지 않더라[7]

. . . .

7 유홍준 전 문화재청장이 책에서 인용한, 정조대 학자 유한준의 명언 "사랑하면 알
   게 되고, 알면 보이 느니, 그때 보이는 것은 전과 같지 않더라"의 패러디. 유 선생의
   원문은 실제 C사장이 애용하는 명언이라고.

(˚∀˚)

사장님의 현재 자산은 얼마입니까?

"아휴, 사장은 무슨 사장이에요. 분식집 주인한테… 가게하고, 사는 집하고, 주식 조금, 펀드 조금 든 거밖에 없어요. 여기(은행 VIP 라운지)에 다른 부자들이 얼마나 많은데, 나 같은 사람한테 그런 걸 묻고 그러세요…. 아휴, 나 돈 없어요. 서민이에요."

저자 주_____ C사장을 소개해준 PB 직원의 증언과 달리 한사코 '서민'이라며 별다른 자산이 없다고 했던 C사장은 그의 말대로 분식집을 운영하는 '분식집 주인'이다. 그가 소유했다고 하는 가게는 서울의 모 대학가 한가운데 위치한 7층짜리 건물의 1층에 위치하고 있는데, 그가 매달 내는 가게 임대료 550만 원은 월말에 그의 통장에 입금이 된다. 분식집을 차릴 때 2층짜리였던 상가주택을 헐고 7층짜리 상가 건물로 신축을 한 것이다. 부인과 공동명의로 소유하고 있는 건물의 시세는 35억에서 40억 사이로 알려져 있으며, 그로부터 멀지 않은 동네에 비슷한 규모의 건물을 하나 더 소유하고 있다. 살림집은 수유리 근처에 있는데, 1층에는 딸이 운영하는 카페와 처제가 하는 미용실을 입점시켜 임대료 수입은 전혀 없는 상가주택의 맨 위층에 살고 있다. 시세는 25억 정도. '조금'이라는 주식과 펀드는 각각 약 40억에서 50억 정도가 있고, 예금과 적금 역시 '조금' 있는데, 시기에 따라 변동은 있지만 15억에서 20억 사이를 왔다 갔다 한다고 한다.

처음 시작할 때 수중에 얼마가 있었습니까?

"제가 중학교만 마치고 서울로 왔어요. 공부가 너무 하고 싶어서. 근데, 어디 공부를 할 수 있어야지요. 돈이 없는데. 야간 공고 다니면서 낮에는 용접일을 했지요. 그러다 용접 불꽃을 정통으로 맞아서 눈을 다쳤어요. (그때의 사고로 C사장은 왼쪽 눈의 시력을 잃었다.) 용접일은 할 수 없게 됐고, 먹고는 살아야겠고. 7년간 꼬박 모은 돈을 탈탈 털어서 지금 자리에 분식집을 차렸죠. 보증금 1천에 20 주고 시작했어요. 내가 공부를 못했으니 대학생들을 바라만 봐도 좋은 거야. 그래서 대학교 앞에다 분식집을 냈지요. 그 1천만 원이 내 재산의 전부였어요. 분식집 차리고 나니 살 집 구할 돈이 없어서 가게 뒤편 방에 장판 깔고, 비키니 옷장 하나 두고 거기서 전기난로 펴두고 와이프랑 딸이랑 세 식구가 꼬박 3년을 살았지."

어떻게 자산가가 될 수 있었습니까?

내 대필 인생(?)을 통틀어서 가장 잊고 싶은 대필의 기억 혹은 다시는 하고 싶지 않은 대필 건을 말해보라고 한다면 무조건 첫손에 꼽을 대필 건이 있다. 결혼 준비로 한창 바쁠 때였는데, 저녁 10시가 훌쩍 넘은 시간에 친하게 지내던 출판사 편집자 K과장으로부터 전화가 왔다.

"작가님, 죄송합니다만 제가 지금 작가님 집 앞인데, 잠깐만 만나주시면 안 될까요?"

술에 잔뜩 취한 목소리였다. 워낙 친하게 지내던 편집자다 보니 술에 취해서 장난을 치는 건가 싶었지만, 일단 알았다며 전화를 끊고 기다리고 있던 집 앞 놀이터로 나가보았다. 그럴 수밖에 없었던 까닭은 수화기 너머에서 들리는 그의 술기운 가득한 목소리에 다른 무엇 하나도 듬뿍 담겨 있었기 때문이다. 그것은 바로 '막 터져나오려는 울음'이었다.

나가보니, 아니나 다를까 K과장은 술에 잔뜩 취해 초등학생들이 타기에도 작은 그네에 억지로 엉덩이를 끼워 넣고 앉아 이리저리 몸을 흔들고 있었다. 예상했던 대로 두 눈에서는 눈물이 줄줄 흐르는 상태였다. 내가 나온 줄도 모르고 한참을 그네와 함께 흔들거리던 K과장은 내 잔기침 소리가 들리자 고개를 들어 나를 확인하더니 일어나려고 하다가 그네에 걸려 그대로 넘어져버리고 말았다. 몸을 일으켜 세우려고 두 팔로 안았더니 역한 술 냄새가 훅하고 풍겨왔다.

인근 편의점으로 데리고 가 숙취해소 음료를 사서 권했다.

"아이고, 이 추운 날씨에, 무슨 술을 그렇게 많이 드셨어요?"

그러자 그는 연신 과도하게 허리를 숙여 "죄송합니다"를 연발하더니, 조금 정신이 드는지 이 늦은 시간에 나를 찾아올 수밖에 없었던 이유를 털어놓기 시작했다. K과장이 몸담고 있는 출판사는 어려운 출판시장 속에서도 꾸준히 베스트셀러를 출간하며 탄탄한 입지를 구축해온 단행본 출판계의 강자였다. 특히, 출판사 대표인 사장이 사업수완이 좋고 경영 마인드가 남달라서, 출판으로 큰돈 벌기 어렵다는 대한민국에서 나름 큰돈을 벌어서, 홍대 근처에 빌딩도 짓고, 요식업과 창고 임대업 등으로 사업적 영역을 넓혀가고 있는 인물이었다.

"물론, 몇몇 책이 대박이 나서 우리 사장이 큰돈을 벌기는 했지만, 진짜 돈을 벌게 된 건요⋯"

K과장은 이야기를 이어갔다. 몇 해 전, 출판사 사장은 기획도서로 출간한 책 세 권과 외서로 들여온 책 두 권이 거의 꼬리에 꼬리를 물고 베스트셀러에 오르는 기적과도 같은 성과 덕분에 출판사를 세우며 졌던 빚을 거의 다 갚고 심지어 꽤 두둑한 목돈을 손에 쥘 수 있었다고 한다. 그 돈을 알고 지내던 모 은행 VIP 라운지 프라이빗 뱅커(Private Banker)에게 맡겼는데, 그가 (은행의 공식적인 업무였는지, 사적인 인연으로 별도의 업무 처리를 해줬는지는 모르겠으나) 그 돈을 엄청나게 불려줬다고. 감격한 출판사 사장은 그에게 원하는 게 뭔지를 물어봤고, 프라이빗 뱅커는 자기 이름으로 재테크 책이나 한 권 내달라고 부탁을 했다고 한다. 바빠서 직접 쓸 수는 없으니 자신이 구술을 하면 그걸 받아 적을 작가만 붙여달라고 해서 서둘러 대필작가를 붙여 작업을 시작했는데, 온갖 트집을 잡으며 못살게 굴어서 벌써 세 사람째 못 하겠다고 도망을 갔다고 했다. 오늘 네 번째 작가가 더 이상 못하겠다며 엎어버렸는데, 출판사 사장은 계속 "제대로 안 하고 뭐 하는 거냐?", "내가 그 친구 얼굴을 어떻게 보냐", "다음 달에 투자 건으로 은행에 가야 하는데, 그때까지는 초고가 꼭 나와야 한다"며 타박을 해서 참을 수가 없다고 했다. 그러며 결국, 내가 좀

맡아서 마무리를 지어주면 안 되겠냐는 것이었다. 결혼 준비 때문에 시간적 여유가 없다며 양해를 구해도 막무가내였다. "한 번만 맡아 달라"고 부탁을 하다가, "우리 사이가 이 정도였냐"며 화를 내다가, "나 내일부터 회사 못 간다, 책임져라"며 막무가내로 나서는 통에 결국, "일단 지금까지 진행한 원고를 보내주시면 살펴보고 결정하겠다"고 달래서 K과장을 집으로 들여보낼 수 있었다.

어느 은행 VIP 라운지의 개자식

그렇게 시작된 프라이빗 뱅커의 대필 작업은 '대필작가가 왜 세 사람이나 도망을 쳤는지' 단숨에 알아챌 수 있을 정도로 열악했다. 일단, 인터뷰를 하려고 해도 제시간에 나타나는 법이 없었다. 찾아가서 기다리고 있어도 "고객을 만나느라 바쁘다", "다른 나라 주식 장 마감하는 걸 확인해야 한다", "중요한 정부 부처 책임자와 컨퍼런스 콜을 하기로 했다"는 등등의 다채로운 이유를 대며 짧게는 30분에서 길게는 1시간 30분씩 기다리게 하는 일이 다반사였다. 막상 기다렸다가 인터뷰를 진행해도 문제였다. 오는 전화를 받거나, 다시 전화를 거느라 대화가 5분 이상 이어지는 법이 없었다. 게다가 그런 사고와 논리체계로 고객의 돈은 어떻게 관리했냐고 묻고 싶을 정도로 대답은 장황한 반면 내용에는 알맹이는 없었다. 필요한 근거 자료를 보내달라는 요청엔 "알았다"고 대답만 하고 몇 주째 묵묵부답이었다.

　반면 책이 늦어지는 화풀이를 공연히 출판사 편집자에게 쏟아부었다. 자기에 대해서 글을 써주는 작가라고 나에게는 차마 불만을 이야기하지 못하고 공연히 화살을 편집자에게 돌린 것이리라. 게다가 없는 말까지 지어서 출판사 사장에게 불평을 해대는 통에 편집자 K 과장은 양쪽으로 곤란에 처해 있었다. 그러다 보니 가끔 만나서 술이라도 한잔 걸치면 그날 술자리는 OO은행 VIP 라운지의 '그 개자식'에 대한 욕설과 눈물로 마무리가 되었다.

　그러던 어느 여름날. 하루 휴가를 내고 마무리 인터뷰를 위해 VIP 라운지에 들르게 되었다. 여지없이 그는 약속 시간을 지키지 않았고, 나는 직원이 가져다준 맛난 음료를 마시며 하릴없이 기다릴 수밖에 없었다. (그날 처음 알게 된 거 두 가지가 있었는데, 은행에서 손님에게 음료수를 준다는 것과 그 음료수가 의외로 굉장히 고퀄에 맛이 좋다는 것.) 그때 내 옆에 앉아 있던 사람이 바로 C사장이었다. C사장의 첫인상이 지금도 기억에 남는 것은, 마치 시골 촌로와 같은 외모에 왼손 마디마디마다 배인 밀가루 얼룩이었다. 흔히, '어중간한 부자들이나 명품으로 도배를 하고 있는 척을 하지, 진짜 갑부들은 백화점에 갈 때도 추리닝에 슬리퍼 차림이다'라고들 하지만, C사장은 정도가 심해도 너무 심했다. 앉아 있는 우리 둘을 발견하고 그 개자… 아니, 그 프라이빗 뱅커가 C사장에게 먼저 90도로 허리를 숙여 인사하지 않았더라면 나 역시 그를 정신 반쯤 나가서 길을 잃고 2층으로 올라온 60대 동네 어르신 정도로 생각했을 것이다.

프라이빗 뱅커는 상담을 하는 와중에도 몇 차례나 밖으로 나와 우리, 아니 C사장에게 "죄송하다"고 말하며 "금방 끝나니까 기다려 달라"고 양해를 구했고, C사장은 손사래를 저으며 "약속 없이 불쑥 찾아온 것이니 기다리겠다"고 말했고, 정작 약속한 시간을 넘어서까지 기다리고 있던 나는 물끄러미 그런 두 사람을 바라만 보고 있었다. 그런데, 계속 그의 왼손이 내 눈에 들어왔다. '60대 남성의 손가락 마디 사이에 흰 밀가루 얼룩이 배인 이유가 무엇일까?' 내 의문은 이후 그와의 대화에서 간단하게 해소되었다. 그는 인근에서 분식집을 운영하고 있다고 했다. 재료 손질부터 튀김 반죽, 튀기기까지 모든 조리 과정을 직접 하는데, 매일 밀가루와 반죽에 손을 담그고 있다시피 하니 아무리 손을 씻어도 그 자국이 남아 있다며 쑥스러워했다. 이런저런 이야기를 나누던 중 프라이빗 뱅커가 앞선 약속을 마치고 나와서 C사장을 모시고 상담실로 들어갔고, 그날 그와의 대화는 그것으로 끝이었다.

그런데, 그와의 인연은 이후로도 묘하게 계속 이어졌다.

이후로도 몇 차례 프라이빗 뱅커와 인터뷰를 하기 위해 찾아갔을 때마다 두 번에 한 번꼴로 C사장을 만났고, 아내가 볼일 볼 것이 있다고 해서 따라갔다가 딸아이가 떡볶이가 먹고 싶다고 하여 우연히 들어간 곳이 마침 C사장의 가게였던 적도 있다. 심지어 그냥 식사 약속이 있어 응암동에 갔다가 거리에서 마주치기도 했다. 그러다 보니 어느새 친해져서 1년에 서너 차례 연락을 주고받는 사이가 되었다.

부자는 귀가 얇다, 얇아도 정말 얇다

이번 책을 준비하며 가진 돈이 없었음에도 남다른 안목으로 큰돈을 번 이의 사례를 책에 넣고 싶어 대필 작업 시 사용했던 노트를 뒤적이고 있었는데, 마침 노트 한 귀퉁이에 당시 C사장으로부터 받아적은 떡볶이 양념 레시피가 적혀 있었다. 아무리 여러 재료를 다양한 비율로 배합해봐도 C사장 가게에서 파는 떡볶이 특유의 맵고 칼칼하면서도 달짝지근 걸쭉한 양념이 안 만들어져서 억지로 조르다시피해서 알아낸 레시피였다.

곧바로 전화를 해 약속을 잡고 C사장의 가게로 달려갔다. 오랜만에 만났지만 그는 여전히 손가락 마디마디에 튀김가루를 묻히고 바지 곳곳에 양념장 얼룩이 배인 수수한 모습이었다. 여기서 타고 다니는 차량까지 2~30년 된 스텔라나 코란도 차량이면 딱 흔한 서민 부자 스토리가 완성되겠지만, 현실 속 C사장은 차량만큼은 랜드로버 디스커버리를 타고 다닌다.

만나서 물은 세 개의 질문 중, 처음 던진 '자산이 얼마나 되는가?' 라는 질문에는 언제나 그랬던 것처럼 그는 겸손하게 말을 아꼈다. 두 번째 던진 '시작할 때 얼마를 갖고 시작했는가?'에 대해서도 첫 질문에 대한 답보다는 나았지만 대충 두루뭉실 얼버무린 건 마찬가지였다. 그러나 세 번째 질문 '어떻게 자산가가 되었는가?'에 대해서만큼은 조심스레 답변을 이어가긴 했지만 확고하게 본인의 생각을 말해주었다. 그는 자신이 남들이 말하는 부자, 자산가가 될 수 있었던 이유를 "귀가 얇았기 때문"이라고 했다.

없는 돈을 끌어모아 식당을 차릴 때도, 업종을 분식집으로 정할 때도, 융자를 내서 분식집이 입점하고 있던 2층짜리 상가주택을 사들일 때도, 그를 헐고 7층짜리 건물을 지을 때도, 다시 그 인근에 비슷한 9층짜리 건물을 하나 더 살 때도, 주식과 채권 등에 대한 투자를 할 때도… 그 모든 순간마다 그의 귀는 극단적으로 얇아졌다. 작은 상가를 갖고 있는 지인, 큰 건물을 소유한 사업가, 주택을 지어서 파는 건축업자에게 물었다. 길거리를 지나는 여대생들에게 물었고, 수십 년째 동네에 거주한다는 할아버지에게도 물었으며, 은행에 가서는 창구 직원에서부터 뒤에 물러앉은 높아 보이는 사람들, 객장을 찾은 손님 등 자신이 궁금해하는 것과 조금이라도 연관돼 있을 것 같은 사람들에게 묻고 가르침을 구하는 것을 마다하지 않았다. 그렇게 들은 정보와 조언들은 수십 년째 매일 밤 정리하고 있는 일기 겸 장부에 빠짐없이 기록되었다. 그를 토대로 투자 활동 전반에 대한 인사이트와 치고 나갈 때와 빠져야 할 때를 결정할 수 있는 감을 갖게 되었다고 했다.

흔히, 많은 사람들이 가장 사기를 당하기 쉬운 유형의 사람들로 '귀가 얇은 사람'을 들곤 한다. 자신만의 생각이나 철학이 없으니 귀가 얇을 것이고, 귀가 얇으니 사람의 생각과 말에 휘둘리기가 쉬워서 사기꾼의 타겟이 되기 십상이라는 생각에서 일 것이다. 그러니 같은 논리로 자산가들은 대부분 귀가 얇지 않은, 아니 더 나아가 일반 사람들보다 훨씬 더 두꺼운 사람들일 거라고 생각할 것이다.

그런데, 그러한 속설은 반은 맞고 반은 틀린 이야기다.

C사장을 포함해 내가 만난 자산가들의 대부분은 어찌 보면 무척이나 귀가 얇은 사람들이었다.

지인의 소개로 보석 가공업을 경영하며 강남과 서초 일대에 수천억 원대의 부동산 자산을 보유한 L회장을 만났을 때도 마찬가지였다. 두 사람을 만나기 전 자산운용 자문사를 경영하는 대학 선배를 만나고 오느라 약속 시간보다 조금 늦게 만나기로 한 장소에 도착했다. 늦어서 죄송하다는 인사와 함께, 나로서는 죄송한 마음을 조금 깊이 표현한답시고, '왜 늦었는지'를 상세하게 늘어놓았다. 평상시 같았으면 그러지 않았을 일이었다.

"…그래서, 선배를 만나기로 했는데, 선배가 특수 섬유 생산업체 투자를 위한 실사를 나갔다가 늦게 오셔서 기다렸다가 만나고 오느라 늦게 되었습니다…."

그런데 L회장으로부터 뜻밖의 질문이 쏟아졌다. 무슨 섬유를 개발하는 업체인지, 규모가 얼마나 되는지, 실사를 혼자 나갔는지, 몇 번째 실사인지 등 수많은 질문 세례가 쏟아졌다. 질문 중 상당수는 선배에게 듣지 못한 이야기이고, 당연히 나로서는 알 수 없는 이야기였던지라 대화 중 선배에게 전화를 걸어 뜬금없는 '대리' 질문을 드려야 했다.

몇 달이 지나 L회장을 등산 모임에서 다시 만나게 되었다. 모임을 마칠 무렵 L회장이 잠시 보자고 하더니 차 트렁크에 들어 있던 손가방에서 봉투 하나를 불쑥 건네주었다. 백화점 상품권이었다. (그리고 안에 든 것은 기존에 내가 종종 사용하거나 받던 상품권과 '0' 단위가 다른 권종이었다.) 애초에 L회장을 소개시켜줬던 지인께 여쭤보니, 그날 질문 세례를 쏟아낸 이후로 L회장은 기회가 될 때마다 내가 얘기한 특수 섬유와 그 섬유를 생산하는 업체와 경쟁업체 등에 대해 여기저기 묻고 다녔으며, 그렇게 수집한 정보를 토대로 투자를 해서 적지 않은 수익을 벌어들였다고 했다.

그런데 그런 일이 어쩌다 한 번이 아니라 무척이나 빈번한 일이라고 했다.

'이것' 세 가지가 안 되면 아무리 귀가 얇아도 소용없다

"그런데, 그거 하나만으로는 안 됩니다."

C사장은 '귀가 얇아야 한다'는 그의 말을 노트에 정성껏 받아 적고 있는 나를 보며 말을 이어갔다. 그러면 그렇지…. 이어진 그의 조언에 따르면, 단순히 귀만 얇아서는 만나지 말아야 할 사람을 만나 쓸데없는 정보만 듣고 엉뚱한 의사결정을 내리거나, 정작 중요한 이야기를 듣고도 그를 실천에 옮기지 못해서 절호의 기회를 날려 먹기 십상이라 했다. 자신처럼 '일자무식에 물려받은 거 하나 없는 사람이(C사장 본인 스스로 한 표현이고, 무슨 말을 할 때마다 티가 나게 반복적으로 하는 말이었다)' 부자 자산가가 되려면 그냥 단순히 귀가 얇아서만은 안 되고 몇 가지 원칙을 지켜야 한다고.

우선 첫째, 귀가 얇되 어느 한쪽, 누구 한 사람에게만 얇아서는 안되고 여러 사람에게 가급적 균등하게 귀가 얇아야 한다고 했다. 흔히, 남의 말을 듣고 투자를 해서 한두 번 재미를 본 사람들이 오래 못 가는 이유가 특정 정보 출처 혹은 사람에게 편중되기 쉽고, 그러다 보니 얇은 귀로 수집한 정보에 대해 교차 검증이 안 되는 경우가 발생해서라고. 자신은 사람들에게 묻고 다니되 반대되는 처지에 있거나, 다른 패턴으로 투자를 하는 사람에게도 물어서 의도적으로 밸런스를 맞추기 위해 노력한다고 했다.

둘째로는 얇은 귀만 있어서는 아무것도 되는 게 없다고 했다. 반드시 다른 것들과 함께해야 하는데, C사장이 제안한 것은 '무거운 입', '맑은 머리' 그리고 '부지런한 손발'이었다. 귀가 얇은 사람의 특징이 입도 가벼운 경향이 많은데, 일을 그르치기 쉽고, 얇은 귀로 여기저기서 여러 사람들의 다양한 견해를 듣다 보니 머리가 맑지 않으면 자신만의 생각을 하지 못하고 우물쭈물하게 될 우려가 크다고 했다. 그래서는 쥐고 있는 정보만 많지 제대로 된 판단은 하지 못하는 사람이 되어버리고 말 것이라고 했다. 거기에 가장 중요한 것은 메모하는 손과 직접 가서 확인해보는 발이 동반되어야 귀가 얇은 것이 자산가로서의 장점으로 완성된다는 사실이다.

마지막 셋째는 귀는 남에게 양보하되 최종 판단과 의사결정은 언제나 자신의 것임을 잊지 않는 것이라고 했다. 얇은 귀로 여러 사람의 의견을 구하며 다니다 보면 자칫 투자와 관련한 활동 전반에 걸쳐 남에게 미루고 의지하려는 경향이 생길 수도 있는데, 이런저런 정보와 조언은 남에게서 구할 수 있지만, 결국 모든 의사결정은 자신이 내려야 한다. 그 사실을 잃지 않고 자기 중심을 잡는 것이 다른 무엇보다 중요하다고 했다.

코로나 상황이 심상치 않아서 대학생들이 모두 재택 수업을 하던 때였음에도 불구하고 분식집 안은 젊은이들로 가득했다. 가게 앞에는 배달 라이더들로 붐볐다. C사장을 더 붙잡아두고 싶어도 미안해서 그럴 수가 없는 상황이었다. 관련한 몇 가지 대화를 급하게 더 나눈 뒤 인사를 하고 분식집을 빠져나왔다. 나오면서 그가 앉았던 자리에 놓인 그의 일기 겸 장부를 슬쩍 쳐다보았다. 역시나… 질문은 주로 내가 던지고 이야기 역시 내가 더 많이 들은 것 같은데 노트를 보니 나한테 들은 이야기를 받아 적은 C사장의 메모가 훨씬 더 많았다.

마지막 질문

"자산가가 될 수 있었던 남다른 비결을 딱 한 마디로 요약해주신다면…"

"부자가 되려면 귀는 얇고 입은 무겁고 머리는 맑고 손발은 부지런해야 합니다. 그런데 보통 사람들은 이런 충고와 달리, 귀를 닫고 입은 가볍고 머리는 무겁고 손발은 둔하게 하죠. 그를 주의해야 주위로 돈이 모이기 시작합니다."

평생을 돈을 불러오는
사람들을 찾아나선 N변호사

돈이 안 보이면,
돈을 보는 사람부터 모아라

변호사님의 현재 자산은 얼마입니까?

"처음 사무실 내고 사건이 많이 없는데, 어쩌다 한 건 수임해도 수임료가 250에서 3백만 원이었어요. 근데, 사무실 임대료는 (맡은) 사건이 있거나 없거나 매달 150만 원씩 꼬박꼬박 나갔죠. 가만 보자 하니 그게 너무 아까웠어요. 무슨 일이 있어도 일단 내 건물에 내 사무실을 내야겠다는 생각으로 죽자 사자 매달렸죠. 그래서 60년대 지어진 5층짜리 건물을 헐고 지은 게 지금 앉아계신 이 건물이고… 그리고는 뭐 없어요. 변호사 사무실이 예전만 못해서, 벌어놓은 거 오히려 까먹고 있죠."

저자 주_____ 부장판사 출신의 N변호사는 부동산, 주식 등과 관련한 민사 재판이나 경제사범 관련 형사재판에서의 승소율이 높은 걸로 알려져 있다. 이유는 본인 스스로가 국내외 주식과 펀드 등의 투자에 해박하고 관련된 문제에 대해 자문을 구할 수 있는 인맥이 워낙에 풍부해서 그렇다고 한다. 사무실 개업 후 각고의 노력 끝에 5년 만에 입주한 5층짜리 건물을 매입하여 헐고 그 자리에 11층짜리 건물을 올린 것을 시작으로 다양한 투자와 증식 활동을 통해 상당한 수준의 자산을 형성하였다.

보유하고 있는 자산은 해운대에 위치한 212㎡(64평) 아파트와 변호사 사무실이 입주한 11층짜리 빌딩과 김해 장유 신도시의 상가 건물 등을 포함해서 부동산이 약 2백억 원, 주식이 다소간의 변동은 있으나 약 35억에서 40억 원, 채권 등은 약 12~3억 원 상당을 보유하고 있다. 골동품 수집에도 일가견이 있어서 돈으로 환산하기 쉽지는 않지만, 약 7~80억 상당의 옛 서화와 불상 등을 소장하고 있는 것으로 알려져 있다.

두 번째 질문

(ᵔ⌣ᵔ✧)

처음 시작할 때 수중에 얼마가 있었습니까?

"아마도 네임 밸류(Name Value)에 비해서 수입이 변변치 않은 직업을 꼽아보라고 하면 판사가 못해도 세 손가락 안에는 들 겁니다. 물론, 절대적인 금액이 적다고는 볼 수 없지만, '판사'라는 직함이 우리 사회에서 갖는 위상이랄까, 사람들이 생각하는 수준이랄까 그런 것이 있는데, 급여는 그에 훨씬 못 미치는 것이 사실이죠. 지방법원 부장판사로 2년 있다가 그만뒀는데, 빚은 지지 않았지만, 남천동에 살던 아파트 한 채, 와이프가 타고 다니던 국산 중형차 한 대 그리고 예금 1억 2천만 원 정도가 전부였지요. 그나마 예금은 변호사 사무실 개업하면서 8천만 원쯤 털어먹고, 4천만 원 정도가 시드머니(Seed Money)였던 셈이네요."

세 번째 질문

(ⁿ)🐚(ⁿ)

어떻게 자산가가 될 수 있었습니까?

출간될 뻔한 베스트셀러 《판사내전》

대필을 하다 보면 '피식' 웃음이 나올 때가 있다.

출판사에서 일정이 촉박하다고 재촉해서 만나보면 기획안 대신에 이미 출간된 도서를 '툭' 하고 던져주며 비슷한 부류의 책을 출간하려고 하니 최대한 빨리 원고를 만들어내라고 독촉하는 경우이다. 과거 《마시멜로 이야기》가 한창 유행일 때는 '마시멜로' 대신에 '사탕', '캔디', '허니(꿀)' 등 온갖 달콤한 단어를 대신 제시하며 비슷한 이야기가 나올 수 있겠냐는 문의가 쇄도했고, 《누가 내 치즈를 옮겼을까?》가 대박을 쳤을 때는 '치즈' 대신 '버터'와 같은 유제품 단어가 등장하거나, '옮겼을까'라는 동사 대신 '훔쳤을까', '먹었을까'라는 동사를 사용하여 비슷한 원고를 만들 수 있겠냐는 의뢰가 밀려들었다.

422 • 남이 못 본 것만 절로 보여 부자가 된 사람들

과거 《드래곤볼》, 《북두신권》 등의 일본 만화책이 대유행했을 때, 그와 유사한 제목과 내용의 짝퉁 만화책이 진짜 원저작물보다도 훨씬 더 여러 유형으로 출간돼 날개 돋친 듯 팔리던 때와 비교하면 많이 나아졌다고는 하지만, 잘나가는 책 한 권이 나오면 그와 비슷한 제목, 내용, 저자의 책들이 우후죽순처럼 나오는 현상은 여전했다.

N변호사를 처음 알게 된 것은 몇 해 전 서점가에 《검사내전》이라는 책이 베스트셀러 1~2위를 넘나들 때였다. 모 출판사에서 법조계 인사를 주인공으로 한 비슷한 스타일의 책 집필을 도와줄 수 있냐는 의뢰가 들어왔다. 출판사 편집자 말이 《검사내전》의 주인공이 '검사'니까, 자기들은 '판사'로 가겠다고 했다. 현직은 섭외할 수가 없어서 판사 출신 중 현재 변호사로 활동 중인 인물을 구해놨다고 했다. 문제는 그 변호사의 집과 사무실이 부산이라는 점이었다. 집필 대금과 별도로 매 인터뷰마다 출장비를 지원받기로 하고 석 달간 주말마다 서울과 부산을 오가는 대필 작업이 진행되었다.

그러나 N변호사는 책 쓰는 작업에 별 관심이 없었다. 출판사 사장과의 개인적인 친분과 인연 때문에 마지못해 응하기는 했지만, 자기 이야기를 책으로 내는 것에 별 흥미가 없어 보였다. 흥미 있었던 (가급적이면 기괴했던!) 사건에 대한 추억과 사연 있는 판결에 대한 기억에 대해 얘기해달라고 요청했지만, 그때마다 법관의 윤리와 개인(사건 당사자)의 프라이버시 침해 우려를 대며 얘기해줄 수 없다고 했다. 인터뷰 내내 사법고시 패스 전의 소소한 개인적 경험과 판사 생활의 고충(세간의 시선과 달리 박봉, 고된 업무, 불안정한 미래 등)에 대한 이야기만 했다.

대신 '돈'에 대한 얘기를 할 때는 달랐다.

대필 작업을 하던 당시, 나는 살고 있던 집을 팔고 이사할 집을 알아보기 위해 바쁠 때였는데, N변호사와 인터뷰를 하는 중간에도 아내와 부동산의 전화를 수시로 받아야 했다. 그럴 때면 N변호사는 "괜찮다, 통화하라"며 자신의 스마트폰을 들여다보고는 했는데, 나중에 알고 보니, 내 통화에 등장한 아파트들을 검색해 시세를 알아보고, 물건이 좋은지 어떤지를 살펴본 것이었다. 처음엔 그의 그런 행동이 다소 속물처럼 보이기도 하고, 나를 신뢰하지 못하고 일거수일투족을 살피고 감시하는 것처럼 느껴져서 기분이 안 좋기도 했지만, 이후 제법 오랫동안 교분을 나누면서 그가 진득한 속내와 진중한 성격을 가진 사람임을 알게 된 뒤로는 오히려 그에게 자산관리에 대한 자문을 구하기도 하고, 새로운 투자 정보를 묻기도 하는 등 오히려 더 많은 커뮤니케이션을 하게 되는 계기가 되었다.

N변호사는 두 가지 이야기를 입에 달고 살았다. 하나는 '법관의 윤리'였다. 책에 담을 만한 이야깃거리를 찾아내기 위해 내가 뭐만 물어보면,

"그건 〈법관 윤리강령〉에 어긋나기 때문에 내가 할 수 없었습니다."

"지금은 변호사기 때문에 〈변호사 윤리장전〉을 준수해야 합니다."

라고 말하며 요리조리 답을 피해갔다. 하지만, 그보다도 훨씬 더 자주 한 이야기는 '돈'에 대한 이야기, 그것도 그냥 일반적인 이야기가 아니라,

"전, 돈이 무서워요."

"전, 돈과는 참 거리가 먼 사람이에요."

와 같은 돈에 대해 부정적이거나 자신 없어 하는 이야기였다. 돈 얘기만 나오면 눈빛이 반짝거리며 달라지는 사람치고는 특이한 반응이었다. 그런데 사연을 들어보면 실제로 그런 이야기를 할 만도 했

다. 사법고시에 합격한 뒤 판사 생활을 시작하자 집안 어른들을 포함해 주변 사람들의 반응은 죄다 "이제 집안은 네가 살리면 되겠다"였다고 한다. 그러나 앞서 이야기한 것처럼 사회적인 지위와 명성은 있을지 모르겠지만, 판사 생활을 하면서 돈으로 집안을 건사하기란 쉬운 일이 아니었다. 집안 자체도 워낙 가진 것이 없었고, 가장 중요한 것은 N변호사가 어렸을 때부터 돈에 대한 집착이 무척이나 강했다는 점이다. 판사 생활을 하는 틈틈이 재테크 공부를 하고 공직 생활이 끝나면 본격적으로 투자에 나서야 하겠다는 생각을 하고 있었다. 15년간의 판사 생활을 마치고 변호사 개업을 하며 '이제는 제대로 돈맛을 좀 보겠구나'라고 생각했다고. 그러나, 현실은 녹록지 않았다. 이래저래 모아놓은 돈으로 변호사 사무실을 개업하고 남은 돈으로 주식투자에 나섰지만, 초장부터 판판이 깨졌다. 공부라면 이골이 난 사람이었기에 주식 관련 책들은 거의 외우다시피 했지만 실전에서는 별무소용이었다. 게다가 사건 수임도 잘 안 되어서 들어오는 수입은 거의 없는데 달마다 임대료에 사무장과 사무 보조 여직원의 월급은 꼬박꼬박 나가야 했다. 다시 법원으로 돌아갈 수도 없는 진퇴양난의 상황이었다. 그러던 어느 날,

"재판에 나가려고 옷을 입고 거울을 보는데 불현듯 '내가 지금 뭐 하고 있는 거지?'라는 생각이 드는 거예요."

당시 그는 사건 의뢰인들은 재판에 나오지 않고 그들을 대신하여 양쪽 변호사만 출석해 진행되던 재판의 변호를 맡고 있었다. 법에 대한 지식이 부족한 일반인들을 대신하여 법리를 다투는 일을 하는 것이 자신의 역할인데, '법'이라는 글자를 '돈'이라는 글자로 바꾸면 똑같은 논리로 이야기가 될 것 같았다. 거울을 보며 '법률 지식이 없으면 변호사를 찾는 것이고, 운전 기술이 없으면 대중교통을 타면 되는 것인데, 왜 나는 책 몇 권 읽은 알량한 지식에만 기대서 경제 전문가들이나 투자 고수들의 도움을 구하지 않았던 것인가?' 하는 생각이 든 것이다.

흔히들, 사기꾼들이 사기 치기 제일 쉽게 생각하는 돈이 군인, 경찰, 교사들의 연금 혹은 퇴직금이라고 한다. 평생을 국가기관 또는 공공기관에 몸담고 돈벌이와는 조금 거리를 두고 살아왔기에 그쪽 측면으로는 다소 밝지 못할 수 있는 약점을 사기꾼들이 노린 것이리라. 실제로 N변호사의 경험으로도 사기에 휘말렸다며 소송 관련 문의를 해오는 비율이, 다른 직업군에 비해 유독 전역 군인이나 전직 경찰, 퇴직 교사들이 높은 것 같다고 했다.

"판사도 그들 못지않지요. 아니 오히려 전직이지만 법관이 사기나 당하고 다닌다는 소리를 들을까 봐 쉬쉬하는 것까지 포함하면 사기를 당하는 비율이 꽤 높을 겁니다."

그날 재판이 끝나자마자 N변호사는 주위에 알고 지내던 혹은 지인들의 추천을 받아 나름 재테크나 투자의 고수라고 인정받는 이들을 만나러 다니기 시작했다. 그리고 그들 중 금융기관 등에 몸담고 있는 이들에게는 직접 투자를 도와달라고 부탁했다. 단순히 한두 번 만나서 정보를 얻거나 조언을 구하는 데에서 그치지 않았다. 몇몇 이들과는 정기적인 스터디 모임을 주선하여 상호 도움을 받을 수 있도록 했다. 참가자 중 주식투자를 잘하는 이들은 주식에 대해서 이야기하고, 건물이나 임야를 취득해서 재미를 본 이들은 부동산에 대한 정보를 제공했다. 멤버 중에 세무사도 한 사람 있었는데 합법적인 절세 방법에 대해 많은 도움을 받을 수 있었다. N변호사는 그런 부분에 대해서는 도움을 받았지만, 거꾸로 투자 등과 관련해 주의해야 할 법령 등에 대해서는 조언을 제공할 수 있었다.

돈이 돈을 벌고, 사람도 돈을 번다

그러면서부터 산으로 가던 배가 다시 광안리 앞바다로 내려왔다. 손실만 보던 주식이 대박까지는 못 쳤지만 은행 이자보다는 조금 나은 수준의 수익을 내기 시작했다. 주식에만 집중되어 있던 N변호사의 포트폴리오가 보다 다양해지면서 다양한 수익 모델이 만들어지기 시작한 것도 이 무렵부터였다. 그런 네트워크가 형성되니 자연스럽게 관련된 법적 다툼을 겪고 있던 이들이 알음알음 N변호사를 찾아오기 시작했다. 변호사 수임 수입 역시 점차 늘어나기 시작했다. 특히, 건축업을 하던 지인의 도움으로 경매에 참여하여 여러 차례 유찰된 사무용 건물을 싸게 매입하여, 두 개 층은 운영하던 변호사 사무실로 사용하고 나머지 층은 다른 변호사나 법무사 사무실을 입주시켜 사용토록 한 것은 절묘한 한 수였다. 물론, 막대한 융자를 안고 구입한 것이기에 이자 부담이 만만치 않았지만, 매달 내던 본인 사무실의 임차료와 매달 들어오는 다른 사무실에서의 임대료로 충분히 충당이 되었다.

내가 아는 비슷한 사람으로 모 엔터테인먼트회사 감사로 있는 M 씨가 있다. 과거 모 중견 트로트 가수의 로드매니저로 연예계에 발을 담근 그는 이후 제작자로 나서서 여성 트로트 가수 O씨와 남자 아이돌 그룹 C 등을 배출해내는 등 업계에서 활발한 활동을 하다가 연예계가 대형 기획사 위주로 급속히 재편되면서 자신의 지분을 대형 엔터테인먼트회사에 넘기고 본인은 그 회사의 감사로 "설렁설렁 놀러 다니듯 다니며 용돈이나 타먹고(M씨의 표현이다)" 있다.

그 역시 사회생활 초반에는 버는 돈보다 쓰는 돈이 더 많았고, 재테크랍시고 지인이 설립한 특수작물 영농법인에 투자를 했다가 살고 있던 집까지 다 날려 먹은 파란만장한 투자자였다. 그랬던 그가

5백억 이상의 자산을 보유한 자산가의 반열에 오를 수 있었던 것은 직접적인 투자를 하지 않고 N변호사처럼 돈을 물고 와줄 수 있는 이들을 가까이 두는 데 전념했기 때문이다.

M감사는 기획사 지분을 넘기며 쓸 데가 없어진 스튜디오를 다른 이에게 파는 대신 자신만의 아지트로 만들었다. 내부 음향기기는 매각하되 방음과 조명 설비들은 그대로 두고, 내부에 홈바까지 들여 동호인 수준의 음악 애호가들이 즐길 수 있는 공간으로 만들었다. 그리고는 음악 청취 및 연주 등을 좋아하는 사업가, 금융 전문가, 전문직(주로 변호사와 회계사)을 중심으로 동호회를 만들었다.

표면상으로는 음악감상 동호회와 중장년 동호회 밴드였지만, 그 안에서 자연스럽게 온갖 정보가 소통이 되었다. M 감사는 그 안에서 정보를 구하고, 그 정보를 토대로 돈을 물고 와줄 이를 찾거나 소개받아 그를 통해 투자가 이뤄지도록 했다. 그 뒤 이어지는 스토리는 대충 해피엔딩… 특히, 그에게 '박씨를 물고 온 제비'는 방배동과 논현동 일대의 대형 주택(주로 사망하거나, 파산한 사업가들이 살고 있던)을 사들여 고급 빌라 또는 디자인회사나 연예 기획사용 사옥으로 재건축하여 분양하는 사업을 하던 모 건축업자였다. 그를 통해 땅에 숨겨진 가치를 보는 눈, 개인 소유주와 업자를 구분하는 감, 업자를 대할 때 손해 보지 않고 거래하는 방법 등을 배울 수 있었다.

N변호사는 자신처럼 돈에 대해 잘 알지 못하고, 돈벌이에 익숙하지 않은 사람이 짧은 시간의 학습을 통해 오랜 기간 투자를 해온 사람들이나 전문 인력을 확보한 기관, 혹은 패기와 참신함으로 무장한 젊은 투자자들과 승부를 겨뤄 이길 수 있는 확률은 극히 낮다고 판단했다. 불리한 경쟁을 노력을 통해 따라잡는 것 역시 한계가 있을 수밖에 없었다. 그럴 때 자신 또래의 사회생활을 가장 왕성하게 하는 세대들이 강점을 발휘할 수 있는 부분은 역시 개인적으로나 사회생활을 통해 알게 된 '사람'의 도움을 받는 방법이라고 했다. 다만, 올바른 사람, 진정한 도움이 될 사람과 그렇지 않은 사람을 판별해야 한다는 어려움이 있었지만, 개인적인 사람 보는 눈도 유효적절했고, 그간 상대가 이뤄온 투자 포트폴리오, 상대방과 함께 거래를 해온 이들을 통해 듣는 레퍼런스, 몇 차례 작은 거래를 통한 검증 활동 등 방법이 없는 것은 아니었다.

　　트위터, 인스타그램, 우버 등의 기업 초기 투자자로 엄청난 부를 일군 전설적인 투자자 크리스 사카(Chris Sacca)는 항상 투자를 결심하기 전에 창업자들을 자신의 집으로 초대해서 식사를 함께하는 것으로 유명한데, '자신이 먹은 접시를 싱크대까지 옮기지도 않는 인간이 사업을 제대로 할 리 없다'는 자신만의 사람 보는 기준 때문이라고 이야기한 바가 있다. N변호사 역시 크리스 사카의 생각에 100% 동의하며 자신 역시 중요한 투자 의사결정을 내려야 할 때는 관련된 사람을 식사 자리, 특히 집으로 초대하여 그 사람의 행동과 태도를 보고 판단을 할 때가 많다고 했다.

부자의 등에 올라타라

N변호사는 인터뷰 말미에 재미있는 이야기라며 동화도 아니고, 그렇다고 우화도 아닌 이야기 하나를 들려주었다.

"파리들이 죽어서 저승에 갔어요. 그러니까, 염라대왕이 파리들한테 '너희는 세상에서 무엇을 보았느냐?'라고 물어본 거예요. 그 물음에 평생을 화장실 변기 위를 날아다녔던 파리는 '세상에는 온통 냄새나는 똥밖에 없었사옵니다'라고 답했죠. 거북이 무리에 섞여 살았던 파리는 '아무것도 움직이는 것도, 바뀌는 것도 없어서 지루해 죽을 뻔했습니다'라고 말했고요. 그런데, 거기에 관우가 타던 적토마에 붙어 살던 파리가 있었던 거라. 그 파리만 '온 세상을 주유하며 천하의 영웅호걸과 산해진미들을 두루 구경했습니다'라고 말했다고 합니다."

이야기는 뭔가 맥락이 중구난방인 듯했고 표현도 조금은 어설펐지만, 이 이야기를 통해 N변호사가 하고 싶은 말이 무엇인지는 확실하게 알 것 같았다. 누구와 어울리냐에 따라 보는 눈이 달라지고, 보는 눈이 달라져야 아는 것이 달라지며, 그래야 더 나은 삶을 살 수 있다는 것을 강조하기 위해 든 비유인 것 같았다.

실제로도 어울리는 사람이 달라짐에 따라 전혀 다른 사람이 되어 이전과 다른 인생을 산 사람의 사례는 우리 주변뿐만이 아니라 역사 속에서도 숱하게 등장한다. 동네 건달이었다가 공자를 만나 제자가 된 자로(子路), 개장수로 살다가 한고조 유방을 만나 좌승상의 지위에 오른 번쾌(樊噲) 등으로부터 시작해서 '오마하의 현인' 워렌 버핏과의 점심식사 티켓을 두 번 연속 사들인 뒤 세계 최고의 펀드매니저 중 한 명이 된 테드 웨슬러(Ted Weschler)와 예일대 동기 중 가장 못 나가는 사람 중 하나였다가 조지 소로스를 만난 뒤 세계적인 투자 전문가 반열에 오른 짐 로저스(James Beeland Rogers, Jr.)까지.

N변호사는 인터뷰를 끝마칠 때까지 "부를 가져다줄 사람들과 어울려, 그들과 끊임없이 계속 돈에 대해 이야기하고, 돈벌이가 될 만한 것들을 함께 찾고, 같이 평가하고 분석해보고, 실제로 투자하는 것을 게을리하거나 귀찮아하지 말아야 한다"고 강조했다.

"누가 그럽디다. '일반인은 나를 위해 내가 더 열심히 일하도록 하는 사람이고, 부자들은 나를 위해 모두가 더 열심히 일하도록 하는 사람'이라고. 그런데 일반인이 부자처럼 못 할 것이 없어요. 모두가 나를 위해 일하도록 하면 됩니다. 심지어 나 스스로마저도…"

사람을 통해 돈을 벌고 모으는 N변호사의 방식은 최근까지도 여전한 듯하다.

얼마 전 명절을 앞두고 명절 인사차 건 전화 통화에서 N변호사는 최근에도 재테크에 관심이 있는 분야가 눈에 띄면 우선 그 분야에 대해 가장 잘 알만한 사람과 그 분야에 대해 가장 싫어하고 비판적인 사람부터 주위에 끌어모은다고 했다.

"자산가가 될 수 있었던 남다른 비결을
딱 한 마디로 요약해주신다면…"

"사람들은 자산을 불리는 것을 '양(量)을 두고 벌이는 싸움'이라 생각하지요. 하지만, 실제로는 '속도를 두고 벌이는 싸움'인 경우가 대부분입니다. 개인이 특정한 기간 동안 벌어들일 수 있는 부는 한계가 있어요. 결국, 관건은 같은 시간 동안, 자신을 위해 돈을 벌어다 줄 이들을 누가 더 많이 확보하느냐에 달려 있는 겁니다. 나는 평생을 내게 돈을 벌어다 줄 사람을 찾아다녔어요. 그게 남다른 비결 아닌 비결이었고…."

HIDD
EN
RICH